Mary MacCarthy

Das große Vorlagenbuch

1001 Motive aus aller Welt

Für Basteln,
Handarbeit,
Kunsthandwerk
und Design

Weltbild

Für Jeremy

Ich möchte Alison Wormleighton danken,
außerdem Kate Haxell (die mir den Anstoß gab),
Andy Vargo und den Bibliothekarinnen der
Norwich School of Art and Design

Redaktion: Alison Wormleighton
Design: Alison Lee
Illustrationen: Kate Simunek
Computer Artwork: Dominic Harris
Fotografie: Matthew Dickens

Genehmigte Lizenzausgabe für
Verlagsgruppe Weltbild GmbH,
Steinerne Furt, 86167 Augsburg

Für die deutsche Ausgabe:
Lektorat: Kerstin Müller
Übersetzung: Wiebke Krabbe, Damlos

Umschlaggestaltung: Robert Schwidurski,
Überarbeitung Atelier Seidel, Teising
Gesamtherstellung: Neografia, a. s. printing house, Martin
Printed in the EU

2013 2012 2011
Die letzte Jahreszahl gibt
die aktuelle Lizenzausgabe an.

ISBN 978-3-8289-2665-3

Einkaufen im Internet: *www.weltbild.de*

INHALT

EINLEITUNG

Muster haben mich schon immer fasziniert. Als Kind studierte ich die Rapporte auf Tapeten und Vorhängen, um herauszufinden, durch welche Verknüpfungen diese flüssigen, fortlaufenden Muster zu Stande kamen. Ich konnte mich auch für die wundervoll detaillierten Kinderbuchillustrationen von Walter Crane, Kate Greenaway und Arthur Rackham begeistern. Schon damals nahm ich ihre Ideen auf: So erinnere ich mich beispielsweise an einen einfachen grünen Hocker, auf dessen Sitz eine Maus gemalt war. Dazu passend gab es Vorhänge, die mit kleinen Mäuschen verziert waren.

Als mein Interesse an Mustern und Motiven im Lauf der Zeit wuchs, fand ich neue Anregungen auf antiken Textilien und dekorativem Porzellan. Wann immer ich Möbel, Stoffe und Wandmalereien für mein eigenes Haus oder für Freunde und Kunden entwarf oder gestaltete, hat mir die Motivsuche besondere Freude gemacht. Ich finde diese Vorarbeit, bei der ich Stunden in Museen verbringe, mich in alten Büchern in Bibliotheken verliere oder antike Gebäude besichtige, unglaublich reizvoll. Selbst im Alltag halte ich immer die Augen nach Mustern offen, die ich auf die eine oder andere Weise verwenden kann – ob ich einen Film sehe, eine Zeitschrift lese oder einfach die Wände anstarre, wie ich es als Kind tat.

Schon seit Jahren geht mir ein Buch wie „Vorlagenatlas 1001 Ornamente" im Kopf herum, ursprünglich aber nur für meinen eigenen Gebrauch als Dekorationsmalerin: Ein Handbuch, dessen Muster ich ganz nach Bedarf verwenden konnte. Jetzt ist die Idee Wirklichkeit geworden, und sie soll allen zur Verfügung stehen, die etwas Kreatives entwerfen, herstellen oder dekorieren wollen, von Stickerei über Stencilarbeit bis zur Keramik.

Schachtel, siehe Seite 56

Die Motive sind in neun Kapiteln unterteilt, von denen jedes einem anderen Teil der Welt zugeordnet ist. Zuerst schien es mir unvorstellbar, 1001 verschiedene Muster zusammenzutragen. Doch als ich für jedes Kapitel die Motive im Lauf der jeweiligen Regionalgeschichte studierte, fühlte es sich immer mehr wie eine aufregende Entdeckungsreise an. Mal entdeckte ich zufällig ein wundervolles Bild von Krokussen, vor 3500 Jahren auf eine minoische Vase gemalt, ein andermal ein kunstvolles, abstraktes Muster auf einer Navajo-Decke. Am Ende bestand das Problem nicht darin, genügend Motive zu finden, sondern zu entscheiden, welche wegfallen mussten.

Raffhalter siehe Seite 116

Haben Sie kein schlechtes Gewissen, wenn Sie Muster kopieren. Künstler haben seit jeher voneinander Ideen ‚ausgeliehen' und Anregungen bezogen. So schmückten sich beispielsweise modebewusste Häuser im 19. Jahrhundert mit griechischen oder pompejanischen Wandgemälden, römischen Gips- und Porzellanfiguren und so genannten etruskischen Zimmern. All dies wurde angeregt durch die in dieser Zeit entdeckten Ruinen der antiken Städte Pompeji und Herkulaneum. Der Art-déco-Stil vieler New Yorker Wolkenkratzer aus den 1920er Jahren geht auf altägyptische Motive zurück. Der viktorianische Künstler William Morris entwarf eine Vielzahl von Mustern für die unterschiedlichsten Gestaltungstechniken, darunter Stickerei, Weberei, Buntglasarbeiten und Typographie. Er war stark beeinflusst von der Kunst des englischen und französischen Mittelalters, von italienischer Renaissanceweberei sowie islamischen und persischen Stoffmustern.

Besonders erstaunlich ist, dass manche Muster sich rund um die Welt wiederholen. In einigen Fällen ist es das Wesen einer Handwerkstechnik, die für solche Ähnlichkeiten verantwortlich ist, etwa in den Webereien Nordamerikas, Nordafrikas und einigen Gebieten Asiens. In anderen Fällen sind die Hintergründe nicht so offensichtlich. So entdeckte ich beispielsweise einige herrliche Schnitzereien aus China – und fast identische von den Wikingern. Beide waren um 500 n. Chr. entstanden, jedoch an entgegengesetzten Enden der Erde.

Die Motive in diesem Buch basieren auf Mustern, die ich an den unterschiedlichsten Orten gefunden habe. Wer die Herkunft eines bestimmten Motivs kennt (siehe Seite 191–192, wo alle Quellen zusammengefasst sind), wird es besser zu schätzen wissen. Einige sind wirklich außerordentlich interessant. Doch lassen

Krug siehe Seite 76

Sie sich durch den Ursprung nicht auf die Verwendung eines Motivs festlegen. Jedes einzelne Muster kann für die verschiedensten Techniken und Zwecke eingesetzt werden. Alle sind absolut vielseitig.

Manche Motive eignen sich für bestimmte Techniken besser als für andere. Ein Aspekt ist die Größe. Ein kleinflächiges Muster würde beispielsweise auf einer großen Wand nichtssagend wirken, auf einem Kissen dagegen durchaus beeindruckend. Auch die Form des dekorierten Objektes spielt natürlich eine Rolle.

Barett siehe Seite 175

Darum wird beispielsweise ein Motiv, das ursprünglich von einem hölzernen norwegischen Butterfass stammt, auf einem gestickten Raffhalter (siehe Seite 4) ganz selbstverständlich wirken: Form und Proportionen ähneln einander.

Auch die Gestaltungstechnik ist ein wichtiges Kriterium bei der Auswahl eines Motivs. Wollen Sie mit einer Kartoffel oder einem Schwamm drucken, muss es möglichst einfach sein. Für einen Linolschnitt oder eine Schablone dagegen kann es, im Rahmen Ihrer Geschicklichkeit beim Zuschneiden, auch sehr differenziert sein. Ein filigranes Motiv wie etwa eine Weinrebe mit verschlungenen Ranken wäre unpraktisch für eine Applikation, aber perfekt geeignet zum Sticken.

Es würde den Rahmen dieses Buches sprengen, alle Techniken ausführlich zu erklären, für die Sie die Motive verwenden können. Auf den Seiten 7 bis 11 sind im Überblick die wichtigsten Grundzüge zusammengefasst. Auf Seite 6 finden Sie nützliche Hinweise, wie Sie die Motive für Ihr jeweiliges Vorhaben vorbereiten. Mixen Sie munter drauflos. Wählen Sie ein Motiv, suchen Sie ein zweites dazu, und finden Sie dann eine Bordüre, um beide zu verbinden. Anleitungen zum Kombinieren von Motiven und zum Gestalten von Bordüren finden Sie auf Seite 12.

Um Ihnen einige Anregungen zu geben, stellen wir zu Beginn jedes Kapitels Projekte vor, die auf Mustern der jeweiligen Region basieren. Keines der Projekte hält den Bezug zur ursprünglichen Quelle aufrecht. Darin liegt ja gerade der Spaß beim Spiel mit den Motiven. So stammt ursprünglich das indische Muster, das auf das Barett oben im Bild appliziert

Kissen siehe Seite 55

wurde, von einer ledernen Kamel-Satteldecke. Die Motive auf der applizierten Tischdecke und der Keramikschale haben als gemeinsame Quelle eine griechische Amphore.

Ich habe für die Projekte Farben gewählt, die typisch für die jeweiligen Ursprungsregionen sind. Lebhafte Farben für Südamerika, pudrige Töne für England, Erdfarben für Afrika, sattes Blau für die Mittelmeerländer. Natürlich können Sie auch ganz andere Farben verwenden. Alle Muster in diesem Buch sind ganz schlicht in Schwarz und Weiß dargestellt, so dass jede Menge Platz für eigene Ideen bleibt.

Wenn ich Farben auswähle, experimentiere ich zuerst gern mit Fotokopien. Ich nehme drei verschiedene Kombinationen von Buntstiften oder Pastellkreiden und male die Kopien an. Meist beginne ich mit dem Hintergrund. Manchmal gestalte ich ihn in einem Naturton. Soll die Wirkung besonders dramatisch sein, wähle ich hierfür die dunkelste Farbe. Ein organisches Blattmotiv würde ich beispielsweise mit verschiedenen Grün-, Blau- und Rostrot-Tönen colorieren. Die intensiven Farben kommen zum Schluss an die Reihe. Sie geben dem Entwurf den letzten Pfiff und erwecken ihn zum Leben.

Stuhl siehe Seite 14

Die Farbwahl ist eine sehr persönliche Geschmacksfrage. Wenn Sie bei der Auswahl unsicher sind, wählen Sie Farben, die zur Umgebung des Motivs passen, etwa die Grundfarbe eines Raumes oder eines Kleidungsstücks. Ich mag gern leuchtende und verblüffende Farbkombinationen, aber das ist nicht jedermanns Geschmack. Für den Anfang ist es meist am besten, ein schlichtes Muster und nicht mehr als drei Farben zu wählen. Einfachheit, Ausgewogenheit und gute Proportionen sind oft das Geheimnis eines gelungenen Entwurfs.

Ich finde es bei der Arbeit mit Mustern und Motiven aus anderen Kulturen immer besonders aufregend, mir vorzustellen, wie die Menschen wohl gelebt haben, die diese Muster gestalteten. Dann male ich mir aus, wofür sie vielleicht einmal verwendet wurden. Muster haben etwas Romantisches und Geheimnisvolles, das ich mit meiner Arbeit am Leben erhalten möchte.

Mary MacCarthy

DIE TECHNIKEN

Die Muster in diesem Buch können für eine Vielzahl von Techniken verwendet werden, darunter Applikation, Stickerei und Malerei aus freier Hand, Découpage, Schablonieren und Drucken. Zeichnet man über die Motive ein Raster, so erhält man ein Zählmuster, nach dem man Kreuz- oder Maschenstich sticken und sogar stricken kann. In diesem Kapitel finden Sie Anleitungen, wie Sie die Muster für verschiedene Projekte vorbereiten. Außerdem werden die Grundzüge der beliebtesten Techniken kurz vorgestellt. Schließlich finden Sie Hinweise zur Gestaltung von Musterrapporten, Musterkombinationen und Bordüren.

VORBEREITUNG EINES ZÄHLMUSTERS

Für Kreuzstich und Gobelinarbeiten benötigt man ein Zählmuster, in dem jedes Quadrat einem Stich entspricht. Auch beim Maschenstich und beim Stricken mit mehreren Farben arbeitet man mit einem Zählmuster, das jedoch auf einem Rechteckraster aufgebaut ist. Am einfachsten ist es, das benötigte Raster mit Lineal und einem feinen schwarzen Filzstift auf ein Blatt Papier zu zeichnen. Für ein Quadratraster ist eine Feldgröße von 2 x 2 mm praktisch, die Felder eines Rechteckrasters sollten 2,7 mm breit und 2 mm hoch sein. Lassen Sie die Raster auf eine transparente Folie kopieren. Wenn Sie nun ein Motiv auswählen, müssen Sie entscheiden, wie viele Stiche bzw. Maschen es umfassen soll und es gegebenenfalls vergrößern oder verkleinern. Legen Sie einfach das Folienraster über das vorbereitete Motiv und fotokopieren beide Lagen in einem Arbeitsgang. Jetzt müssen Sie nur noch die einzelnen Felder in verschiedenen Farben anmalen.

EIN MOTIV ÜBERTRAGEN

Um ein Motiv auf Papier zu übertragen, paust man es über einer Lichtquelle ab oder fotokopiert es. Mit folgenden Methoden überträgt man dann auf einen Stoff:

■ Legen Sie Schneiderkopierpapier mit der farbig beschichteten Seite nach unten zwischen Stoff und Motivvorlage. Fahren Sie die Konturen mit einem Kopierrädchen, einem Kugelschreiber oder einem anderen feinen, harten Gegenstand nach.

■ Einfache Formen können um eine Schablone herum mit einem Bleistift, Schneiderkreide oder einem auswaschbaren Textilstift gemalt werden.

■ Bei hellen Stoffen legen Sie den Stoff mit der rechten Seite nach oben direkt auf die Motivvorlage und befestigen beides auf einem Leuchttisch oder am Fenster. Dann werden die Konturen mit Bleistift, Schneiderkreide oder einem auswaschbaren Textilstift nachgezeichnet.

■ Zeichnen Sie die Motivkonturen auf der Rückseite der Vorlage mit einem Bügelmusterstift nach, dann bügeln Sie das Motiv auf die rechte Stoffseite.

Zum Übertragen eines abgepausten oder fotokopierten Motivs auf eine undurchsichtige oder harte Oberfläche wie Keramik, Holz oder Gips eignen sich die folgenden Methoden:

■ Legen Sie Kohlepapier zwischen Motivvorlage und Oberfläche des Werkstücks und zeichnen Sie die Konturen nach.

■ Malen Sie mit einem extra weichen Bleistift die Konturen auf der Rückseite der Motivvorlage mit einer dicken Linie nach. Dann legen Sie die Vorlage mit der Vorderseite nach oben auf das Werkstück und ziehen die Kontur mit einem harten Bleistift nach.

EIN MOTIV VERGRÖSSERN ODER VERKLEINERN

Am einfachsten lassen sich Motive mit einem Fotokopiergerät vergrößern oder verkleinern. Wählen Sie ein Motiv aus und messen Sie es dann auf der Buchseite nach. Teilen Sie die gewünschte durch die tatsächliche Größe und multiplizieren Sie das Ergebnis mit 100. So erhalten Sie den Prozentsatz, um den Sie das Motiv vergrößern müssen.

Wer keine Möglichkeit zum Fotokopieren hat, muss mit der Rastermethode arbeiten:

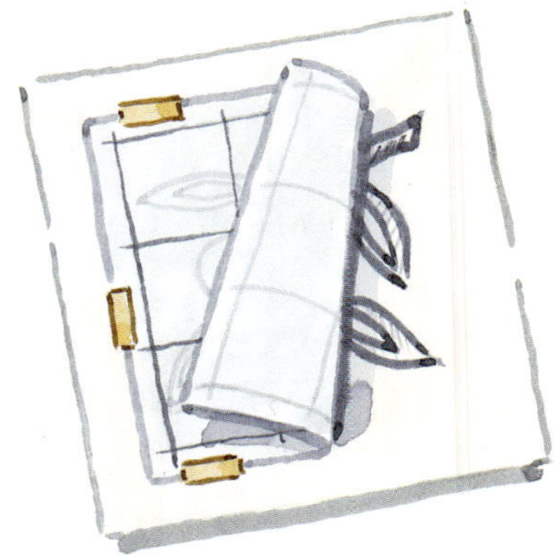

1 Zeichnen Sie auf ein Stück Transparentpapier in der Größe des Originalmotivs ein Raster aus Quadraten mit je 5 cm Kantenlänge. Legen Sie das Raster über das Motiv und fixieren Sie es mit Kreppklebeband.

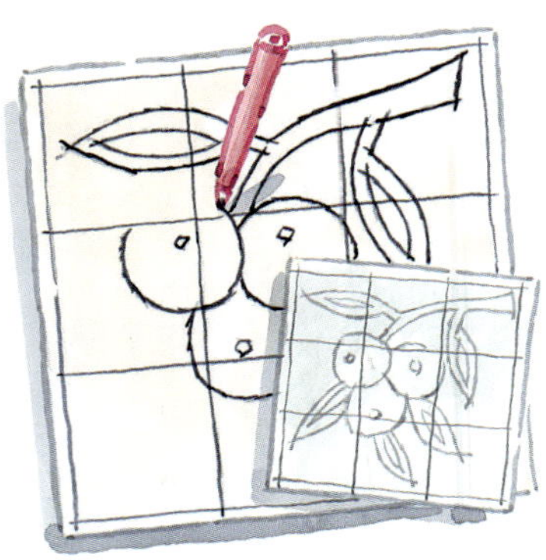

2 Zeichnen Sie auf ein weißes Blatt Papier im Format des gewünschten Motivs ein Raster mit der gleichen Anzahl von Quadraten, die jedoch entsprechend größer oder kleiner ausfallen müssen. Dann zeichnen Sie die Linien des Motivs Feld für Feld in das neue Raster ab.

KURZE EINFÜHRUNG IN DIE TECHNIKEN

STRICKEN

Mit Hilfe von Zählmustern, die man fertig kaufen oder selbst entwerfen kann, lassen sich sehr gut mehrfarbige Motive stricken. Das Motiv wird in ein Rechteckraster übertragen (siehe gegenüber), das der Anzahl von Maschen und Reihen des fertigen Teils entspricht. Wenn Sie das Zählmuster auf Millimeterpapier entwerfen, bedenken Sie, dass gestrickte Maschen breiter als hoch sind. Sie sollten in diesem Fall das Motiv etwas in die Höhe strecken. Mehrfarbige Muster kommen am besten zur Geltung, wenn sie in rechten Maschen gestrickt werden.

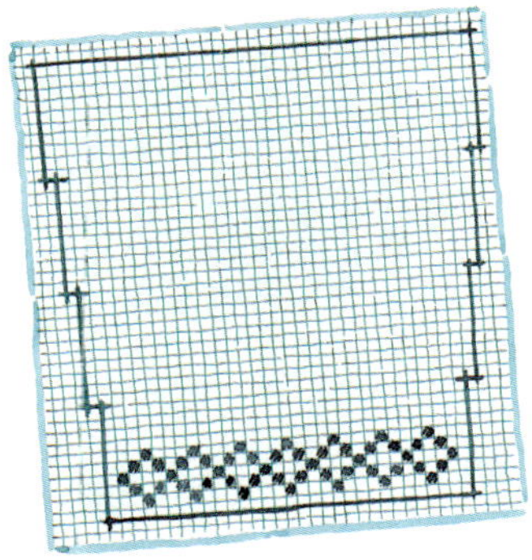

1 Ermitteln Sie die Maschenzahl für die erste Reihe. Zeichnen Sie eine Linie mit der entsprechenden Kästchen-/Maschenzahl an den unteren Rand Ihres Entwurfs. Mit Hilfe der Maschenprobe errechnen Sie die Anzahl der Reihen für die Gesamtlänge des Ärmels und ziehen eine entsprechende Linie am oberen Rand. Die Linien für die Seitennähte ziehen, Zunahmen erhalten die Form von Stufen.

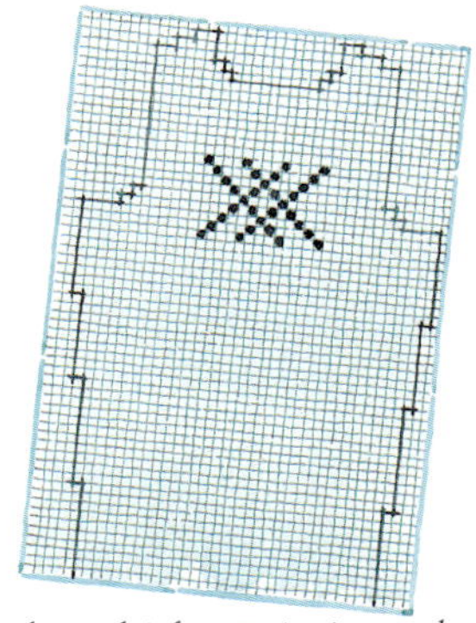

2 Nach dem gleichen Prinzip werden auch die Zählmuster für andere Schnitt-Teile gezeichnet. Für Vorder- und Rückenteil zeichnen Sie Armausschnitt, Schulternaht, Halsausschnitt sowie die Zunahmen an den Seitennähten ein. Für eine rechts gestrickte Hinreihe lesen Sie das Zählmuster von links nach rechts, für die links gestrickte Rückreihe von rechts nach links.

MASCHENSTICH

Bei dieser Technik stickt man auf glatt rechts gestricktem Untergrund. Die Stiche sehen wie Maschen aus, das Gesamtbild wirkt wie mehrfarbig gestrickt. Als Vorlage dient ein Zählmuster, wie man es auch zum Stricken verwendet – entweder fertig gekauft oder selbst gemacht (siehe oben).

Am einfachsten lässt sich die Stickerei anbringen, ehe das Kleidungsstück zusammengenäht wird. Verwenden Sie eine stumpfe Sticknadel und Garn von ähnlicher Qualität und Stärke wie das des Untergrundes.

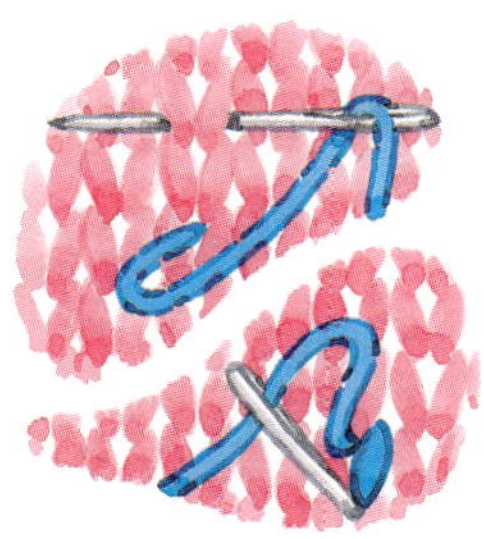

1 Beginnen Sie an der unteren rechten Motivecke und sichern Sie das Fadenende auf der Rückseite mit einigen Stichen. Führen Sie die Nadel am unteren Ende der ersten Masche nach oben. Dann stechen Sie die Nadel von rechts nach links unter dem Fuß der darüber liegenden Masche hindurch. Schließlich wird die Nadel wieder am unteren Ende der ursprünglichen Masche nach unten geführt.

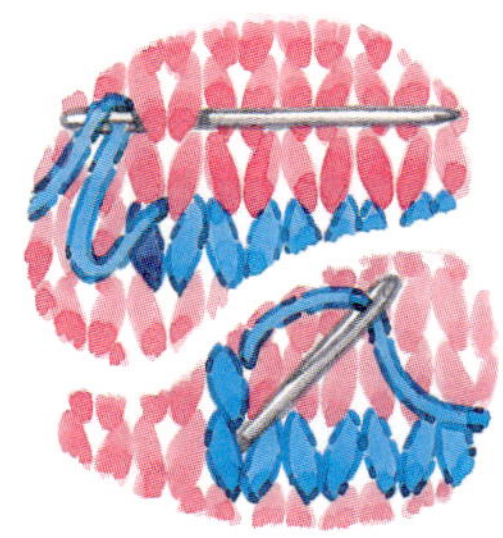

2 Arbeiten Sie in der gleichen Weise von rechts nach links weiter, bis alle Stiche der entsprechenden Farbe in dieser Reihe gestickt sind. In der nächsten Reihe fügen Sie die Maschen von links nach rechts aneinander, auch die Nadel wird in jedem Stich von links nach rechts geführt. Die dritte Reihe wird wie die erste Reihe gearbeitet. Fahren Sie so fort, bis alle Stiche der ersten Farbe getickt sind. Dann mit den übrigen Farben weiterarbeiten.

GOBELINSTICKEREI

Bei der Gobelinstickerei wird ein Gittergrund (Stramin) vollständig mit Stichen abgedeckt. Ein Stickrahmen verhindert, dass sich die Arbeit verzieht. Verwenden Sie eine stumpfe Sticknadel und, je nach Stärke, ein- bis vierfädiges Garn. Um ein Motiv auf den Gittergrund zu übertragen, zeichnen Sie auf Vorlage und Stickgrund die senkrechte und waagerechte Mittellinie ein, stecken oder kleben Sie den Stramin auf die Vorlage. Die Konturen mit einem wasserfesten Stift nachziehen. Für Details ist ein Zählmuster praktisch (siehe gegenüber).

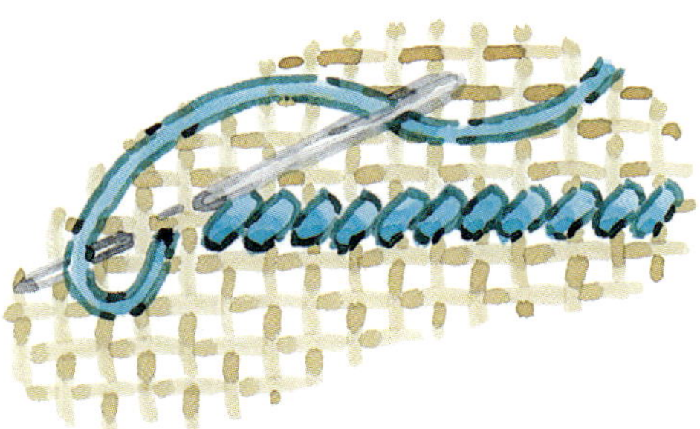

1 Wenn Sie eine einzelne Reihe von Stichen arbeiten wollen, ganz gleich, ob senkrecht, waagerecht oder diagonal, sollten Sie die französische Variante des halben Kreuzstichs verwenden, bei der die Nadel schräg unter zwei Kreuzungen des Gittergrundes hindurchgeführt wird.

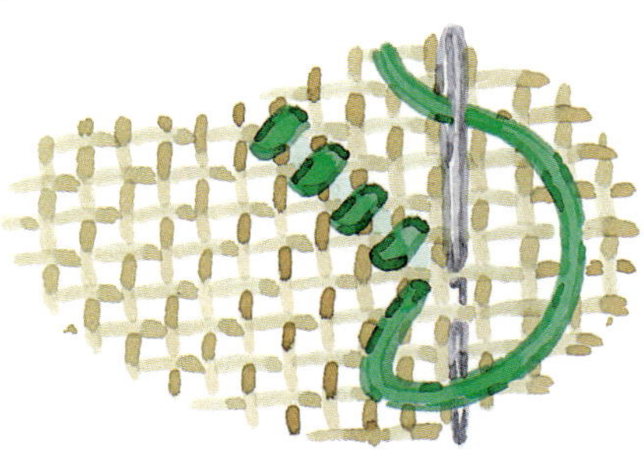

2 Zum Aussticken von Flächen arbeitet man den versetzten halben Kreuzstich. Bei diagonal abwärts verlaufenden Linien wird die Nadel senkrecht unter zwei Gewebefäden hindurchgeführt. Arbeiten Sie schräg aufwärts, führen Sie sie waagerecht hindurch. Nur am Ende der Reihe sticht man diagonal unter zwei Fadenkreuzungen hindurch.

Die Techniken

KREUZSTICH

Diesen Stich arbeitet man nach einem Zählmuster im Quadratraster über eine bestimmte Anzahl von Fäden des Stickgrundes. Für diese Technik benötigen Sie einen gut auszählbaren Stoff in regelmäßiger Leinenbindung, Der Kreuzstich eignet sich für Detailarbeiten wie Schriften und Bordüren, aber ebenso zum Füllen von Flächen. Meist wird er über zwei Gewebefäden gearbeitet, doch er kann auch größer sein. Neben der Stichgröße kann die Art des Stickgarns und die Anzahl der verwendeten Fäden variiert werden.

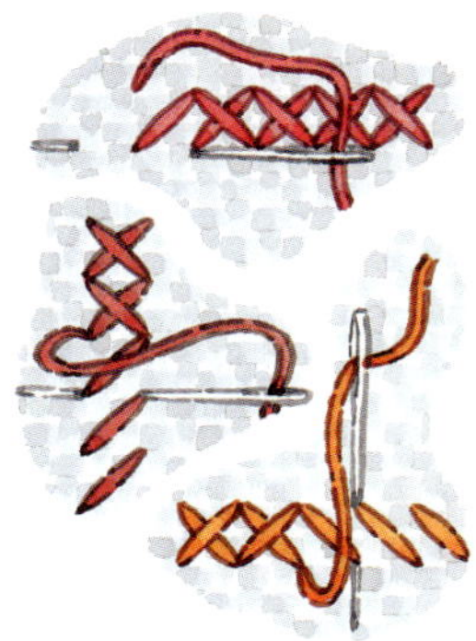

1 Halten Sie den Stoff stramm oder spannen Sie ihn in einen Rahmen ein. Alle Stiche sollten in die gleiche Richtung gearbeitet werden. Man kann jeden Stich einzeln fertigstellen (obere Zeichnung) oder zuerst alle halben Stiche in die eine Richtung arbeiten und anschließend die Reihe von Stichen vervollständigen (mittlere und untere Zeichnung).

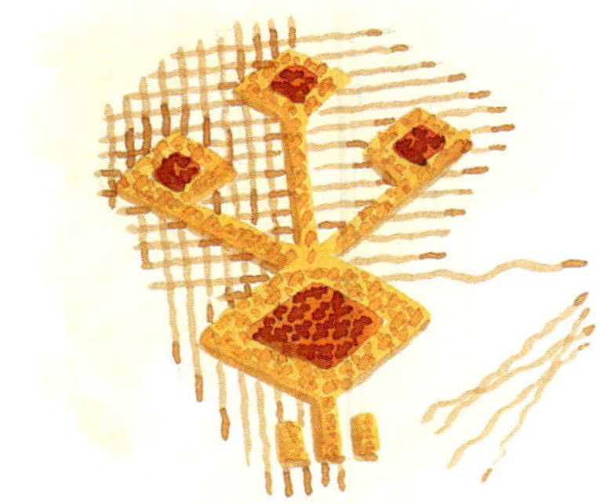

2 Um Kreuzstich auf feinem Leinen oder einem anderem nicht auszählbaren Stoff zu arbeiten, heften Sie einen passenden Rest gröberen Leinens auf die rechte Stoffseite. Sticken Sie dann durch beide Lagen gleichzeitig. Anschließend ziehen Sie behutsam Faden für Faden den Leinenrest unter den fertigen Stichen heraus.

STICKEN AUS FREIER HAND

Diese Stickerei wird direkt auf dem Stoff gearbeitet, ein Zählmuster ist nicht erforderlich. Zahllose Stichvarianten erlauben die Verwirklichung aller nur vorstellbaren Muster. Weil kein exaktes Zählen von Fäden nötig ist, sehen die Motive meist weicher und weniger geometrisch aus. Baumwolle und Leinen sind die beliebtesten Stickgründe, es eignen sich aber auch andere Stoffe. Man kann Perlgarn oder Sticktwist, mattes, glänzendes oder me-tallisiertes Garn aus Baumwolle oder Wolle verarbeiten.

1 Das Motiv mit Schneiderkopierpapier auf die rechte Stoffseite übertragen, dann den Stoff über den inneren Ring eines Stickrahmens legen, den äußeren Ring darüber schieben und befestigen. Das Stickgarn einfädeln, das Fadenende nicht verknoten (es wird später vernäht).

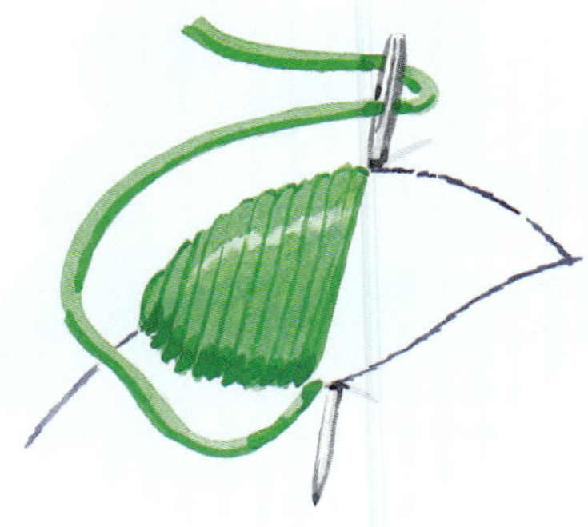

2 Zuerst werden die Konturen mit Heftstich, Kettenstich, Stielstich oder Steppstich vorgestickt. Zum Ausfüllen von Flächen eignet sich vor allem der Plattstich (Abbildung oben) oder der versetzte Plattstich. Knötchen- oder Wickelstiche geben dem Motiv Struktur.

MASCHINENSTICKEREI

Mit einer einfachen Haushaltsnähmaschine kann man faszinierende Stickereien anfertigen. Der Stoff lässt sich leichter verarbeiten, wenn er mit Bügelvlies versteift wird. Bei Bedarf kann dieses nach dem Sticken wieder abgezogen werden. Man kann mit gewöhnlichem Nähgarn arbeiten, doch es gibt auch Maschinenstickgarne in matter oder glänzender Qualität, mit Metallic- oder Farbverlauf-Effekt. Selbst die Verwendung von unterschiedlichen Garnen als Ober- und Unterfaden kann reizvoll aussehen. Experimentieren Sie zuerst, dann übertragen Sie das Motiv auf den Stoff und sticken es nach.

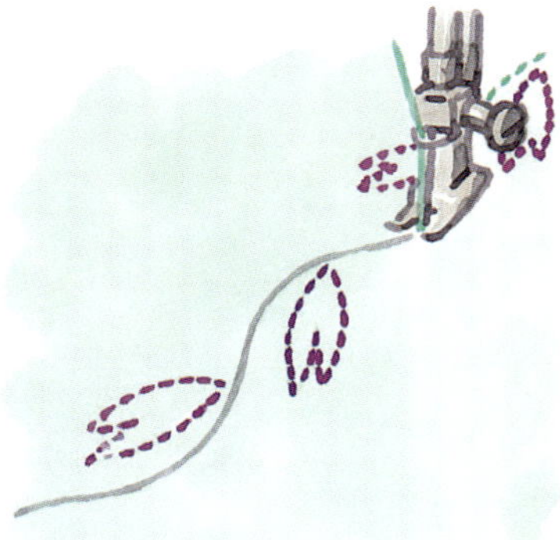

1 Verwenden Sie ein normales Nähfüßchen und arbeiten Sie mit Stepp- und Zickzackstichen. Variieren Sie Stichbreite und -länge sowie die Fadenspannung. Ein breiter Zickzackstich mit sehr kurzer Stichlänge ergibt das Bild eines Plattstichs. Experimentieren Sie auch mit Stichen, die über einen dickeren Faden greifen.

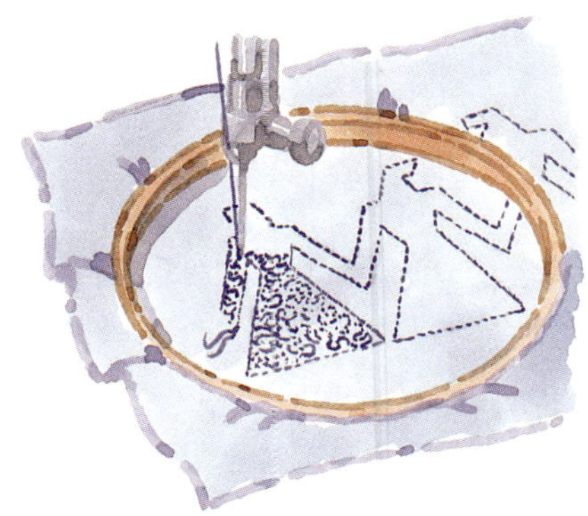

2 Für freie Stickerei mit der Maschine versenken Sie die Transportzacken und entfernen den Nähfuß. Legen Sie den Stoff mit der rechten Seite nach oben auf den äußeren Ring eines Stickrahmens. Stichlänge und -breite so klein wie möglich einstellen. Dann die Fläche langsam ausfüllen. Variieren Sie Stichgrößen und Fadenspannung.

PERLENSTICKEREI

Es gibt verschiedene Techniken, Textilien mit Perlen zu dekorieren. Man kann sie einzeln aufnähen, um Akzente zu setzen, etwa als zusätzliche Dekoration einer Stickerei. Man kann aber auch ganze Motive mit Perlen ausfüllen. Hier sehen Sie eine relativ schnelle Methode, die von den amerikanischen Ureinwohnern stammt. Wählen Sie ein Motiv mit schlichter Form und einfacher Linienführung. Sowohl lineare als auch flächige Motive sind denkbar. Die Farbzusammenstellung und die Anzahl der jeweils benötigten Perlen muss vorher geplant werden. Der Stoff wird straff in einen Stickrahmen gespannt.

APPLIKATION

Hierbei wird ein Motiv mit Elementen gestaltet, die aus verschiedenfarbigen Stoffen ausgeschnitten sind. Für Anfänger eignen sich Motive mit geraden Kanten oder sanften Rundungen, während solche mit Spitzen, tiefen Einbuchtungen oder komplizierten Kurvenkonturen ebenso wie kleine Teile eher etwas für Könner sind. Traditionell schlägt man die Schnittkanten der Motive nach innen ein. Schneller geht es, wenn man sie mit Haftvlies aufbügelt und die Kanten mit einem feinen Zickzackstich übersteppt. Bei Stoffen, die nicht ausfransen, reicht auch ein einfacher Steppstich aus.

DÉCOUPAGE

Bei dieser Technik werden ausgeschnittene Papiermotive auf eine feste Oberfläche geklebt und anschließend mehrschichtig lackiert, so dass sie wie handgemalte Motive aussehen. Fernöstliche Motive sehen wie asiatische Lackarbeiten aus, wenn man sie aus schwarzem Papier zuschneidet und mit Hochglanzlack überzieht. Motive aus weißem Zeichenpapier kann man mit Farbe oder Stiften selbst bemalen und mit verdünntem Weißleim versiegeln. Aquarellstifte oder Pastellkreiden sind dafür ungeeignet – sie verwischen zu leicht.

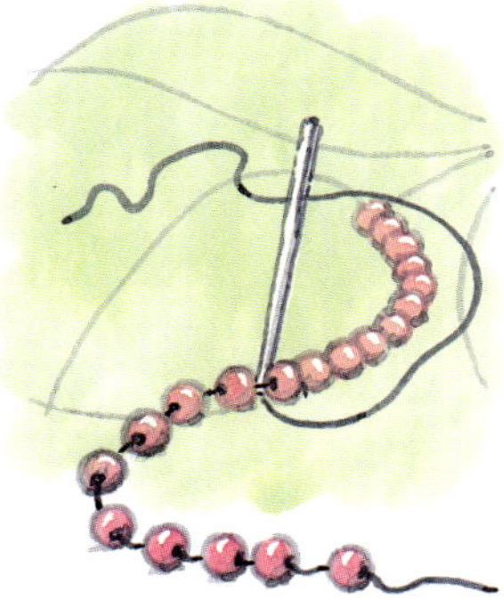

1 *Fädeln Sie einen stabilen Faden in eine Perlennadel ein, sichern Sie ihn auf der Rückseite des Stoffes und führen Sie ihn an einem Motivende nach oben. Dann die erforderliche Anzahl von Perlen auffädeln und auf die vorgezeichnete Kontur legen. Mit einer Nähnadel und Nähgarn befestigen Sie nun die Perlenschnur mit winzigen Stichen zwischen den Perlen. Dabei wird die Perlenschnur regelmäßig fest angezogen.*

2 *Nachdem eine Perle befestigt ist, wird die nächste dicht herangeschoben. Am Ende der Reihe werden beide Fäden auf der Rückseite befestigt. Die weiteren Motivreihen ebenso arbeiten. Ein flächiges Motiv sieht interessanter aus, wenn es eine lineare Struktur hat (z.B. Blattadern). Weil dabei Perlen verschiedener Farben in einer Reihe liegen, müssen Sie sehr sorgfältig planen.*

1 *Schneiden Sie für die Motive Schablonen zu und zeichnen Sie die Konturen mit einem auswaschbarer Textilstift auf die rechte Stoffseite. Beim Ausschneiden wird eine Saumzugabe von 6 mm zugegeben. Heften Sie die Motive mit mindestens 1,5 cm Abstand zu den Schnittkanten auf den Unterstoff.*

2 *Alle nach außen gerichteten Ecken werden abgeschnitten, nach innen gerichtete Ecken sowie Rundungen werden im Bereich der Saumzugabe eingeschnitten. Dann die Stücke mit Languettenstich, Hexenstich, Federstich oder Kreuzstich auf dem Untergrund festnähen. Dabei wird die Saumzugabe nach und nach unter das Motiv geschlagen.*

1 *Fotokopieren Sie die Motive auf einfaches, weißes oder mehrfarbiges Papier, das mit Farbe oder Stiften bemalt und mit Weißleim (im Verhältnis 1:2 mit Wasser verdünnt) versiegelt wird. Dann die Formen ausschneiden.*

2 *Streichen Sie Leim auf das Werkstück und kleben Sie die Motivteile auf. Luftblasen werden dabei ausgestrichen. Wenn der Leim getrocknet ist, werden mindestens drei Schichten Acryl- oder Polyurethan-Klarlack aufgetragen.*

Die Techniken

SCHABLONEN ZUSCHNEIDEN
Für eine Schablone muss ein Motiv in mehrere Elemente aufgegliedert werden, die von etwa 3 mm breiten Stegen in Abständen von 7,5 cm bis 10 cm zusammengehalten werden. Ihre exakte Größe und Lage hängt vom jeweiligen Motiv ab. Die Stege müssen von den Proportionen her zum Motiv passen und an stimmigen Punkten angebracht sein. Man kann für jede Farbe eine separate Schablone anfertigen oder eine Schablone für alle Farben verwenden (siehe unten). Schablonen können aus Manila-Ölkarton oder dünnen Kunststoffplatten geschnitten werden.

1 Das Motiv auf den Karton oder die Kunststoffplatte übertragen (siehe Seite 6), dabei ringsum einen Rand von 5 cm stehen lassen. Setzen Sie einen scharfen Cutter fast senkrecht an und ziehen Sie ihn zu sich hin, von der Mitte des Motivs nach außen. Halten Sie die Schablone mit der anderen Hand fest, aber stets außerhalb der Schnittrichtung.

2 Rundungen schneidet man in einem Zug. Dabei dreht man die Schablone, nicht das Messer. Für die weitere Arbeit mit der Schablone ist es hilfreich, die Mitte der vier Außenkanten mit einer kleinen Kerbe zu markieren. Wenn Sie versehentlich einen Steg durchschneiden, können Sie diese Stelle mit Klebeband reparieren, das auf beiden Seiten aufgeklebt wird.

SCHABLONENMALEREI
Ideal sind Acryl- oder spezielle Stencilfarben, man kann jedoch auch Dispersions- oder Latexfarbe verwenden. Zum Schablonieren auf Stoff eigenen sich neben Stofffarben auch Acrylfarben. Sprühlack ist eine weitere Möglichkeit, allerdings ist das Abdecken der Umgebung aufwändig, und die Gase sind gesundheitsschädlich. Je nach Pinselführung ergeben sich unterschiedliche Strukturen, man kann auch einen Schwamm zum Tupfen benutzen. Das Motiv bekommt mehr Tiefe, wenn man in der Mitte eine etwas hellere (oder gar keine) Farbe aufträgt bzw. an den Rändern den Farbauftrag intensiviert.

1 Die Schablone wird mit Malerkrepp auf dem Werkstück befestigt, dann werden alle Bereiche abgedeckt, die nicht mit der ersten Farbe ausgefüllt werden. Rühren Sie unbedingt ausreichend Farbe an und geben Sie etwas davon auf eine Palette.

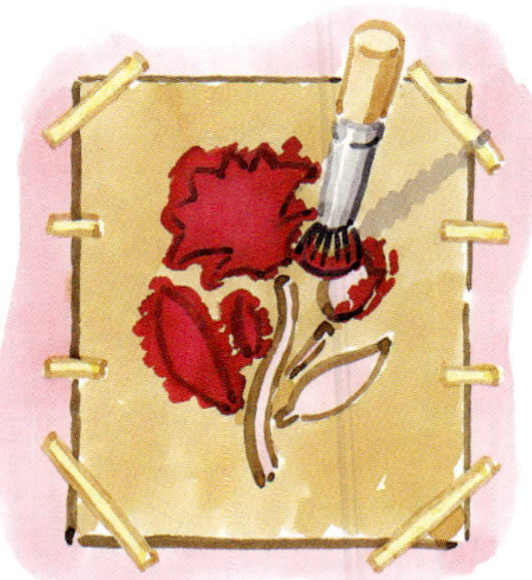

2 Nehmen Sie mit einem leicht angefeuchteten Schablonierpinsel eine kleine Menge Farbe auf und massieren Sie diese mit kreisenden Bewegungen auf der Palette gut in den Pinsel ein. Tupfen Sie dann mit senkrecht gehaltenem Pinsel und kreisförmigen Bewegungen die Motivteile aus.

STEMPEL ZUSCHNEIDEN
Man kann einfache Stempel aus Kartoffeln zuschneiden. Für kompliziertere Motive verwendet man die Linolschnitttechnik. Schaumstoff ist einfach zu verarbeiten, je nach Festigkeit eignet er sich für unterschiedliche detaillierte Motive. Ein Küchen- oder Badezimmerschwamm gibt bei größeren Flächen dem Farbauftrag Struktur, feinporiger Schaumstoff oder Styropor eignen sich besser für kleinflächige Motive. Styropor sollte man grundsätzlich vor dem Zuschneiden auf eine Holzplatte kleben. Bei Schaumstoff ist dies praktisch, aber nicht erforderlich.

1 Legen Sie den Schaumstoff auf eine Schneidematte und kleben Sie das kopierte Motiv darauf. Schneiden Sie dann mit einem scharfen Cutter die Motivkonturen aus.

2 Schneiden Sie ein Holzplättchen zu, das zum Festhalten dient. Kleben Sie dann den Stempel darauf. Wer möchte, befestigt noch einen Griffknauf auf der Rückseite.

STEMPELDRUCK

Man kann Einzelmotive stempeln oder sie zu Bordüren oder Rapporten zusammenfügen. So kann beispielsweise eine einfache Bordüre aus geometrischen Elementen ein anderes, komplexeres Motiv perfekt ergänzen. Interessante Effekte ergeben sich auch durch Überstempeln: Nach dem Trocknen des ersten Drucks wird ein zweites Motiv in einer Kontrastfarbe darüber gestempelt.

Je nach Oberfläche des Werkstücks kann man Acrylfarben, Dispersionsfarben, Keramikfarben oder Tusche zum Stempeln verwenden. Zum Drucken auf Stoff verwendet man einen Stempel aus Gummi, Schaumstoff wäre zu weich.

1 Zuerst wird die Position und das Arrangement des Motivs festgelegt. Komplexere Muster können durch Drehen des Motivs oder durch Zusammenfügen mehrerer Motive gestaltet werden. Dann wasserlösliche Farbe in dünner, gleichmäßiger Schicht in eine Farbwanne oder einen alten Teller geben.

2 Den Stempel gleichmäßig in die Farbe drücken, er soll sich aber nicht völlig vollsaugen. Dann mit sanftem, gleichmäßigem Druck das Werkstück bedrucken. Den Stempel sehr vorsichtig abheben, damit die Motivkanten nicht verwischen. Den Stempel erneut in die Farbe tauchen und das nächste Motiv stempeln.

MALEN AUS FREIER HAND

Viele Motive aus diesem Buch können auch Anfänger problemlos aus freier Hand malen. Realistische Motive gewinnen erheblich, wenn man sie etwas schattiert oder höht, bei einfachen geometrischen Mustern ist nicht einmal das erforderlich. Nahezu jeder Untergrund lässt sich bemalen, sofern man eine geeignete Farbe verwendet: z.B. Textilfarbe für Stoff, Keramikfarbe für Fliesen. Schablonenmalereien bekommen durch gemalte Details besonderen Reiz. Wenn man die Stege von Hand übermalt, wirkt das ganze Motiv wie handgemalt.

1 Exakt gerade Linien gelingen am besten, wenn man die Kanten mit Malerkrepp abklebt. Wenn Sie freihändig malen wollen, legen Sie ein Lineal parallel zur Linie und ziehen den kleinen Finger daran entlang. Runde Tupfen gelingen gut, wenn man die Borsten eines Pinsels bis auf 6 mm mit Malerkrepp umwickelt und die Farbe mit einer kreisenden Bewegung aufträgt.

2 Linien und Tupfen wirken besonders schön, wenn sie mit komplexeren Motiven kombiniert werden. Ein sauberer Pinselstrich gelingt am besten, wenn Sie den Pinsel zuerst nur mit der Spitze aufsetzen und dann den Druck leicht verstärken. Mit einer fließenden Bewegung wird der Pinsel abgehoben. Bei realistischen Motiven werden die Ränder dunkler und der mittlere Bereich heller ausgemalt.

MALEN AUF KERAMIK UND PAPPMACHÉ

Es macht großen Spaß, eigene Motiventwürfe vor dem Brand auf Keramik zu malen. Viele der Motive in diesem Buch eignen sich gut zum Dekorieren von Schüsseln und Tellern, Tassen und Untertassen, Krügen und Vasen. Eine spezielle Unterglasur-Farbe wird nach dem Schrühbrand direkt auf den Ton oder auf eine Grundierung aufgetragen. Auch Stücke aus Pappmaché kann man mit wasserlöslichen Farben sehr schön verzieren. Damit sich das fertige Stück gut aus der Form löst, legt man die Form mit Klarsichtfolie aus.

1 Kopieren Sie das Motiv mit Kohlepapier auf das Keramik-Werkstück oder zeichnen Sie es mit einem Bleistift vor. Mit Unterglasurfarben und einem feinen Haarpinsel wird das Motiv aufgemalt, man kann es auch aufstempeln oder schablonieren. Mit einem Unterglasur-Stift können die Konturen betont werden. Nach dem Trocknen werden noch sichtbaren Bleistiftlinien mit Radiergummi entfernt.

2 Um Pappmaché in Lagentechnik herzustellen, legen Sie eine Schale mit 4 bis 6 Schichten Zeitungspapier aus, die in verdünnten Weißleim getaucht wurden. Gut austrocknen lassen, dann die Schale entfernen. Zuerst mit Dispersionsfarbe grundieren. Nach dem Trocknen wird das Motiv mit einem Haarpinsel aufgemalt. Zum Schluss mit Acryl- oder Polyurethanlack versiegeln.

Die Techniken

GESTALTEN MIT MOTIVEN

Motive sind im Grunde nichts anderes als Formen. Man kann sie einzeln verwenden oder wiederholen und zu einem Muster zusammenfügen. Wichtig ist die Anordnung der Motivelemente, hierin liegt die eigentliche Kunst beim Gestalten von Mustern. Gehen Sie spielerisch an die Arbeit. Wählen Sie ein Motiv, vervielfältigen Sie es und experimentieren Sie mit verschiedenen Zusammenstellungen.

Zeichnen Sie ein Raster und probieren Sie aus, wie es wirkt, wenn je ein Motiv auf einem Kreuzungspunkt platziert wird. Drehen Sie die Hälfte der Motive um und wechseln Sie die beiden Versionen ab. Manche Motive kann man nach rechts und links drehen, obendrein auch kopfüber, so ergeben sich noch mehr Möglichkeiten. Nehmen Sie ein anderes Motiv und reihen Sie es aneinander, um eine Bordüre zu erhalten.

Geißblatt-Motiv siehe Seite 43 (Nr. 48)

Wählen Sie ein Motiv, das Ihnen gefällt und das gut mit dem Gegenstand harmoniert, den Sie dekorieren wollen. Klare, große Motive wirken oft besser als sehr filigrane, allzu plakativ darf das Muster aber auch nicht sein. Ein großes, klares Motiv sieht auch als Einzelstück gut aus, wie etwa das Kissen mit dem Geißblatt-Motiv auf Seite 36 zeigt. Eine einfache Linie oder eine schlichte Bordüre reichen als Umrahmung völlig aus. Pflanzen und Tiermotive eignen sich für diesen Zweck besonders gut. Das unten abgebildete Herzmotiv mit Eichenlaub und Eicheln könnte man Format füllend auf ein rundes Kissen sticken. Ein riesiger, gemalter chinesischer Drache könnte dramatisch die Wand eines Treppenhauses hochkriechen.

Elisabethanisches Herz mit Eichenlaub siehe Seite 143 (Nr. 41)

Wenn Sie verschiedene Motive zu einem flächigen Arrangement kombinieren wollen, könnten Sie ein dominantes Motiv wählen und es abwechselnd mit kleinen, schlichten Motiven auf der Fläche wiederholen. Bei ausreichend großen Abständen ist der Effekt ausgewogen und rhythmisch.

Es macht Spaß, mehrere verschiedene Projekte zu einem ‚Thema' zu gestalten. Hierfür eignen sich z. B. Motive gleichen Ursprungs, etwa Muster der amerikanischen Indianer. Sie können einen ganzen Raum mit einer faszinierenden Mischung von Mustern füllen, darunter vielleicht ein Fries, ein

Blumenstrauß und Blüten siehe Seite 142 (Nr. 33 *und* 34)

bemalter Lampenschirm, ein Kissen, ein Teppich. Durch die kulturelle Verwandtschaft der Elemente stellen Sie sicher, dass alle miteinander harmonieren.

Andererseits wirken unkonventionelle Musterkombinationen oft sehr originell und frisch. Schlichte geometrische Formen passen gut zu dynamisch geschwungenen Kurven. Eine Raute kann gut mit dem keltischen doppelköpfigen Adler

Doppelköpfiger Adler siehe Seite 137 (Nr. 2)

kombiniert und als Dekoration auf eine hölzerne Truhe gemalt werden (Abbildung oben).

Eine sehr prächtige Flächengestaltung lässt sich durch die Verwendung von vier oder fünf verschiedenen Mustern erzielen. Sie werden in Reihen angeordnet, jeweils unterbrochen von schlichten, schmalen Bordüren.

Die Bordüre ist eines der wirkungsvollsten Gestaltungsmittel. Sie betont den Umriss einer Form und gibt zugleich der Dekoration Zusammenhalt. Bordüren eignen sich auch als alleinige Dekoration, etwa als Kante an einer applizierten Tischdecke. Dabei kann sie so schlicht wie eine Linie im keltischen Stil oder so üppig wie ein Blattmuster von William Morris sein. Gestalten Sie Bordüren immer von der Mitte aus nach außen hin. So können Sie bei Bedarf auch zusätzliche Details hinzufügen, um Lücken in den Ecken zu füllen. Zur Gestaltung der Ecken selbst gibt es zwei Möglichkeiten. Entweder wird die Bordüre über die Diagonale gespiegelt, oder man setzt einen kleinen Teil des Motivs als separates Element in die Ecke Welche Kombination von Bordüren, Rapporten oder Einzelmotiven Sie auch wählen – der Entwurf des Arrangements ist Ihr Werk.

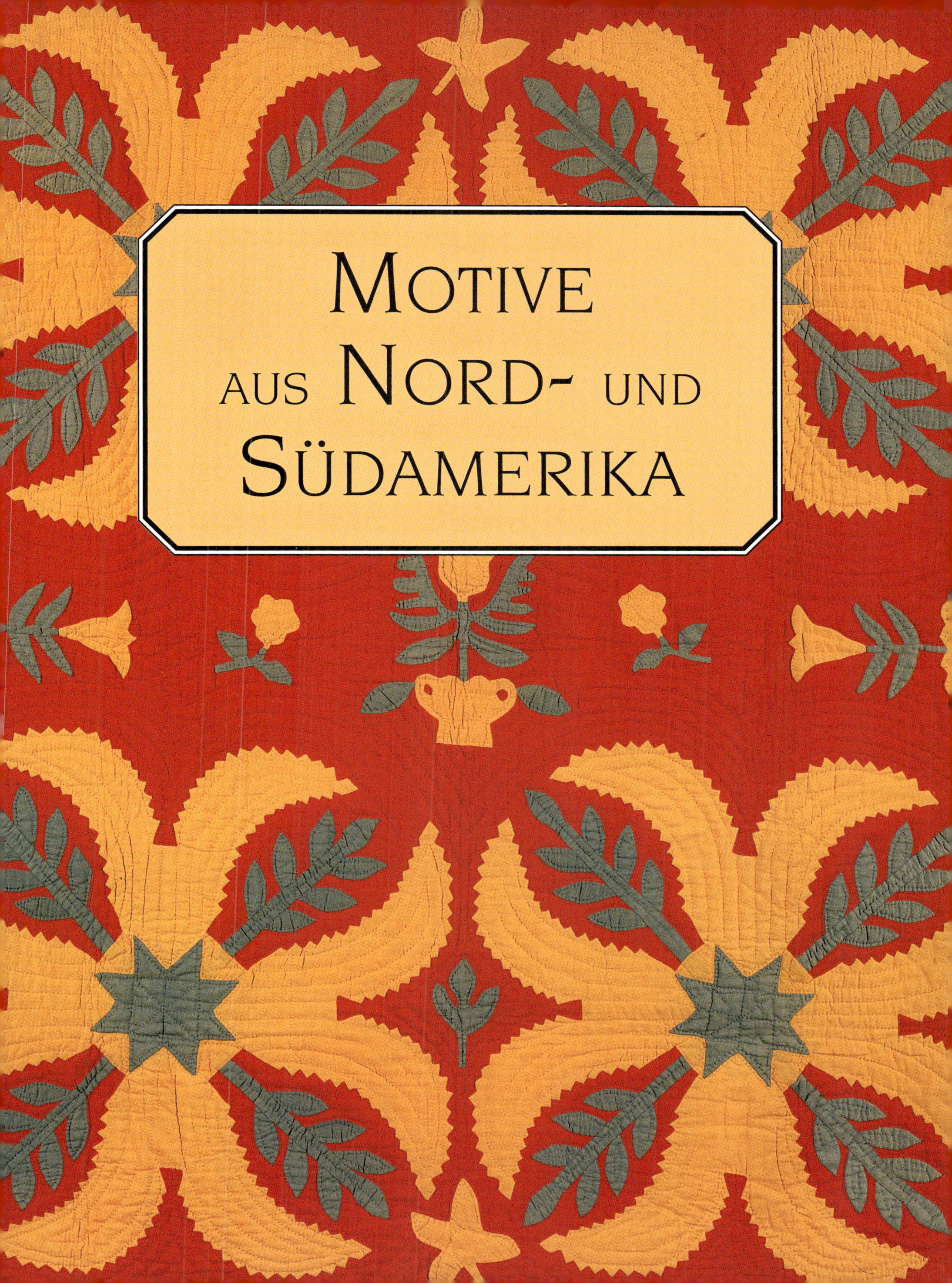

Motive aus Nord- und Südamerika

MOTIVE AUS NORD- UND SÜDAMERIKA

Die Ureinwohner Nord- und Südamerikas hatten bereits ein hoch entwickeltes Kunsthandwerk, lange bevor im frühen 16. Jahrhundert die Europäer dort anlandeten. Indianische Körbe, gewebte Decken und Teppiche, Kleidung aus Büffelleder, Keramik, Perlenarbeiten und andere Objekte waren häufig mit symmetrischen, geometrischen Motiven dekoriert. Die eiserne Sparsamkeit der ersten europäischen Siedler, gepaart mit ihrem Erfindungsgeist und den Einflüssen ihrer Heimatländer, führten zur Entstehung herrlicher Motive für Schablonenarbeiten, Schnitzereien, Patchwork und andere Volkskunst. Weiter südlich spiegeln die farbenprächtigen Textilien und Keramiken Mexikos die Einflüsse der Azteken und der spanischen Eroberer wider, während auf Textilien und Keramiken des prä-kolumbianischen Peru die alten Mythen und Legenden der Inka lebendig werden.

STUHL MIT HAND- UND SCHABLONENMALEREI
Die Motive für die in leuchtendem Rot, Blau, Grün und Pink gemalte und schablonierte Dekoration auf diesem Stuhl stammt von einer bestickten mexikanischen Bluse. Zunächst wurden alle Holzelemente des Stuhls gelb gestrichen, dann die mittleren Blumen aufgetupft. Mit einer Schablone wurde der grüne Teil gearbeitet, mit einer weiteren die äußeren Blütenblätter und mit einer dritten der innere Bereich. Die gelben Punkte auf jeder Blume wurden zuletzt angebracht. Die seitlichen Blütenmotive entstanden mit der gleichen Technik. Die Vögel wurden mit zwei Schablonen gearbeitet – eine für den blauen Körper sowie eine für Flügel und Augen. Die Streifenmuster sind aus freier Hand gemalt.

Blütenmotiv siehe Seite 30 (Nr. 84)

Motive aus Nord- und Südamerika

APPLIZIERTES KISSEN

Der applizierte Hund auf diesem Kissen stammt von einem bestickten Stoff aus Guatemala. Stoffquadrate (und ein Kreis) wurden mit Überwendlingsstichen auf den Hundekörper aus selbem Stoff genäht, der dann wiederum in der gleichen Weise auf dem Hintergrund befestigt wurde. Die Kontur des Hundes wird mit Heftstichen betont, eine Borte gibt dem Ganzen einen Rahmen.

Entenmotiv siehe Seite 32 (Nr. 100)

Hundemotiv siehe Seite 28 (Nr. 76)

GESTRICKTES ENTENMOTIV

Manchmal fangen stilisierte Motive das Wesen des Dargestellten besser ein als realistische Abbildungen. Das gilt für Jahrhundertealte Motive ebenso wie für moderne Arbeiten. Das stilisierte Entenmotiv stammt von einem Stofffragment, das im prä-kolumbianischen Peru gewebt wurde. In einen Pullover eingestrickt sieht es besonders originell aus, man kann es auch im Maschenstich aufsticken.

Motive aus Nord- und Südamerika

Abstraktes Motiv siehe Seite 17 (Nr. 4)

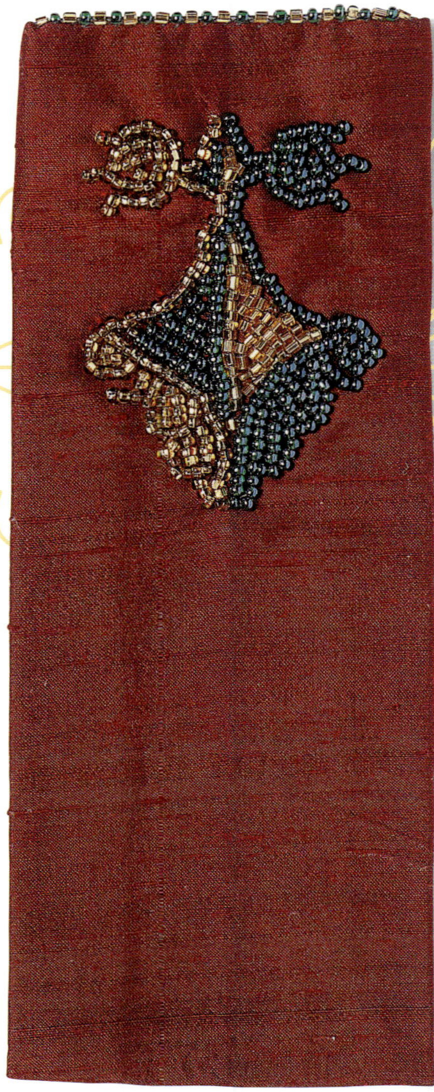

TISCHLÄUFER MIT PERLEN
Perlenstickerei eignet sich zur Dekoration von flächig verarbeiteten Stoffen, z.B. Tischläufer, Wandbehänge, Kissenbezüge, Raffhalter oder Abendtaschen. Das abstrakte Motiv stammt von einer applizierten Schürze, die von Indianern aus der Region der großen kanadischen Seen hergestellt wurde. Hier sind Perlen in zwei verschiedenen Farben und Formen reizvoll miteinander kombiniert.

Sternmotiv siehe Seite 23 (Nr. 41)

KASTEN MIT SCHABLONENMOTI
Einfache Holzobjekte eignen sich sehr gu für folkloristische Motive in Schablonentechnik. Dieses Sternmotiv stammt von einem amerikanischen gewebten Bettübe wurf. Der Kasten wurde zuerst lackiert: außen rot, innen gelb und an den Kante blau. Dann wurde mit einer Schablone der hellblaue Stern auf die Vorderseite gemalt, danach mit einer zweiten der ova Ring und der zentrale Stern in Gelb. Zum Schluss wurden mit der dritten Schablone in dunklem Blaugrün die beblätterten Zweige in die Spitzen des Sterns getupft und der kleine vierzackige Stern in der Mitte angebracht.

1

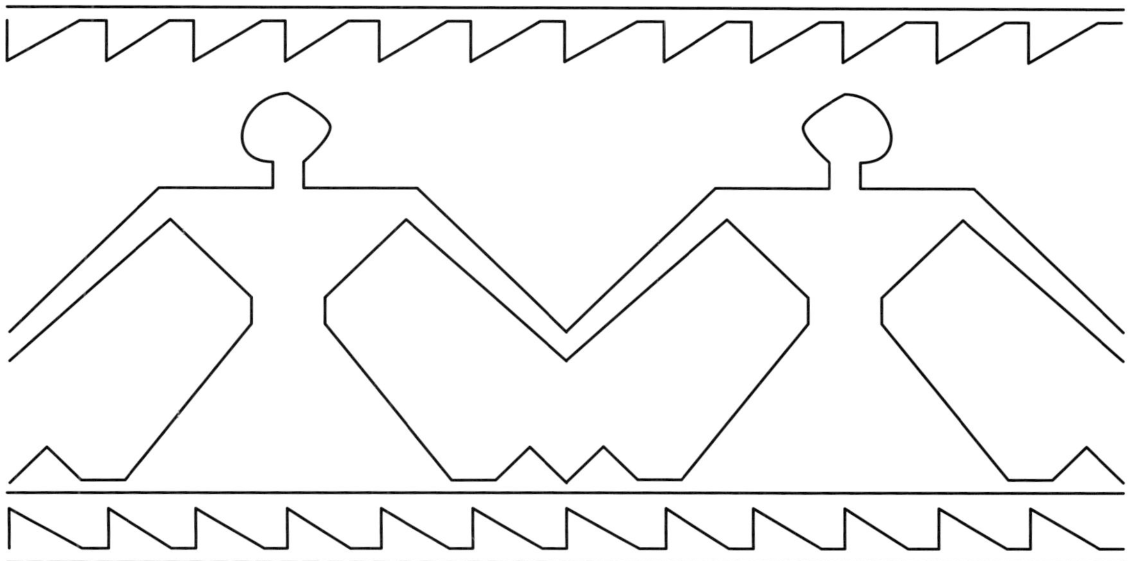

2

3

4

5

6

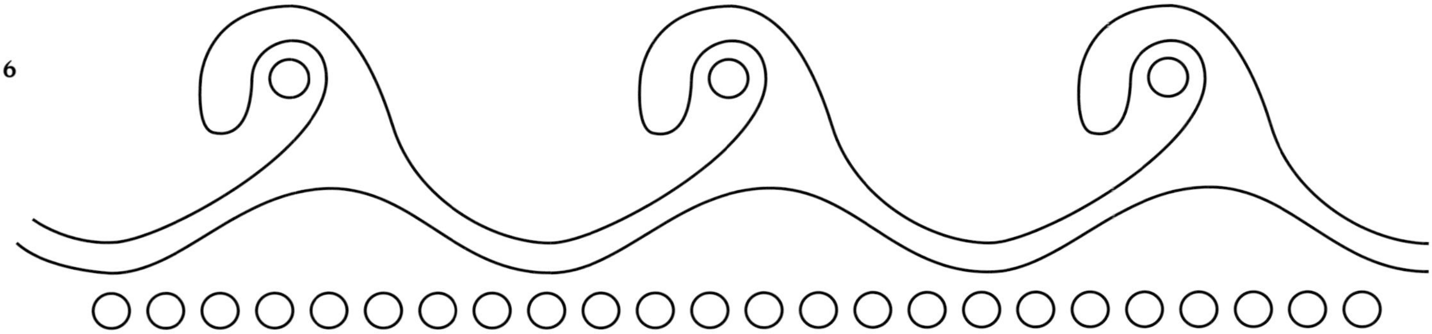

7

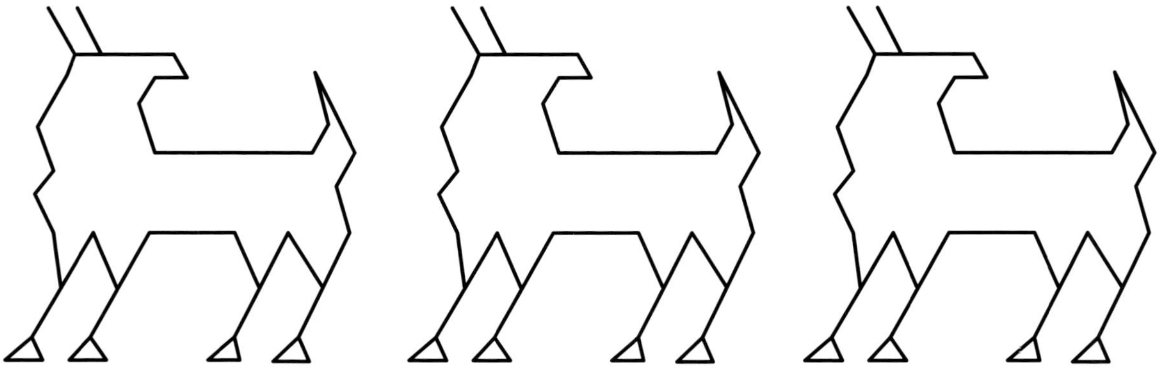

8

9

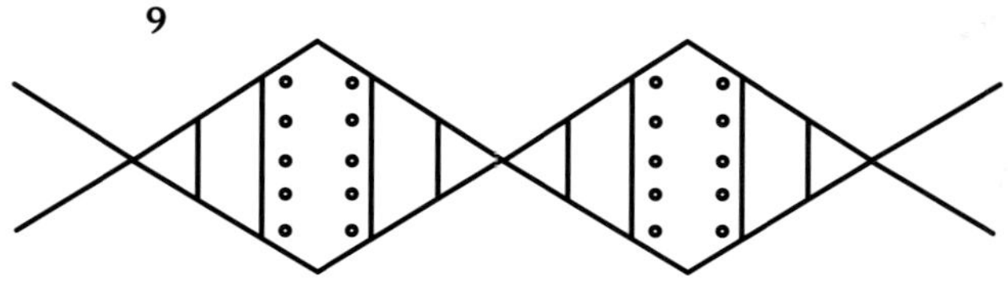

10

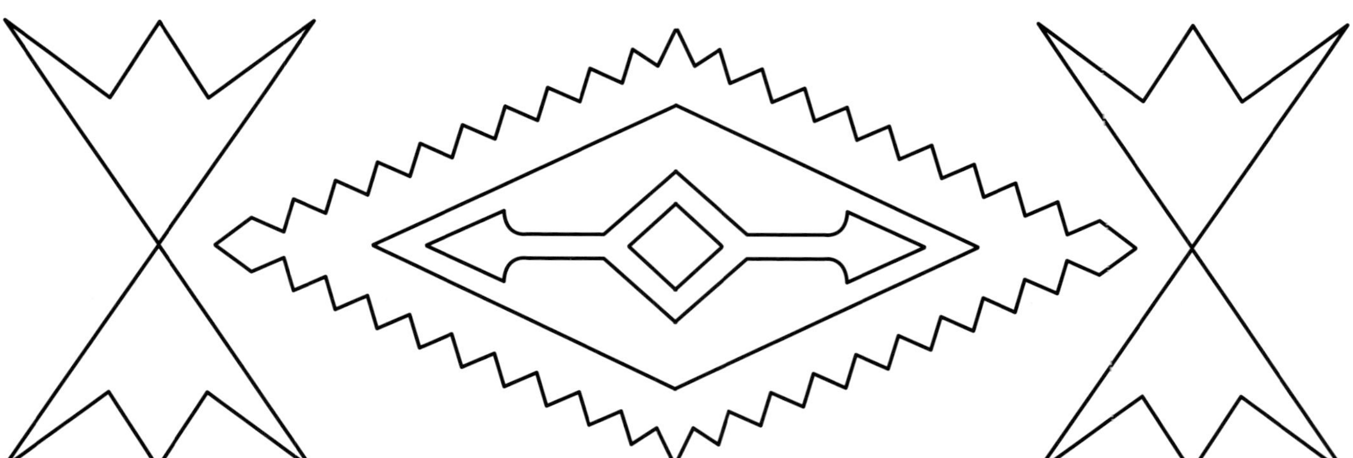

1

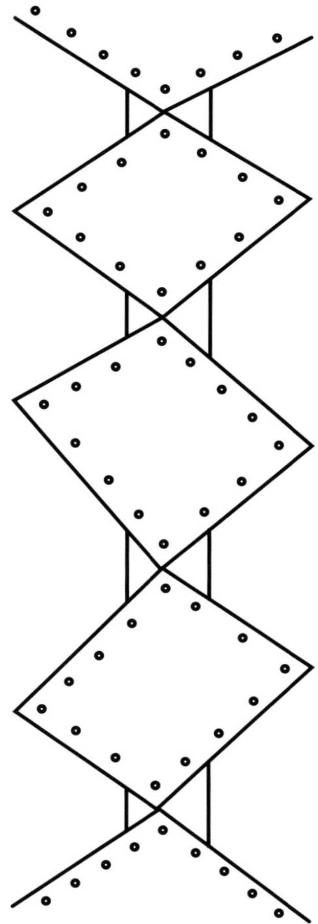

12

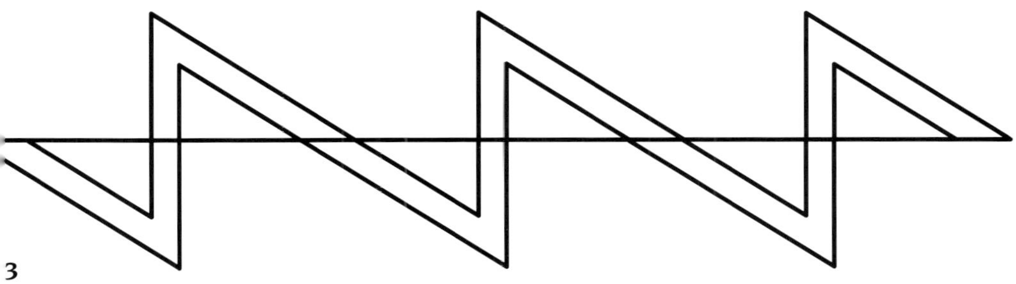

3

14

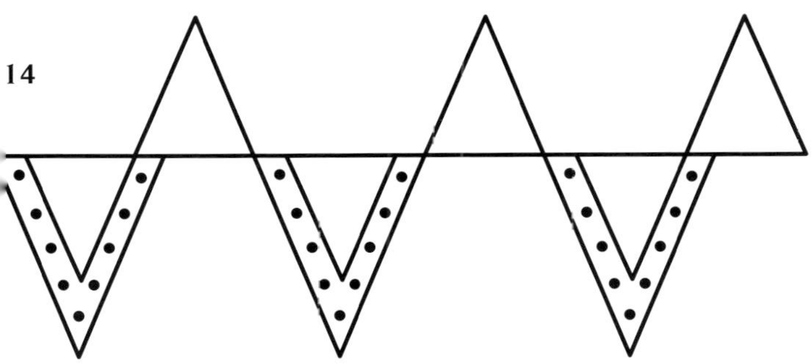

15

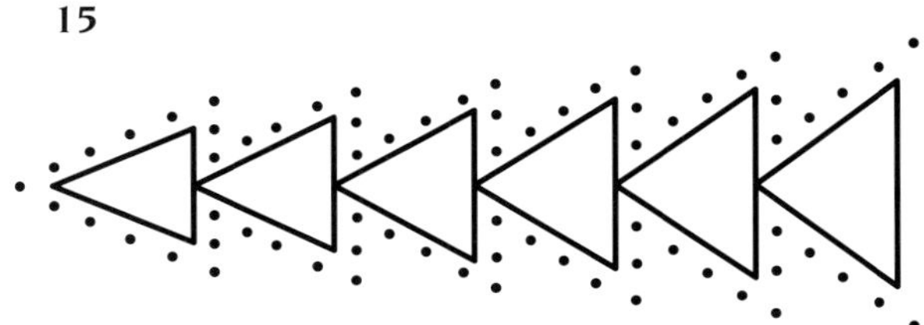

6

17

18

19

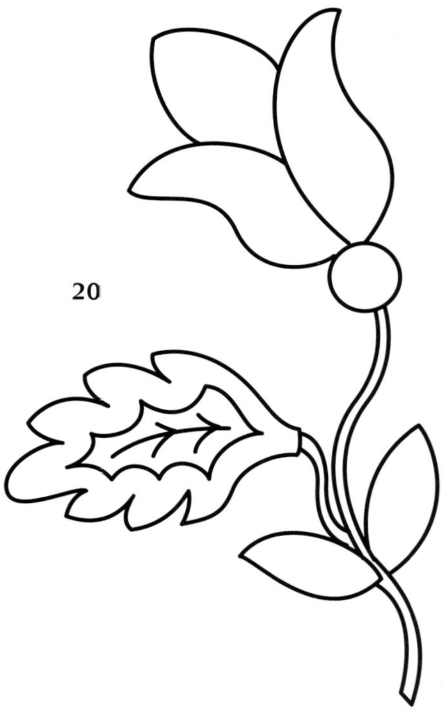
20

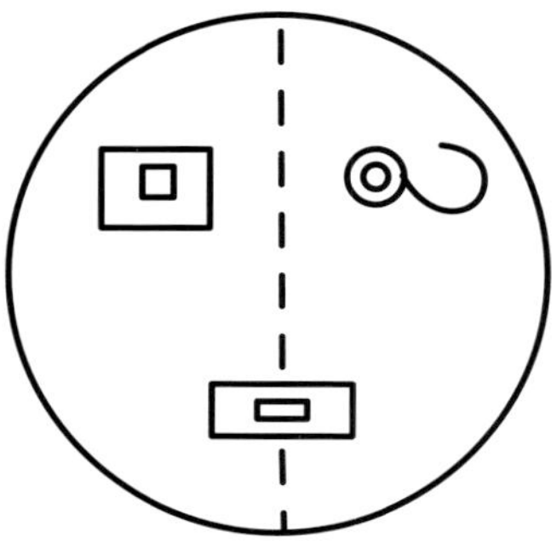
21

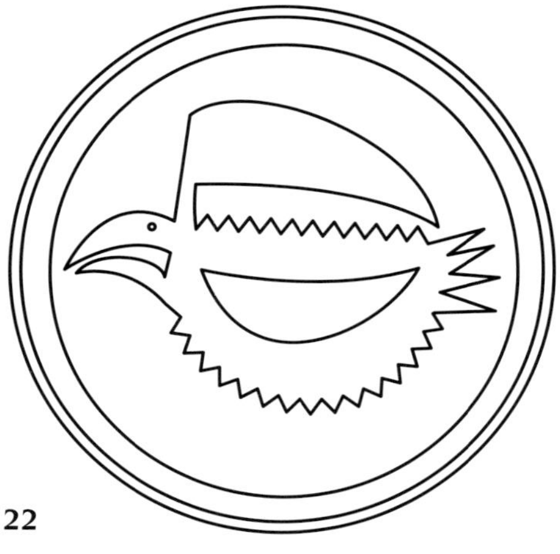
22

23

24

25

26

27

28

29

30

31

32

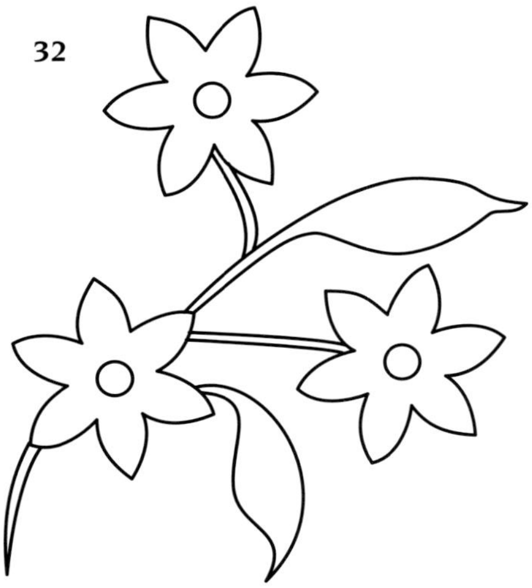

33

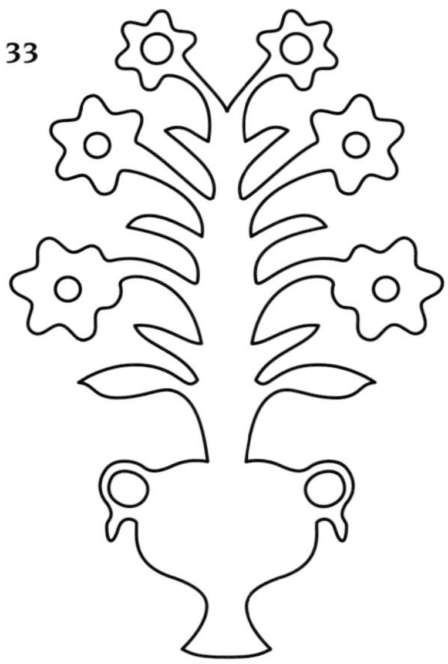

34

35

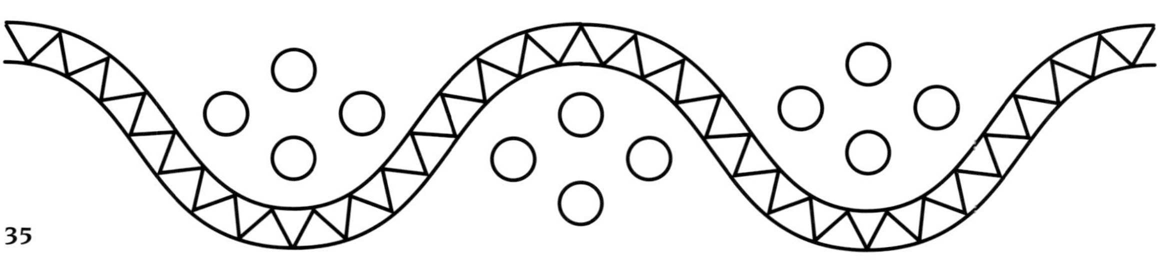

36

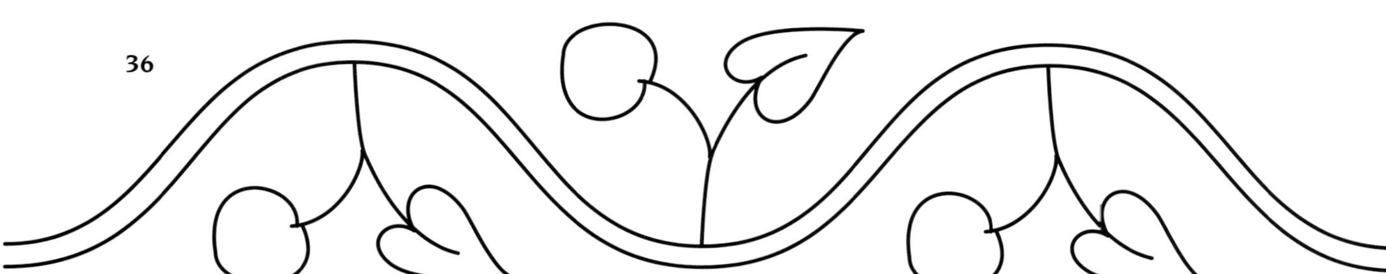

37

38

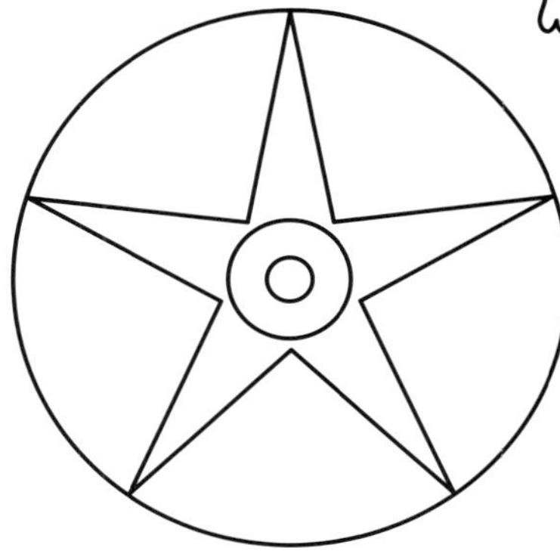
40

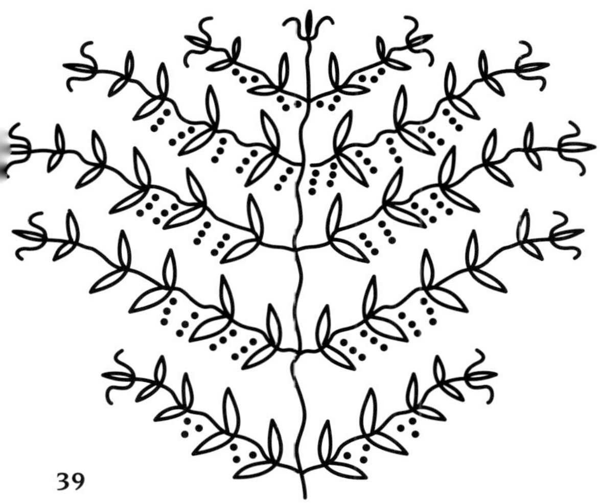
39

41

42

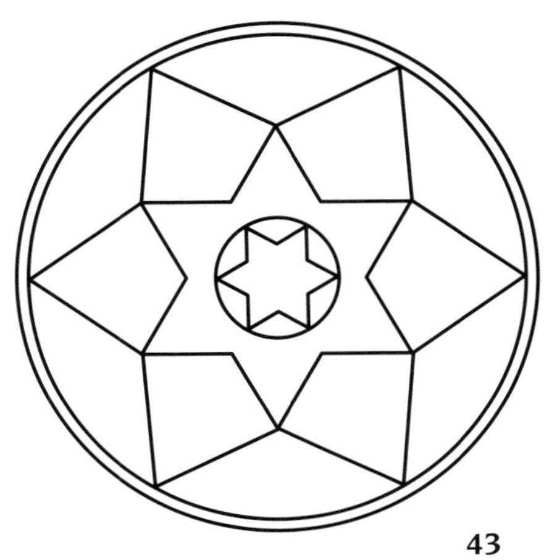
43

44

45

46

47

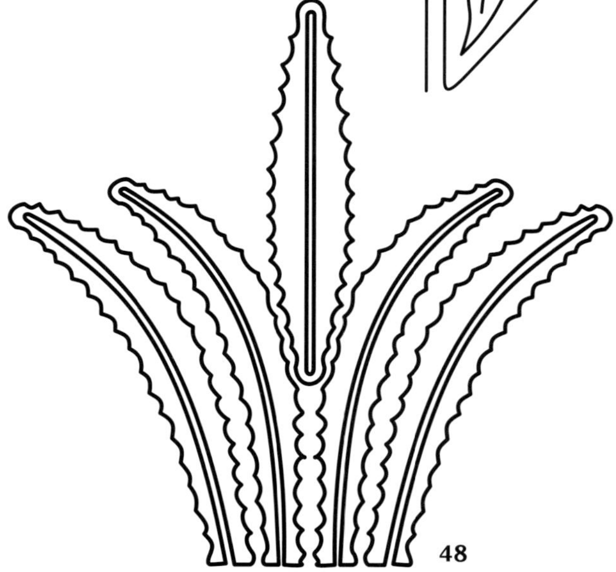

48

49

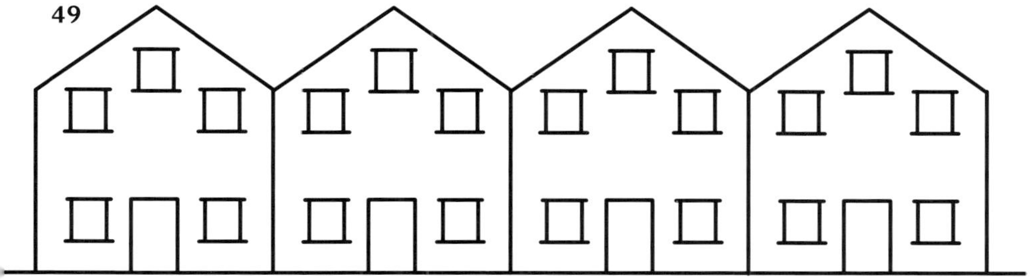

50

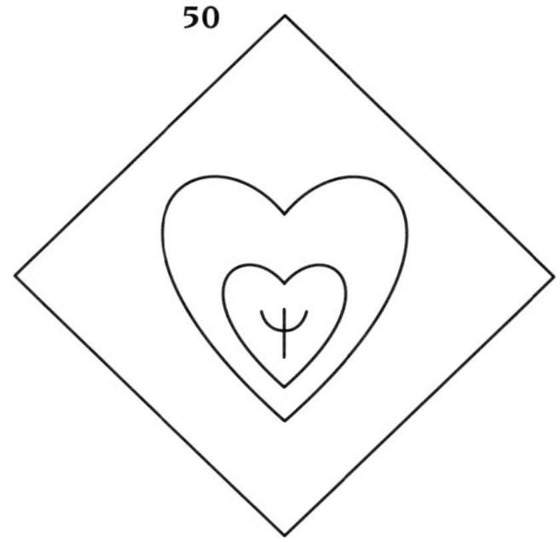

51

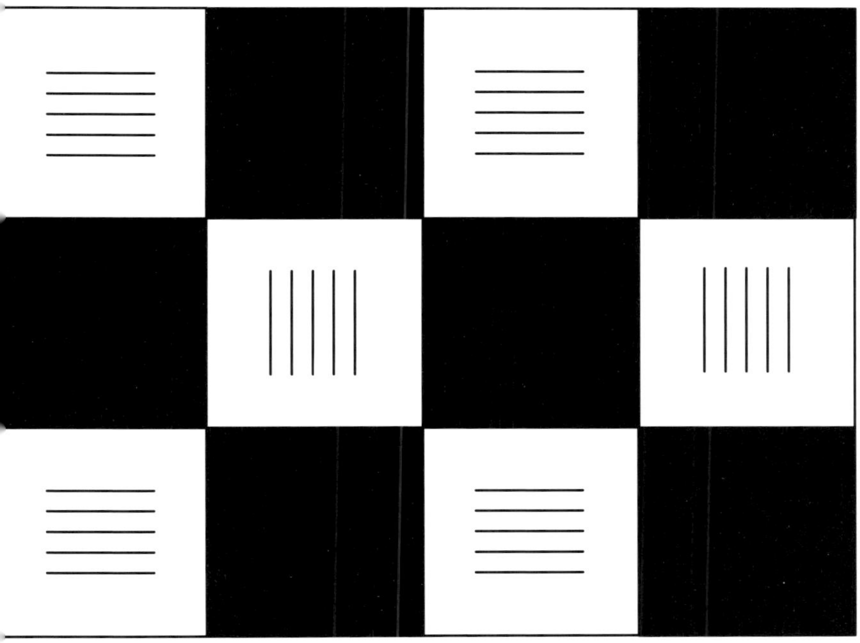

52

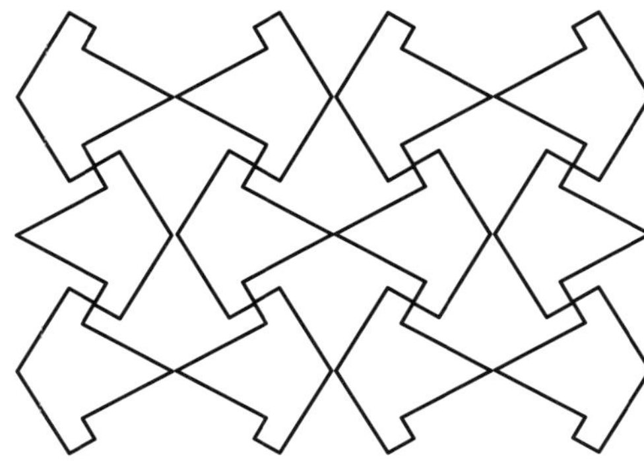

53

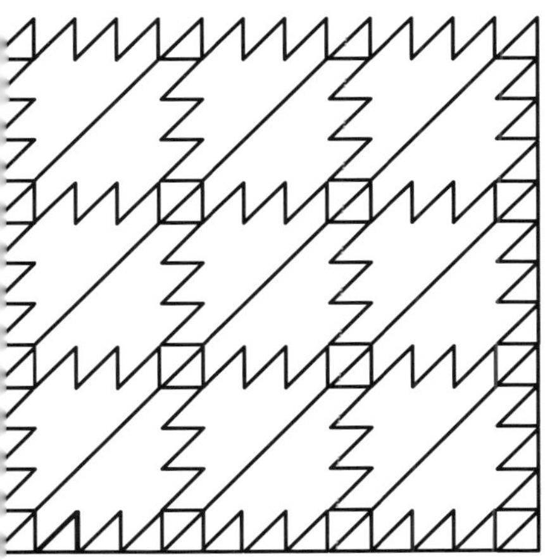

54

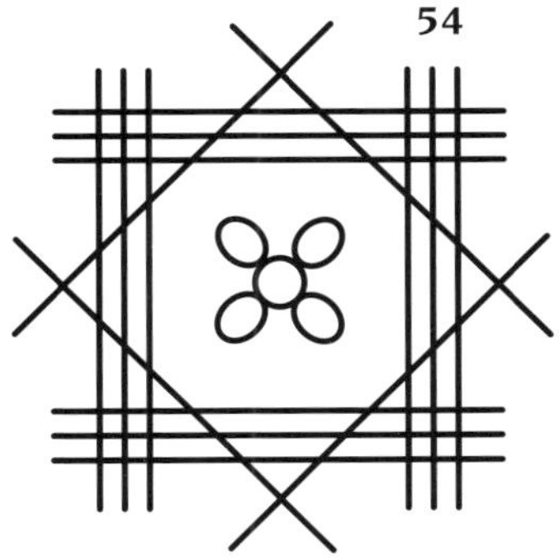

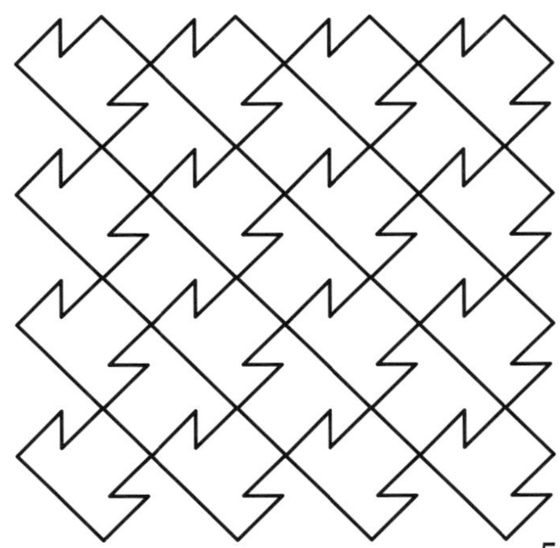

55

56

Amerikanisches Art déco

57

58

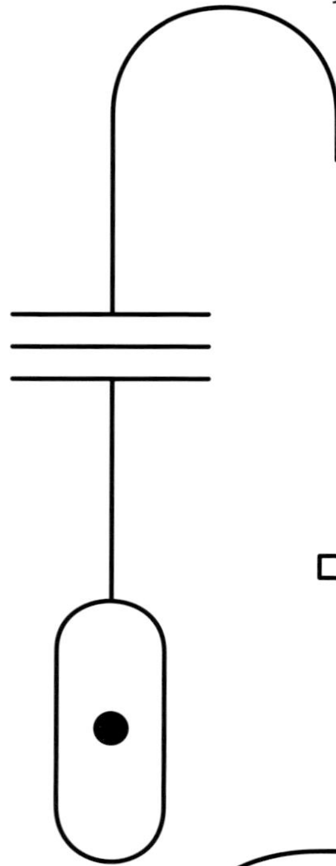

59

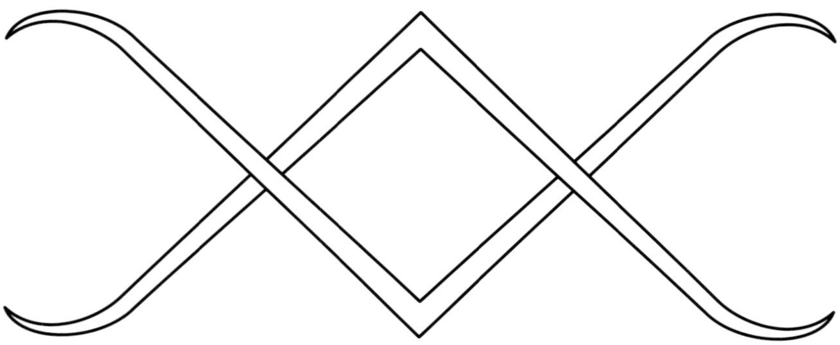

60

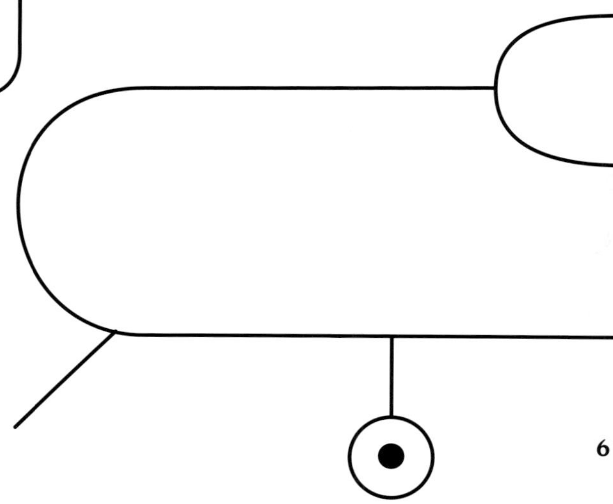

61

62

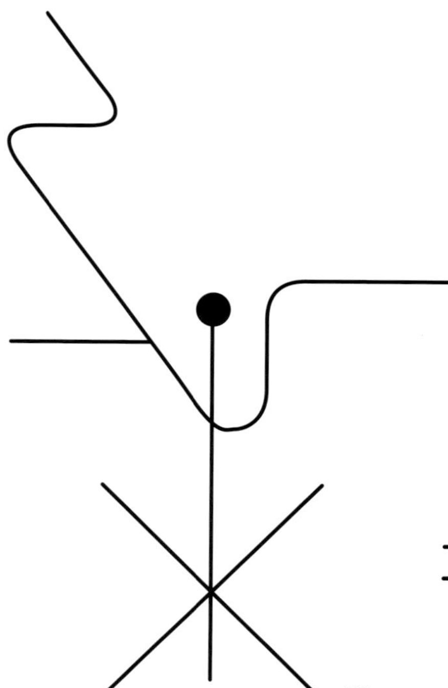

63

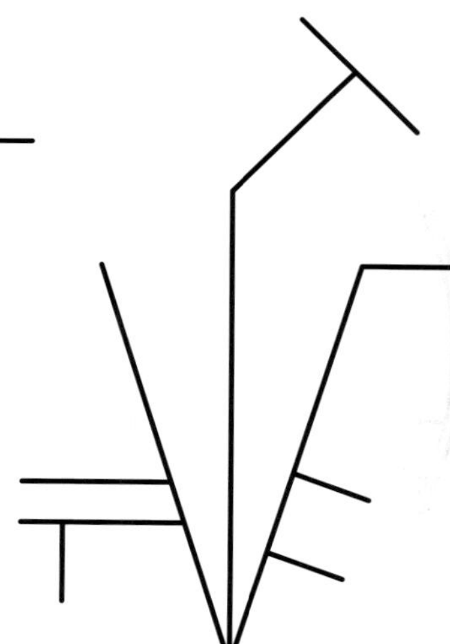

64

65

66

67

68

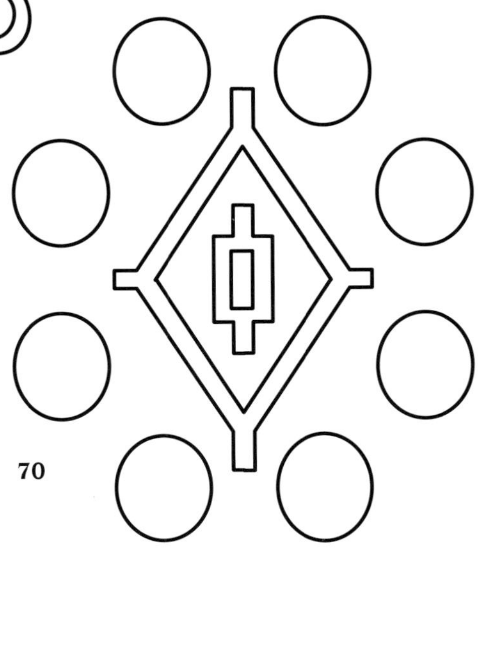

70

69

Mittel- und Südamerika

71

72

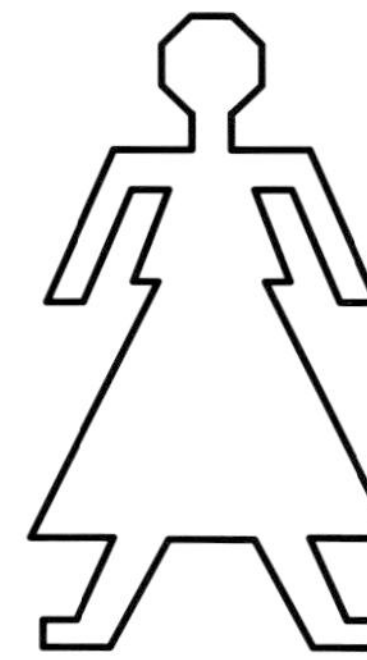

73

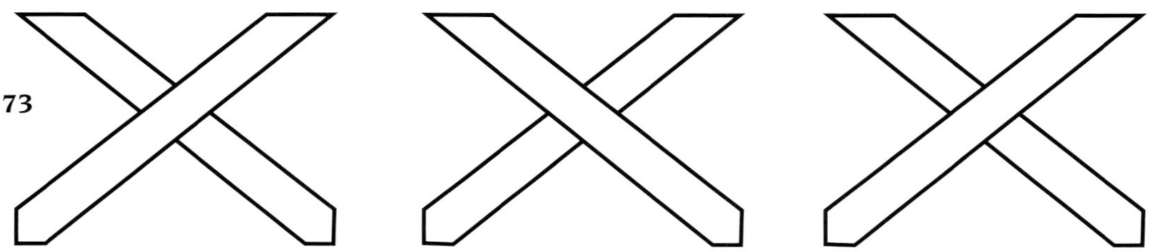

74

75

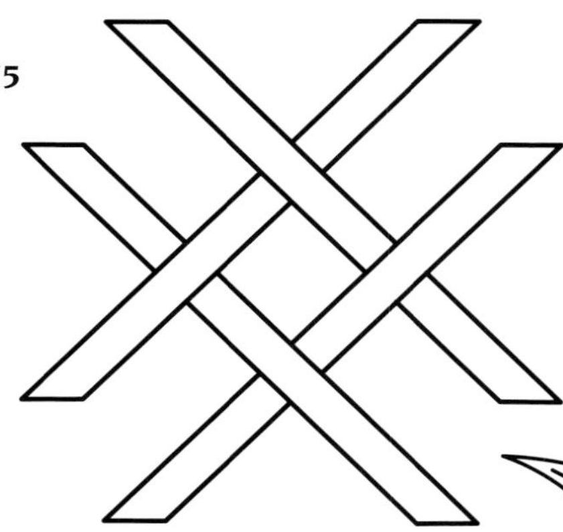

76

77

78

79

80

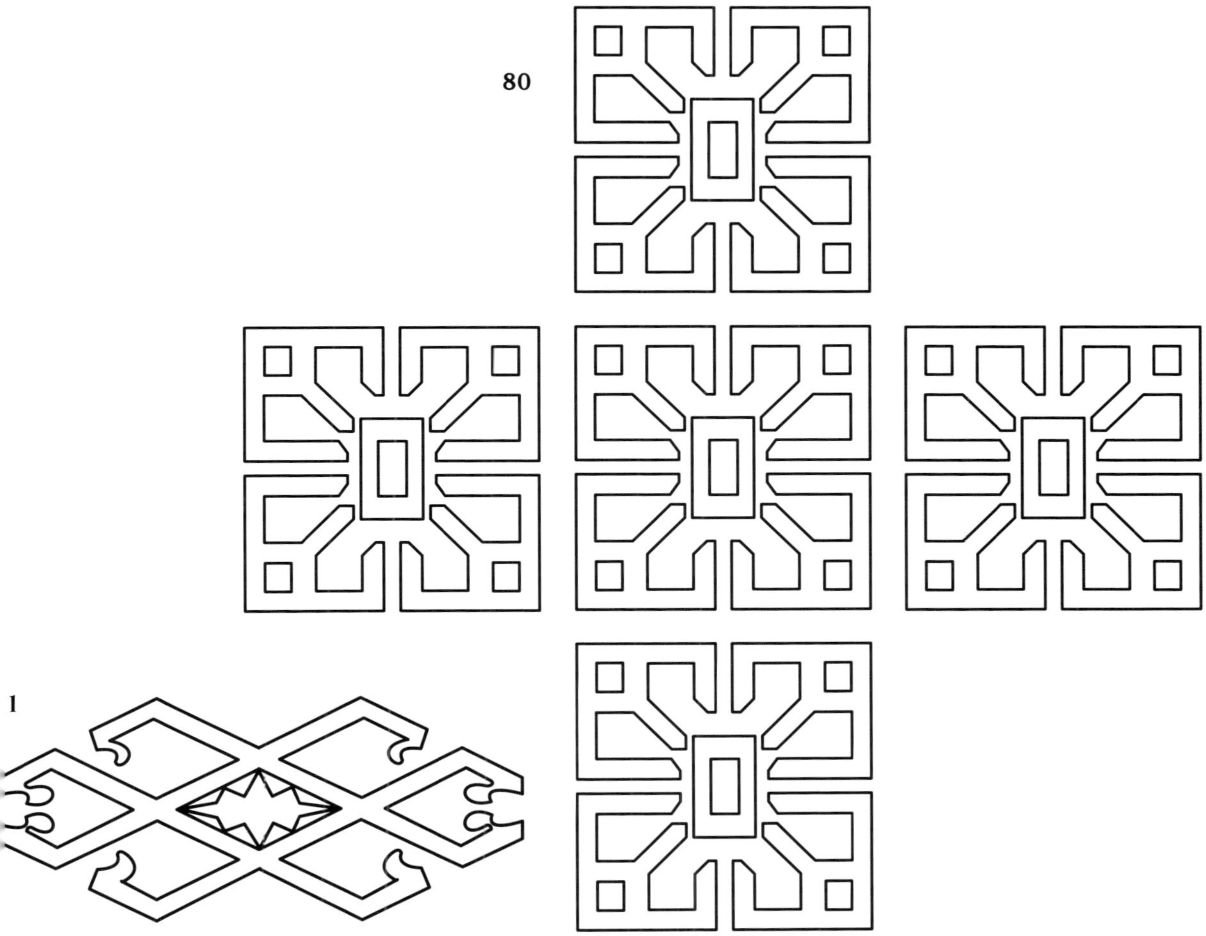

1

82

83

Mittel- und Südamerika

84

85

86

87

88

89

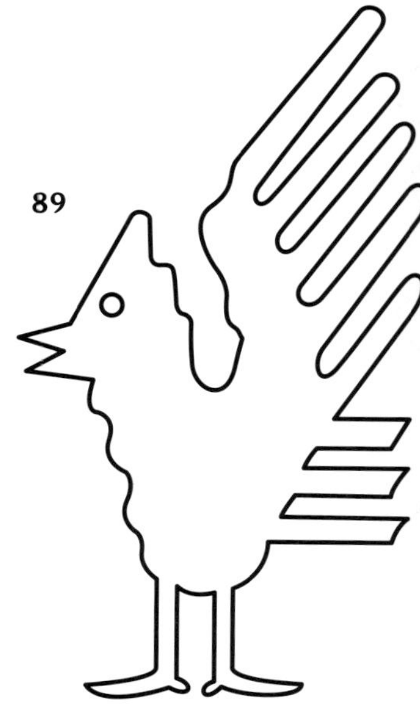

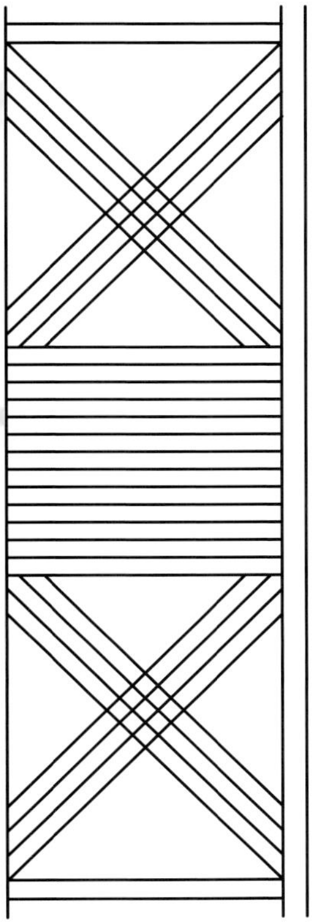
90

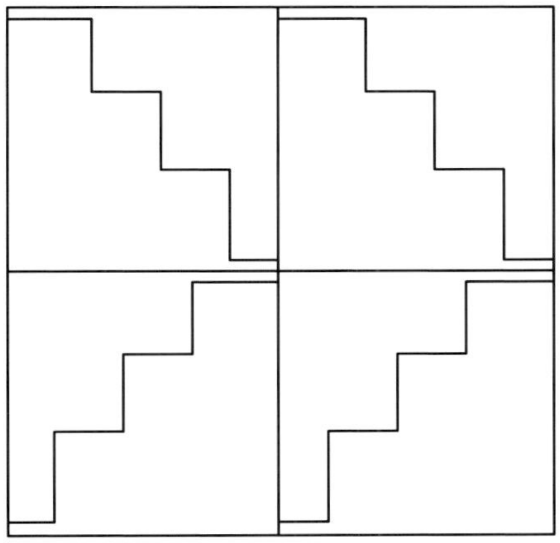
91

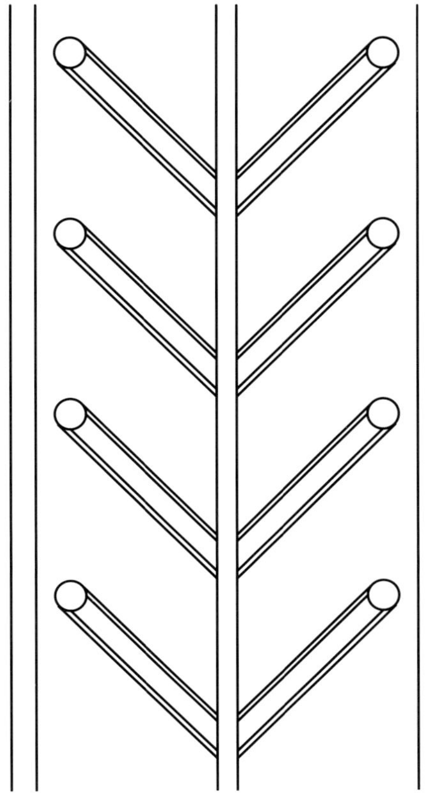
92

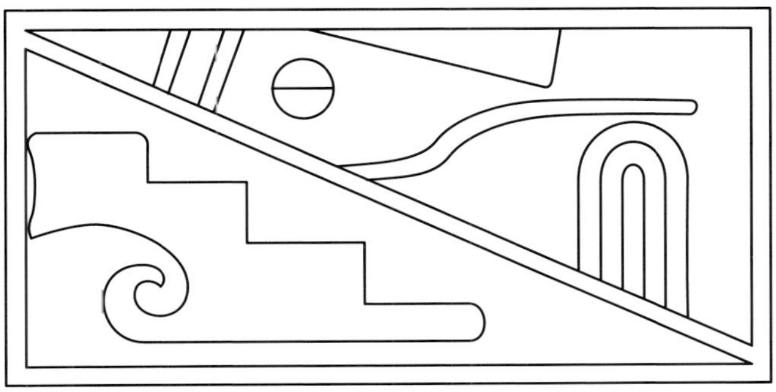
93

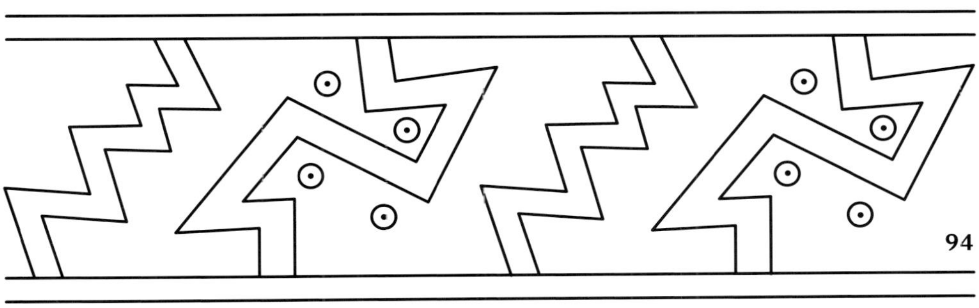
94

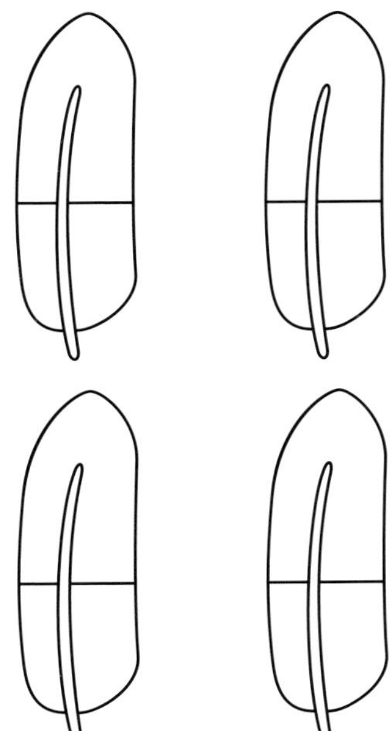

95

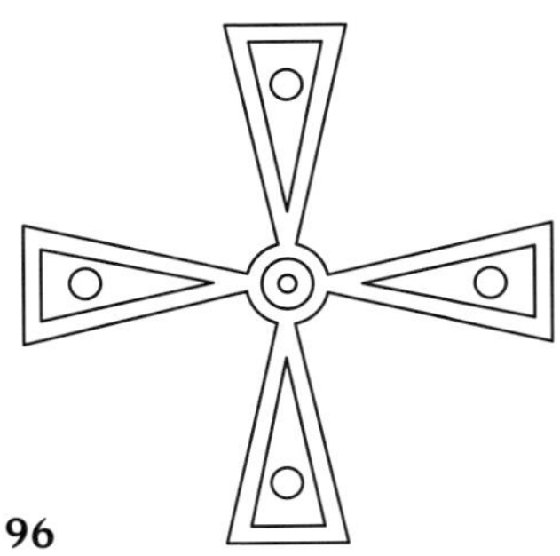
96

97

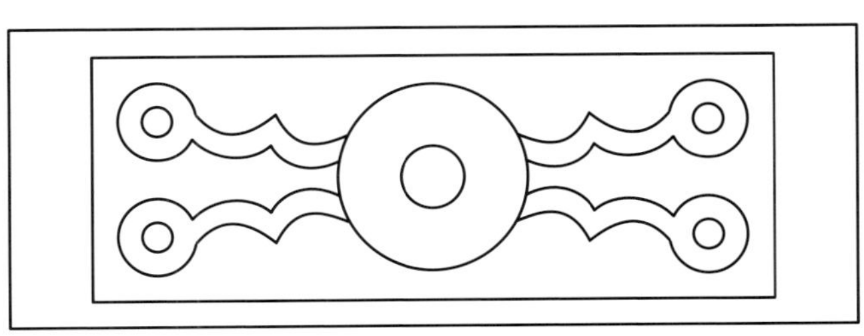
98

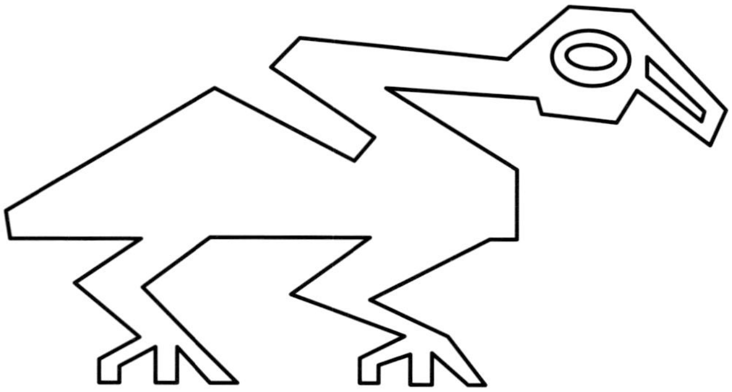

99

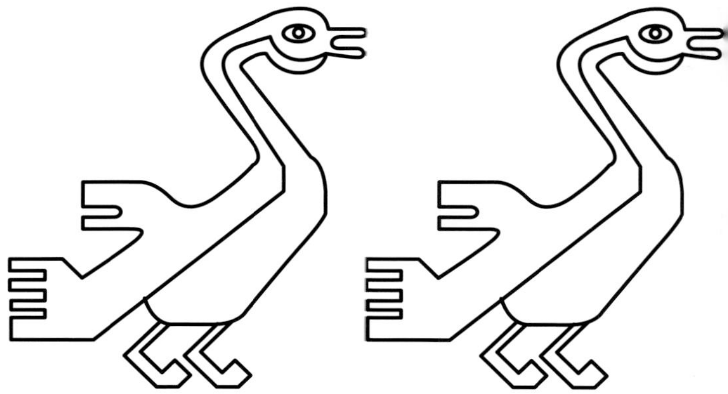

10

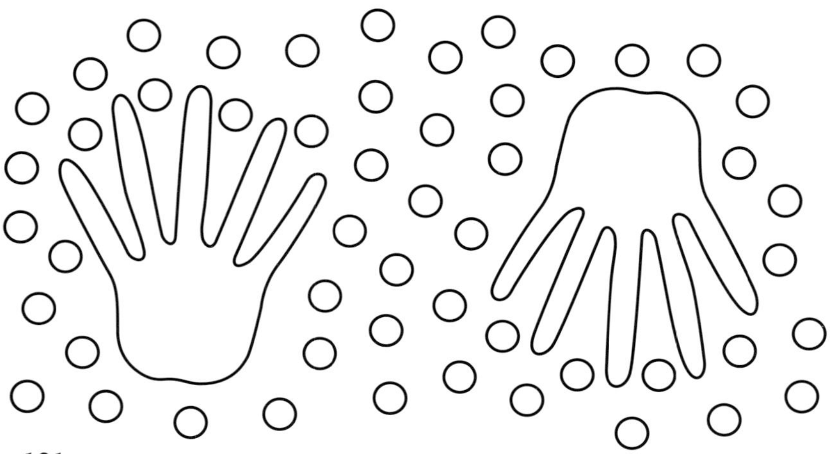

101

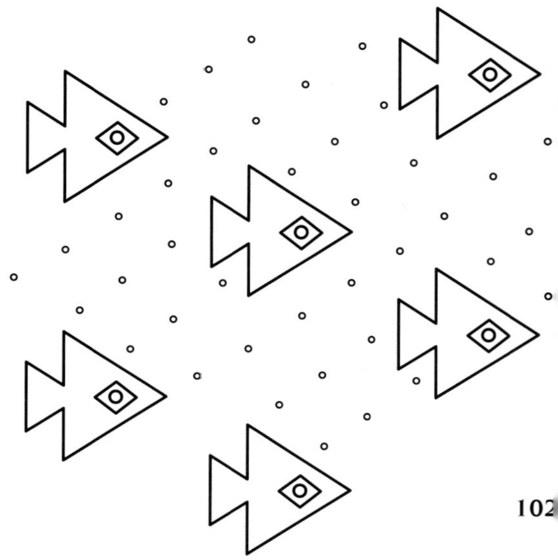

102

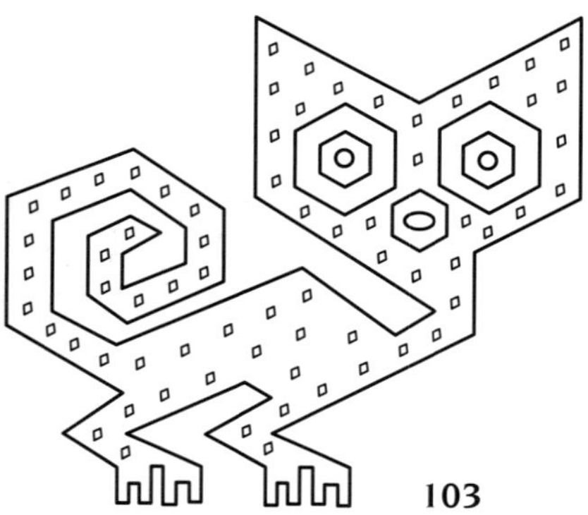

103

104

105

Motive der griechischen und römischen Antike

MOTIVE DER GRIECHISCHEN UND RÖMISCHEN ANTIKE

Noch vor dem Zeitalter der griechischen Antike existierte auf Kreta die minoische Kultur. Aus dieser Zeit stammen schöne Metallarbeiten, Elfenbeinschnitzereien, kunstvolle Keramiken und großartige Fresken. Während der nächsten Tausend Jahre führten die Griechen die Kunst der Dekoration zu einer Hochblüte. Viele der bemalten Vasen sind bis heute erhalten geblieben. In Italien schufen die Etrusker dekorative Keramik, vielfach angelehnt an griechische Motive. Mit der Ausbreitung ihres Weltreiches traten die Römer auch das Erbe dieser klassischen Dekorationskunst an, das jedoch stark von der griechischen Kultur beeinflusst blieb. Bis heute beziehen Architekten, Designer und Dekorateure viele Anregungen aus dieser Epoche.

Spiralmotiv siehe Seite 49 (Nr. 93)
Tiermotive siehe Seite 41 (Nr. 31, 33, 34) 43 (Nr. 45), 44 (Nr. 56) *und* 45 (Nr. 66)

MINIKOMMODE, BEMALT UND SCHABLONIERT

Die Grifflöcher der kleinen Schubladen sind geschickt in das Design integriert. Seiten und Oberfläche der Kommode sind mit einem klassischen Spiralornament verziert, die Tiere auf den Schubladenfronten stammen von einer Bordüre, die sich um eine antike griechische Vase zog. Zuerst wurden die Schubladen dunkelbraun lackiert, die Fronten des Korpus in leuchtendem Blau. Seiten- und Rückwand sowie Oberseite der Kommode sind passend dunkelbraun gestrichen, auch hier sind die Kanten blau abgesetzt. Das Spiralmuster wurde mit einer Schablone auf Seiten- und Oberteil aufgetragen. Die Tiere auf den Schubladen sind mit der Hand gemalt.

Große Bordüre siehe Seite 43 (Nr. 51)
Kleine, innere Bordüre siehe Seite 42 (Nr. 42)

TISCHDECKE MIT APPLIKATIONEN

Das lebhaft und modern wirkende Design stammt von einer antiken griechischen Vase. Die schlichten Formen lassen sich gut applizieren. Sie sind aus einfarbigen Baumwollstoffen zugeschnitten, lediglich der Mittelstreifen ist klein gemustert. Alle Teile sind mit Überwendlingsstichen aufgenäht, die Konturen sind zusätzlich mit Heftstichen akzentuiert.

SCHALE MIT MALEREI UND SGRAFFITO

Das gleiche Motiv wie auf der Tischdecke wurde hier auf eine Keramikschale gemalt. Die äußeren dunklen Motive und ihre ‚Spiegelbilder' sind mit einer Schablone aufgetragen und teilweise hell konturiert. Die lineare Struktur ist in die feuchte Farbe eingeritzt (Sgraffito-Technik). Die kleine, innere Bordüre ist aus freier Hand gemalt.

Motive der griechischen und römischen Antike

GESTICKTE KISSENHÜLLE

Das hier verwendete stilisierte Geißblatt-Motiv ist in griechischen und römischen Dekorationen häufiger zu finden. Die schlichten, unverschnörkelten Linien lass sich sehr gut nachsticken. Das Motiv wir direkt auf dem Stickgrund vorgezeichnet und dann mit halben Kreuzstichen in blauem, weißem und schwarzem Garn ausgefüllt. Ein schmaler Rand in einer Kontrastfarbe rahmt das Motiv ein.

Geißblatt-Motiv siehe Seite 43 (Nr. 48)

SCHABLONIERTER FRIES

Diese kunstvoll verschlungene Bordüre bietet sich zum Schablonieren an. Man muss aber sehr akkurat schneiden und die Rapporte beim Ausmalen exakt aneinanderfügen. Alle Farben sind mit einer einzigen Schablone aufgetragen. Der dreidimensionale Effekt kommt dadurch zu Stande, dass die ‚vorderen' Schwünge in intensiven Farben gestaltet sind, die vor den anderen Nuancen optisch in den Vordergrund treten.

Verschlungene Bordüre siehe Seite 47 (Nr. 79)

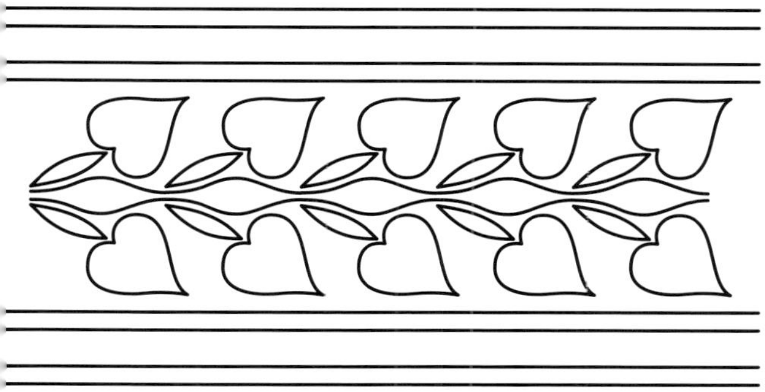
1

2

3

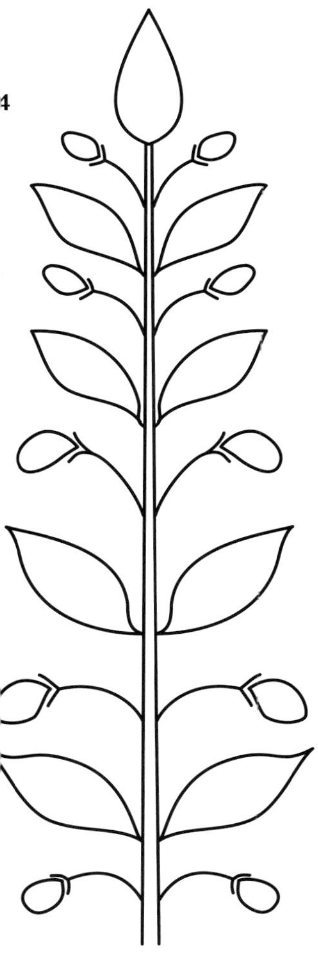
4

5

6

7

Minoer und Etrusker

8

10

11

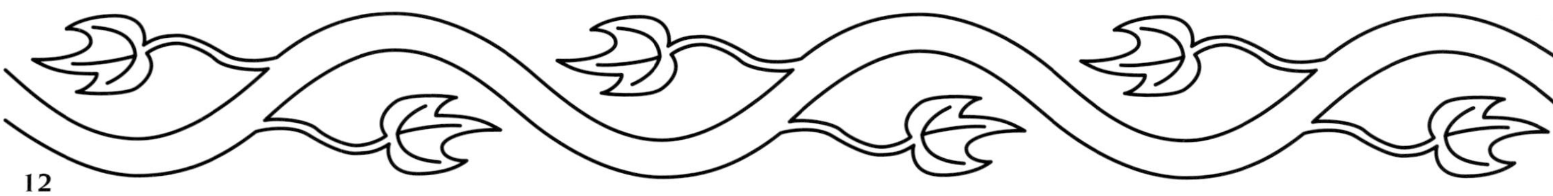

12

13

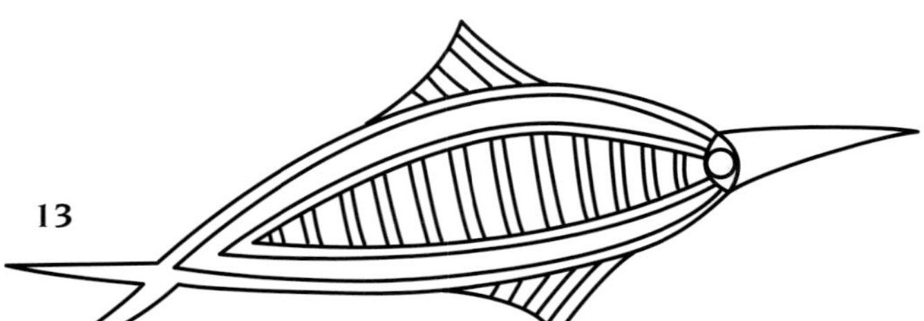

14

15

6

17

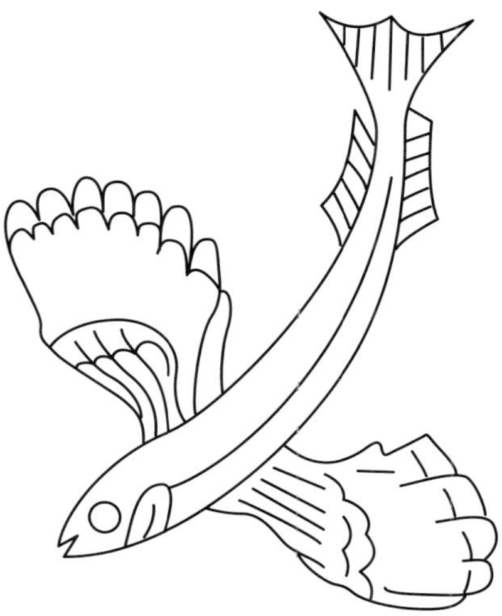

8

19

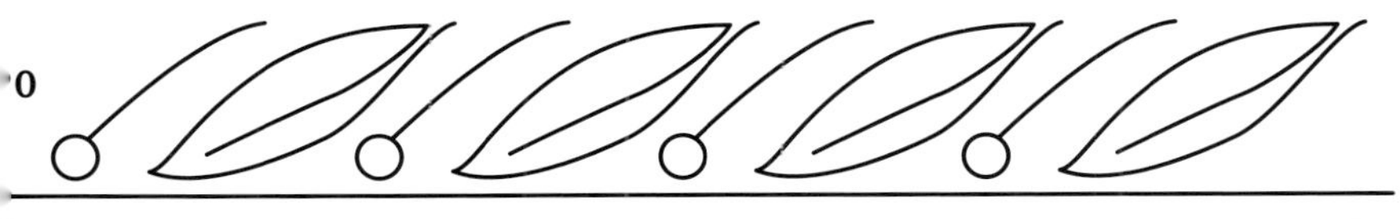

0

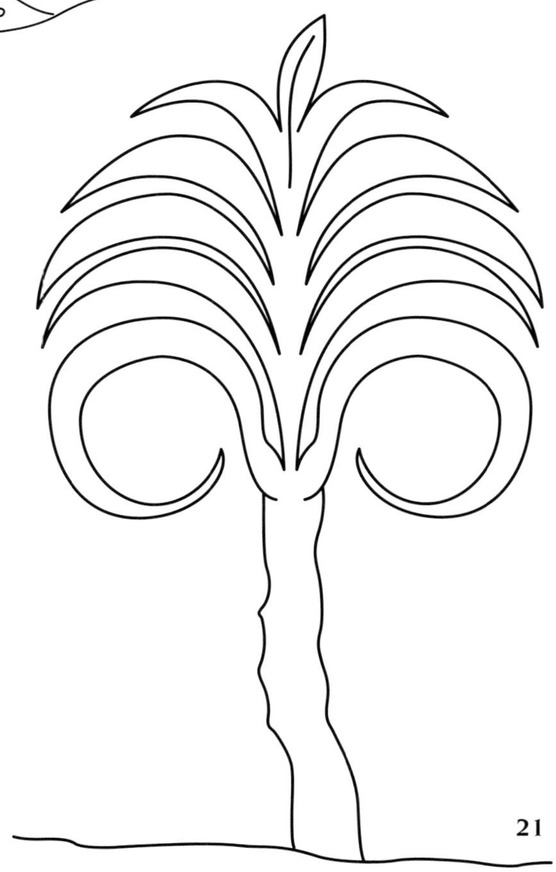

21

22

23

24

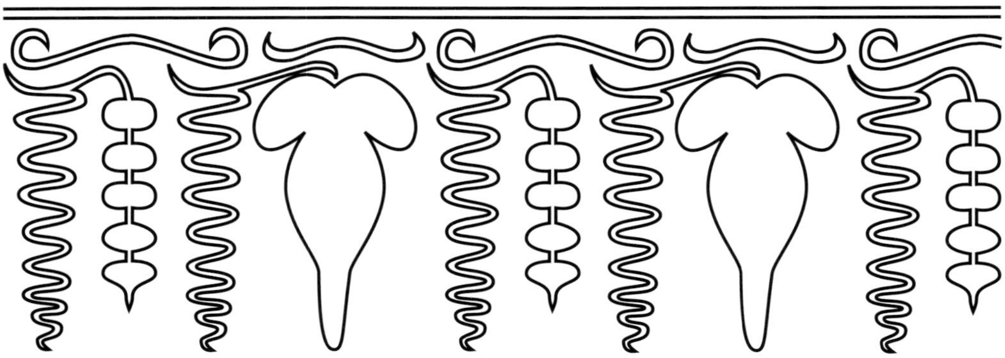

25

26

27

28

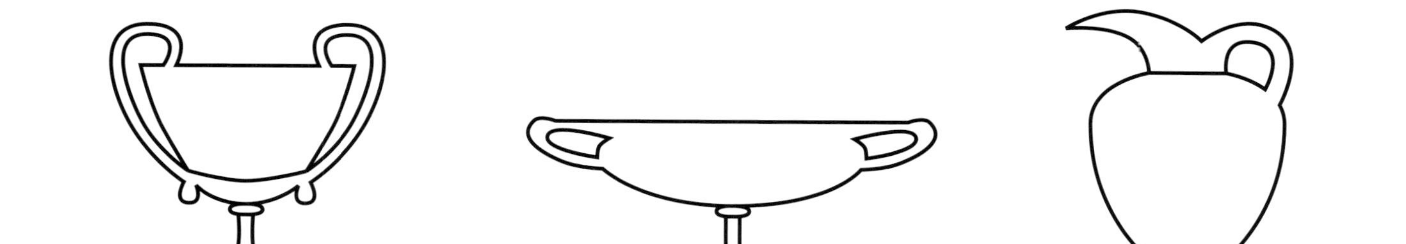

29

30

31

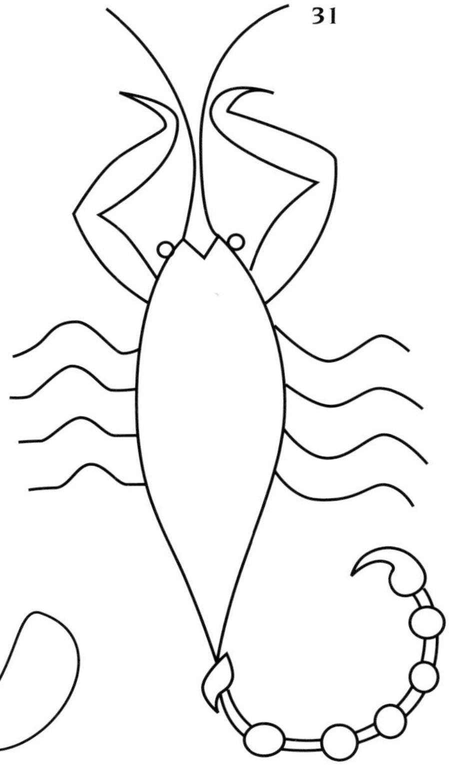

32

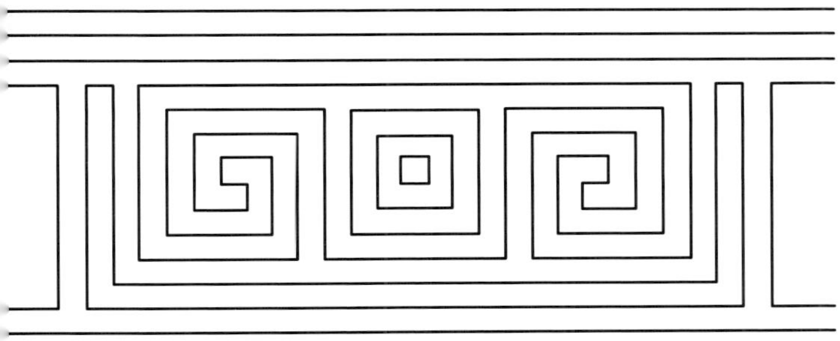

33

34

35

36

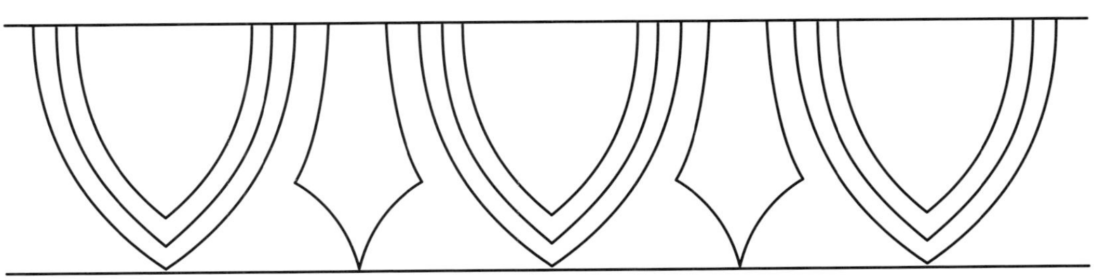

37

38

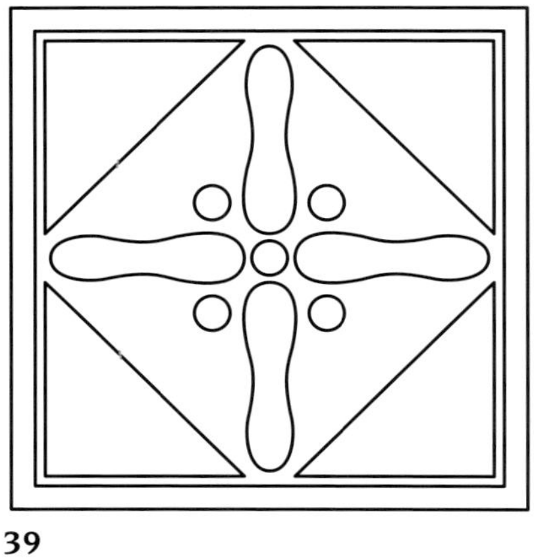

39

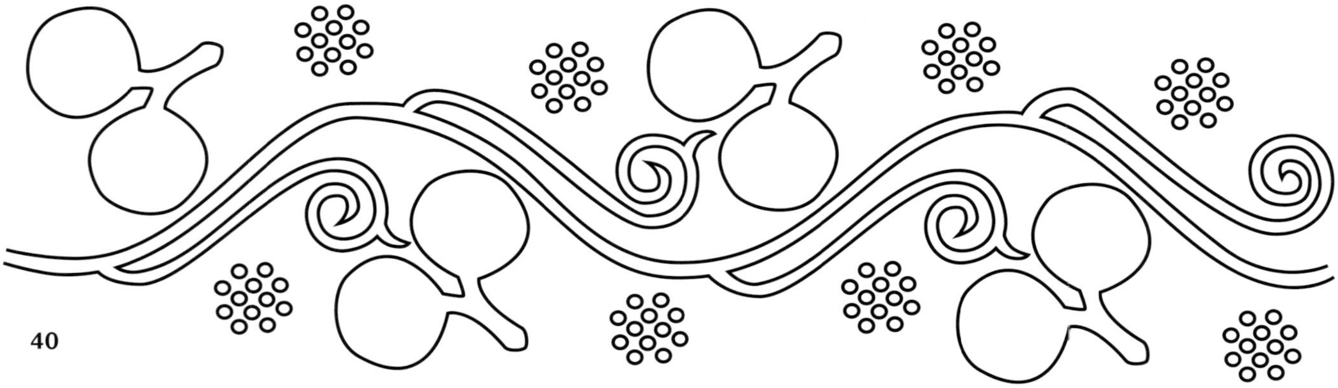

40

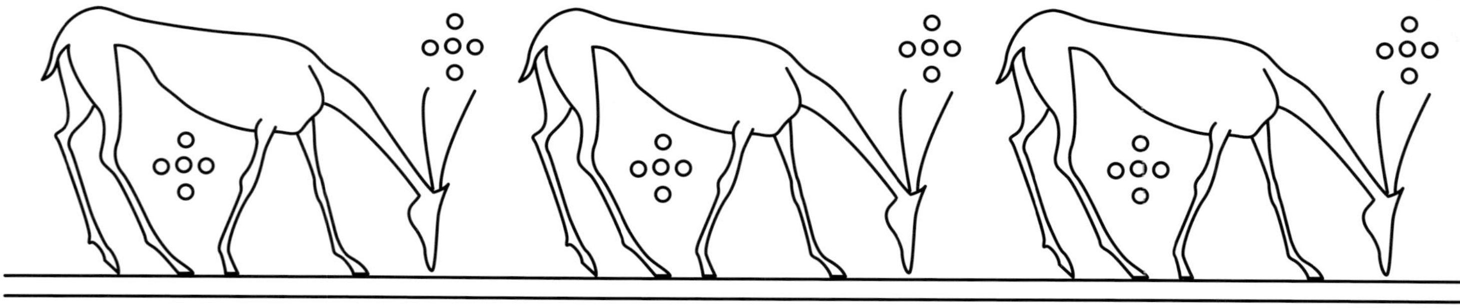

41

42

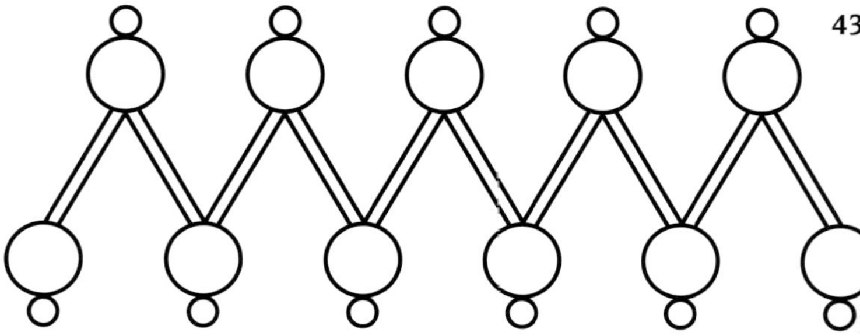

43

44

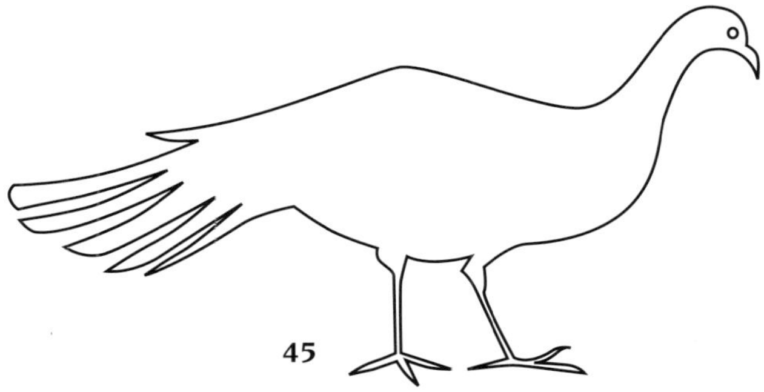
45

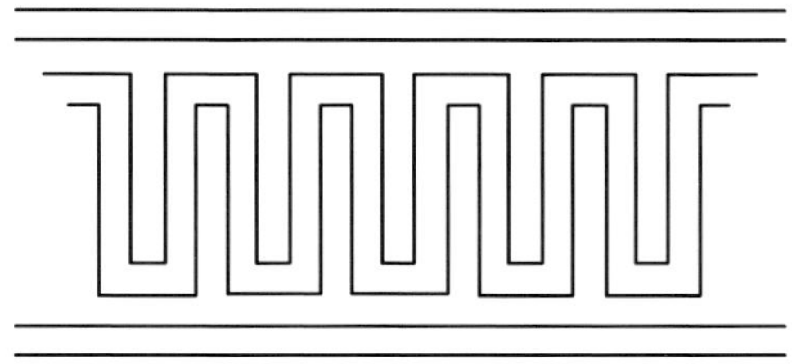
46

47

48

49

50

51

52

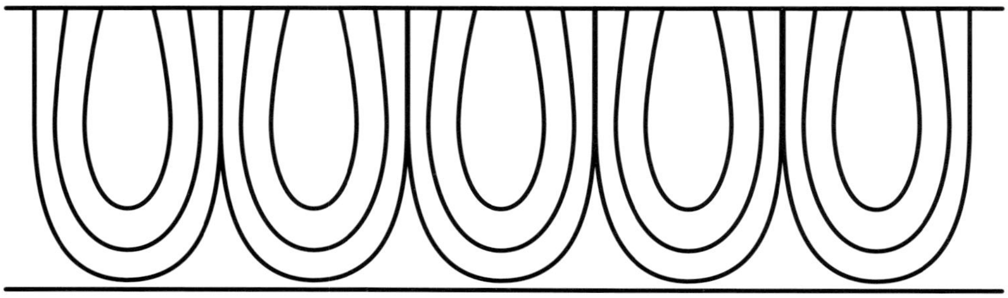

53

54

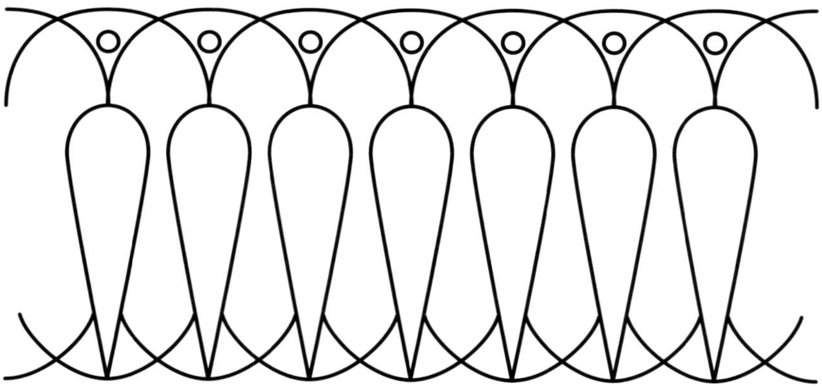

55

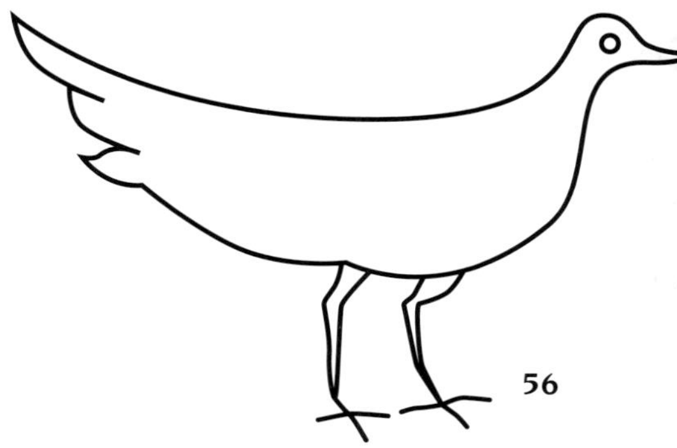

56

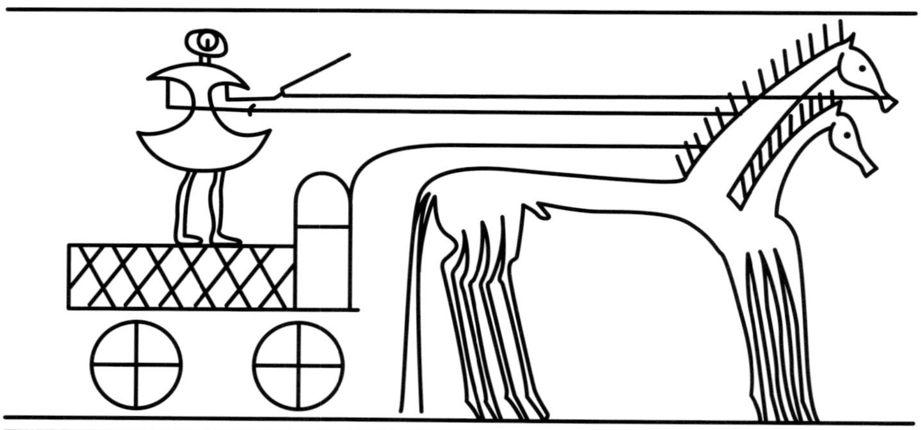

57

58

59

60

61

62

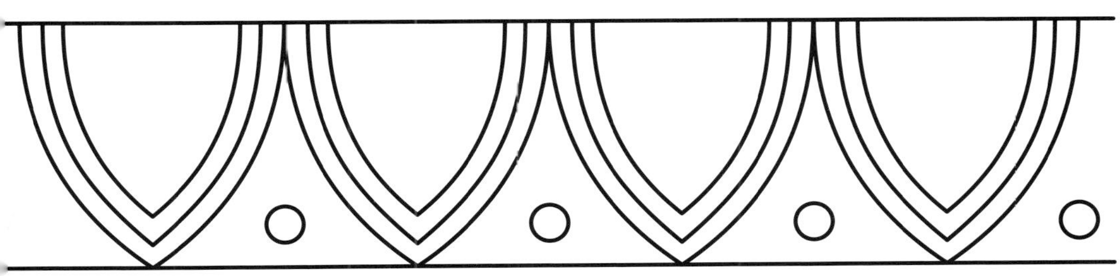
63

64

65

66

67

68

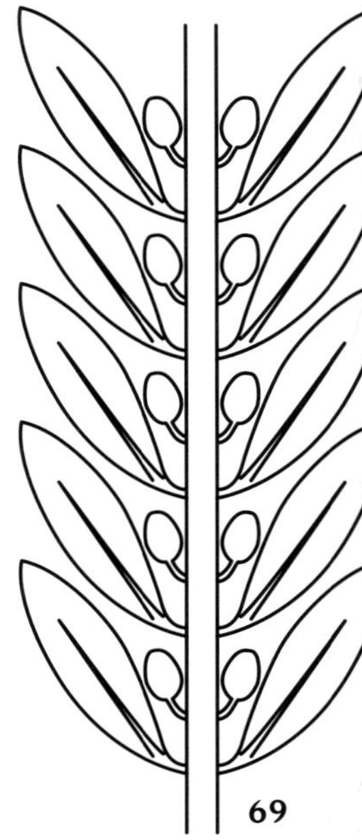

69

70

71

72

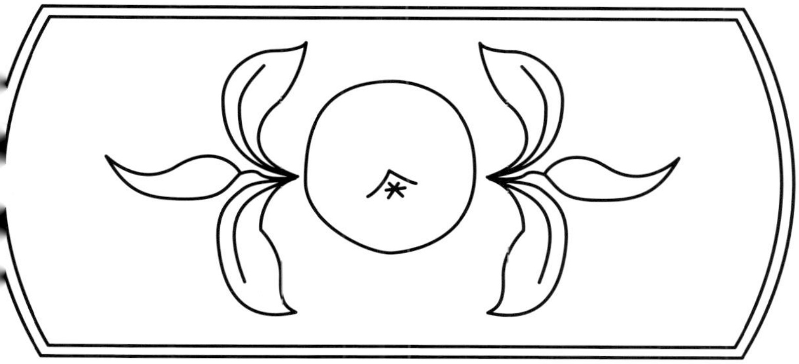

73

74

75

76

78

77

79

80

81

82

83

84

85

86

87

88

89

90

91

92

93

94

95

96

97

98

99

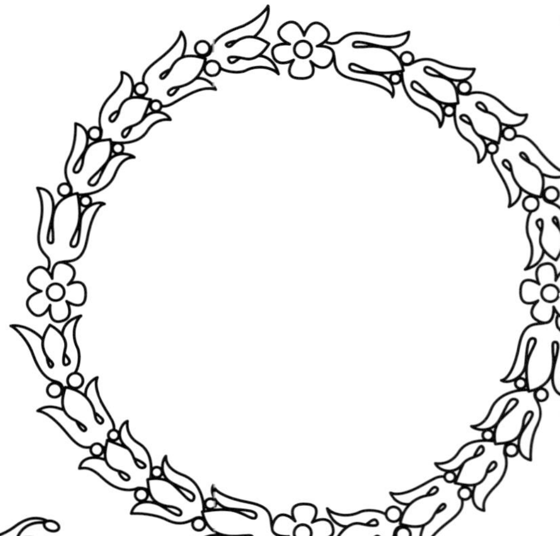

100

101

2

103

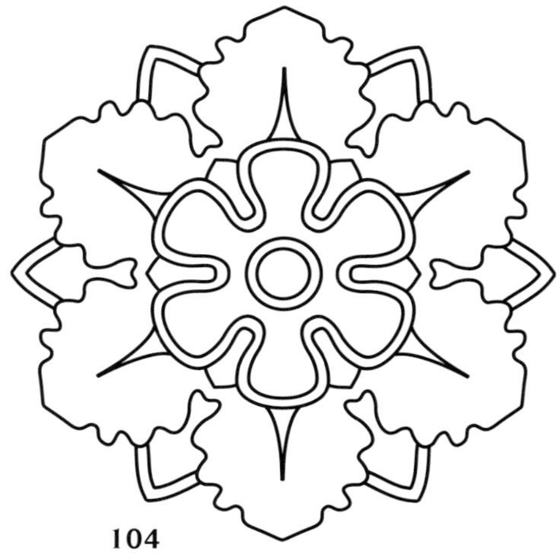

104

05

106

107

Römische Antike

108

109

110

111

112

113

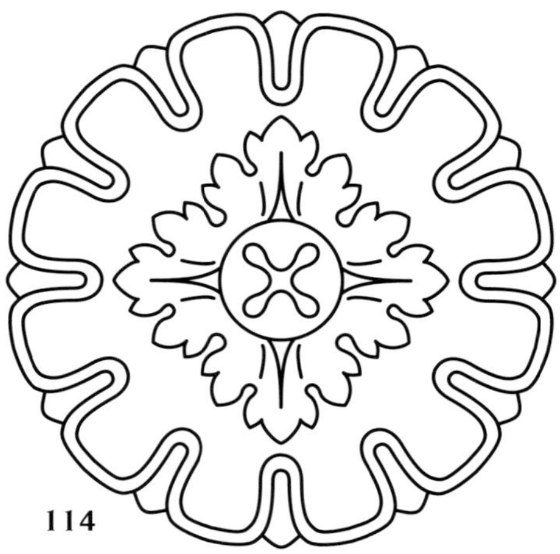
114

115

Motive aus Ägypten und Afrika

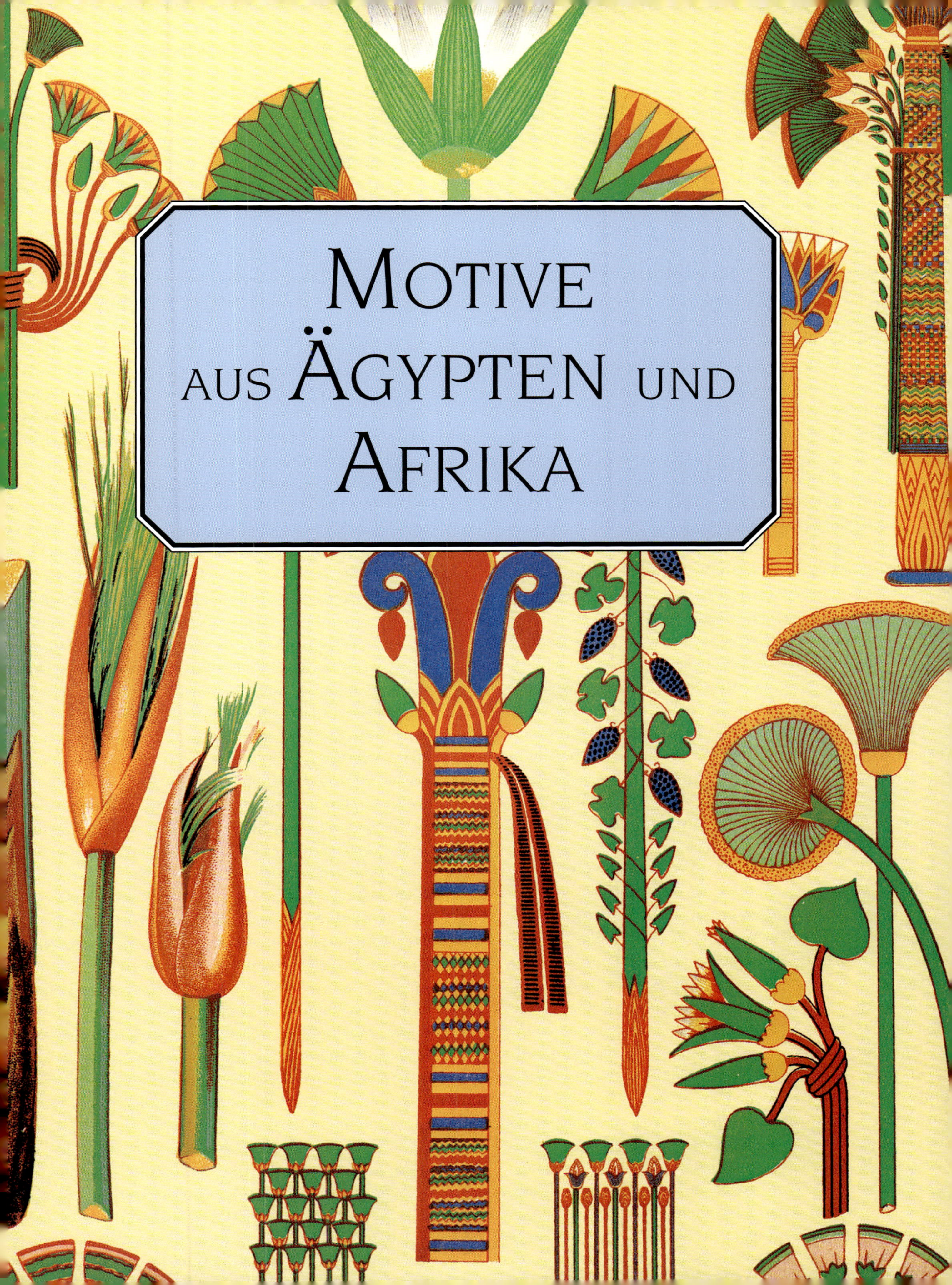

MOTIVE AUS ÄGYPTEN UND AFRIKA

Die Dekorationskunst dieses riesigen Kontinents reicht zurück bis in das Ägypten der Pharaonenzeit. Schon dreitausend Jahre v. Chr. schufen die Ägypter prächtige Bilder und Schnitzereien. Sie glaubten, den dargestellten Wesen dadurch Unsterblichkeit zu verleihen. Viele der stilisierten Naturmotive wie Lotus- und Papyruspflanzen sowie Palmen standen in direktem Bezug zum lebensspendenden Nil.

Die afrikanische Kunst zeigt die Verschiedenartigkeit der vielen Völker, Kulturen und Religionen dieses Kontinents. Sie ist hoch entwickelt und gleichzeitig wunderbar unkompliziert. Von den Wandmalereien Marokkos und Mauretaniens bis zu den faszinierenden Webereien und humoresken applizierten Flaggen Ghanas sind diese Motive ebenso einzigartig wie anregend.

GESTRICKTES KISSEN

Das leuchtende Herz vor einem grafischen Hintergrund aus unregelmäßigen Streifen ist die vergrößerte Version eines Stoffmusters vom Ashanti-Stamm aus Ghana. In diesem Stamm sind es die Männer, die Webarbeiten mit Motiven wie Händen, Fischen, Schwertern – stets auf gestreiftem Hintergrund – anfertigen. Die Kombination aus schlichter Herzform und Streifen bietet sich zum Stricken geradezu an. Hier wurde das Motiv auf einem Kissen gearbeitet, es eignet sich aber ebenso für ein gestricktes Kleidungsstück, etwa einen Pullover.

Herzmotiv mit Streifen siehe Seite 71 (Nr. 100)

SCHABLONEN-WANDMALEREI

Das Muster einer runden Lehmhütte aus Westafrika stand Pate für dieses Schablonenmotiv. Der Hintergrund ist in Terracottarot vorgestrichen. Dann wurde der Schablonierpinsel ganz leicht in dunkelbraune und indigoblaue Farbe getunkt, um das Muster mit einer einzigen Schablone aufzutragen. Für die schmale Bordüre wurde eine zweite Schablone benutzt.

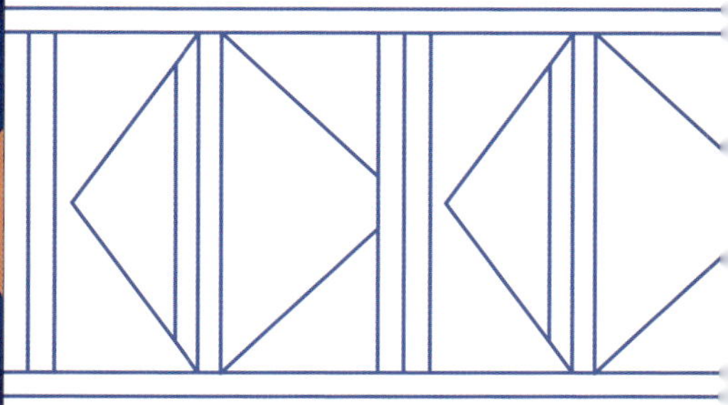

Motiv aus Dreiecken und Linien siehe Seite 69 (Nr. 86)

KISSEN MIT SCHABLONENMALEREI

Die Idee für dieses fantasievolle Kissen stammt von einer Asafo-Flagge, einer Applikationsarbeit des Fanti-Stammes in Ghana. Menschen- und Dschungelmotive sind Flächen füllend auf dem Stoff angeordnet. Alle Farben wurden mit einer einzigen Schablone aufgetragen. Die Farben wiederholen sich auf der ebenfalls schablonierten, umlaufenden Borte.

Dschungelmotiv mit Menschen siehe Seite 71 (Nr. 102)

Motive aus Ägypten und Afrika

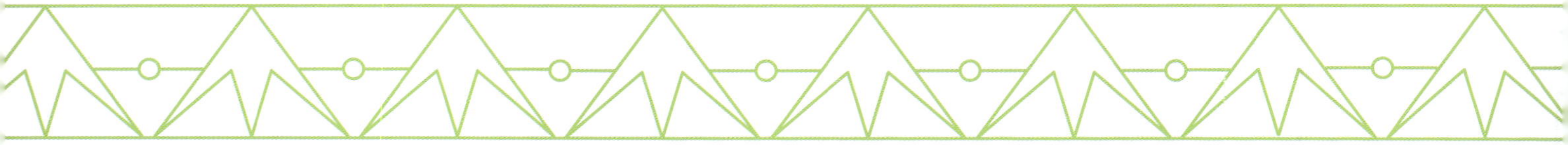

Blattmotiv siehe Seite 58 (Nr. 14)

Lotusblütenmotiv siehe Seite 58 (Nr. 15)

HANDBEMALTE PAPPMACHÉ-SCHACHTEL

Als Dekoration für diese Schachtel dient ein traditionelles ägyptisches Lotusblütenmotiv. Zuerst wurden Deckel und Seiten mit Braun und Gelb grundiert, dann die blauen Streifen und die Blüten aus freier Hand aufgemalt. Ihre Anordnung ist der langen, schmalen Form des Deckels angepasst. Ein zweites, einfacheres Lotusblütenmotiv ziert kopfüber den Korpus der Schachtel.

Fischmotiv siehe Seite 57 (Nr. 6)

TISCH MIT SCHABLONENMALEREI

Das exotische Fischmotiv auf diesem Tisch stammt von einer altägyptischen Keramikschale. Der Tisch wurde zuerst gelb grundiert, dann wurde das Motiv mit zwei Schablonen aufgetragen. Eine dient fü die Grundform, eine zweite für die Details. Der Rand des Tischs und die Streifen auf den Querstreben sind aus freier Hand gemalt.

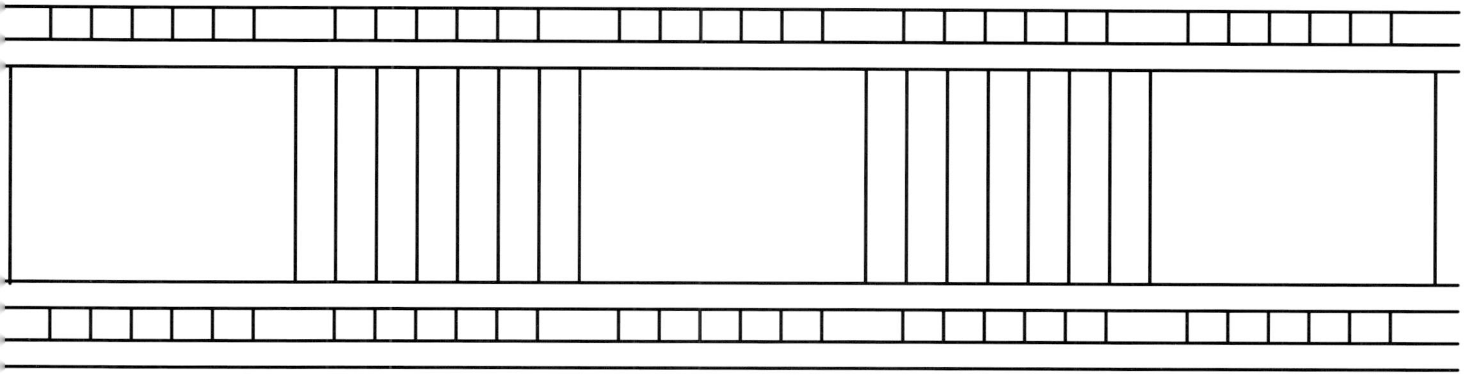

3

5

6

7

8

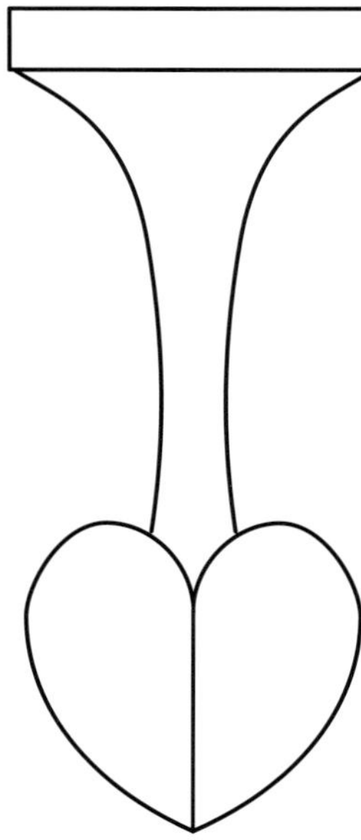

9

10

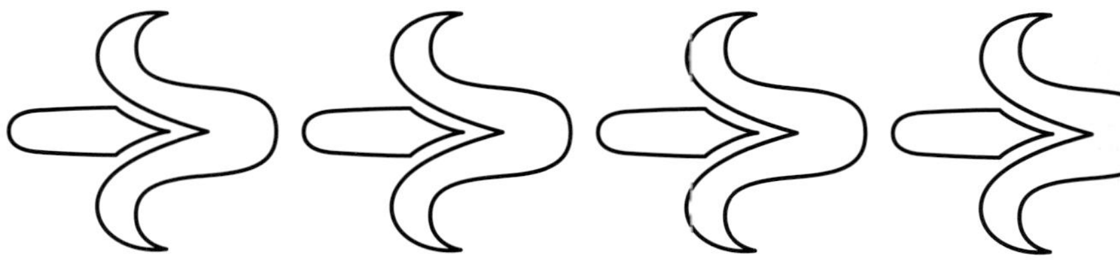

11

12

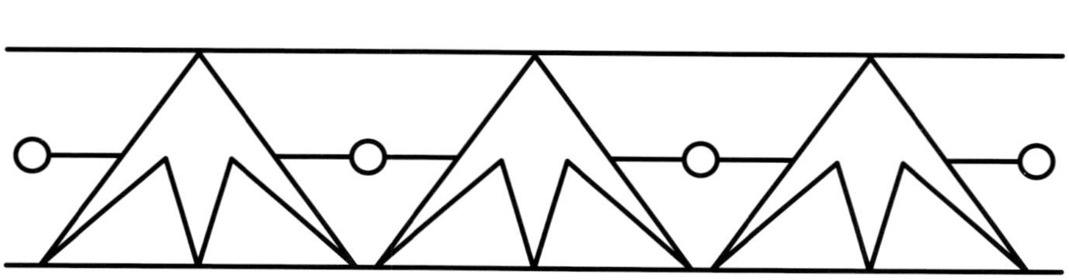

13

14

15

16

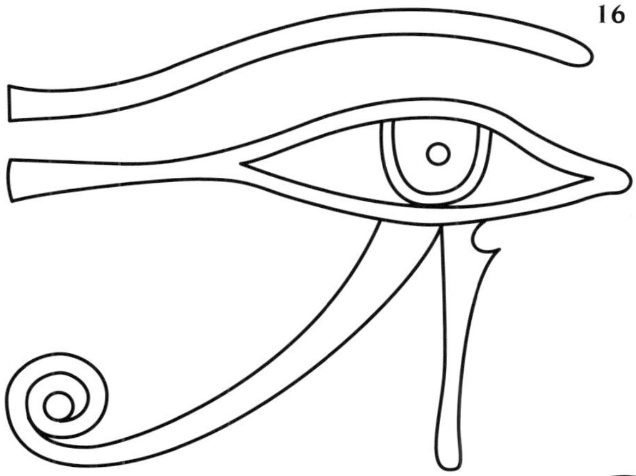

17

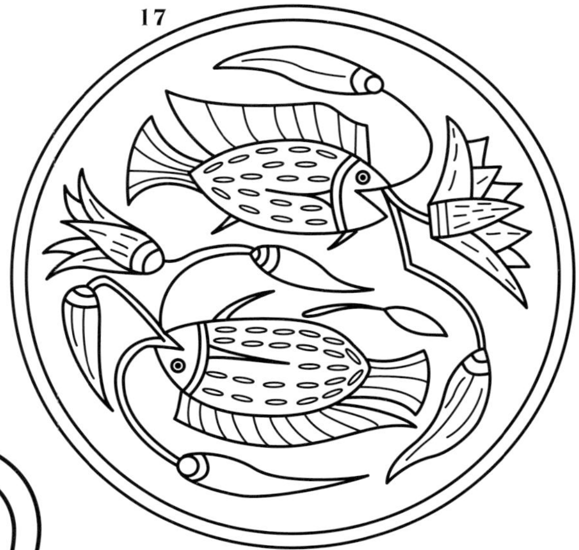

18

19

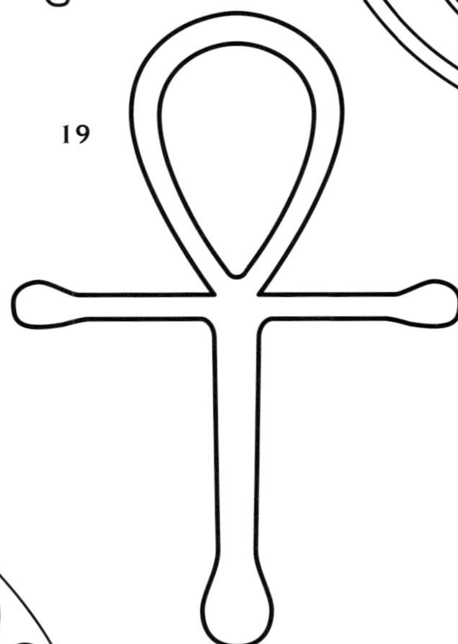

20

21

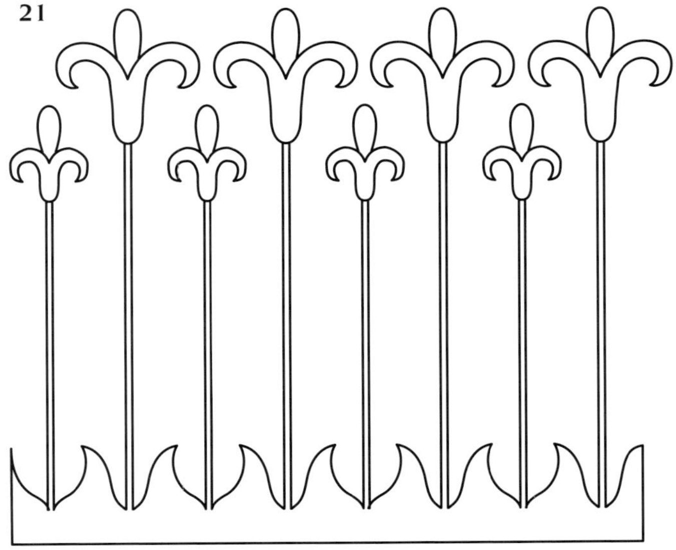

22

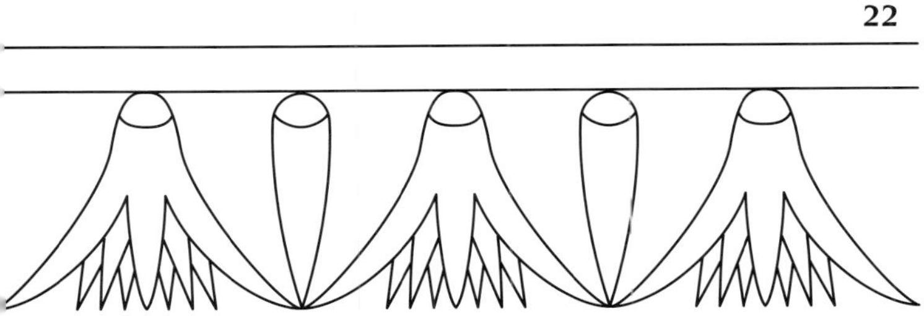

23

24

25

26

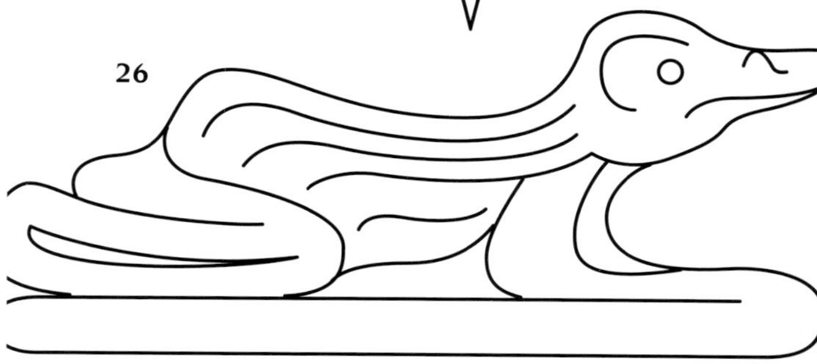

27

28

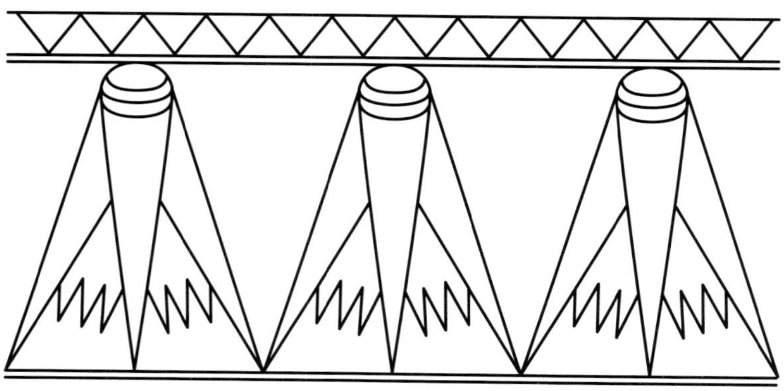

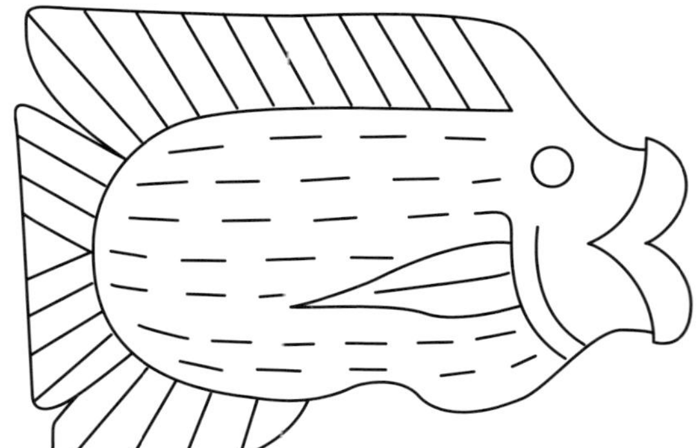

29

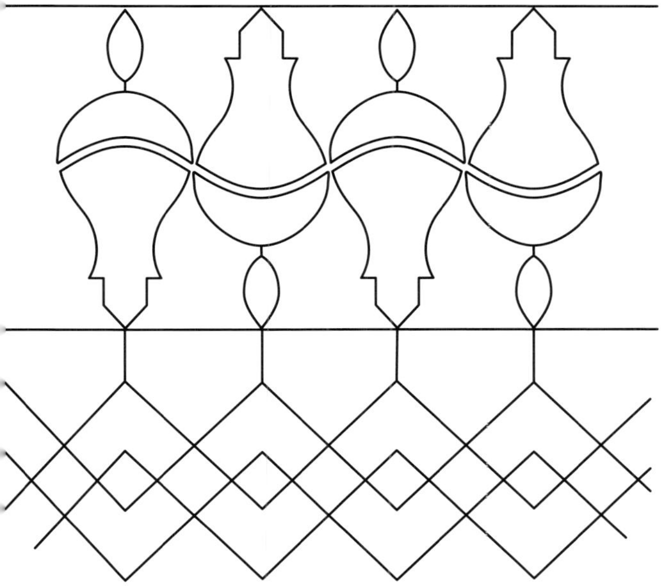

30

31

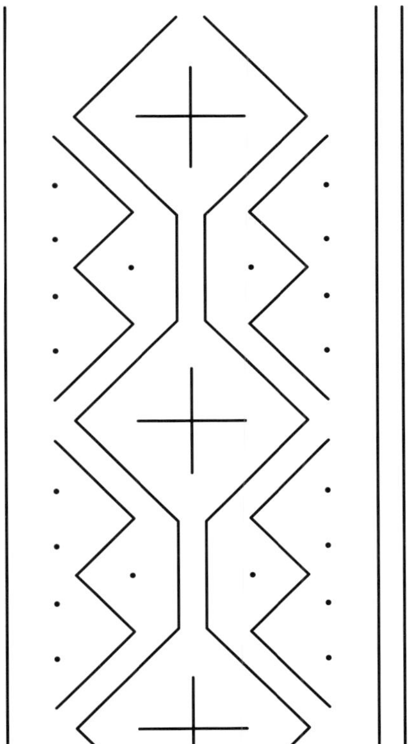

32

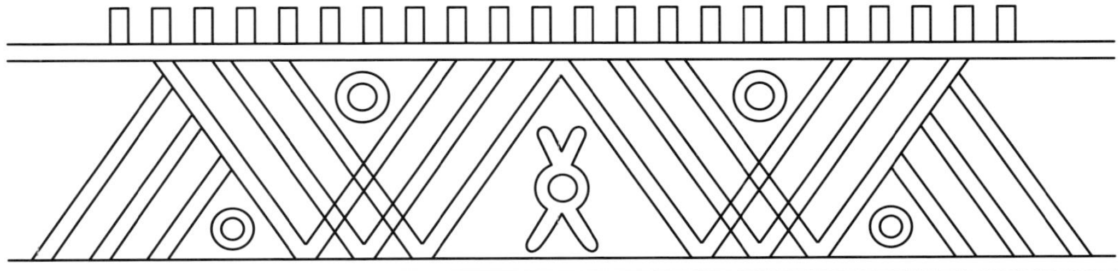

33

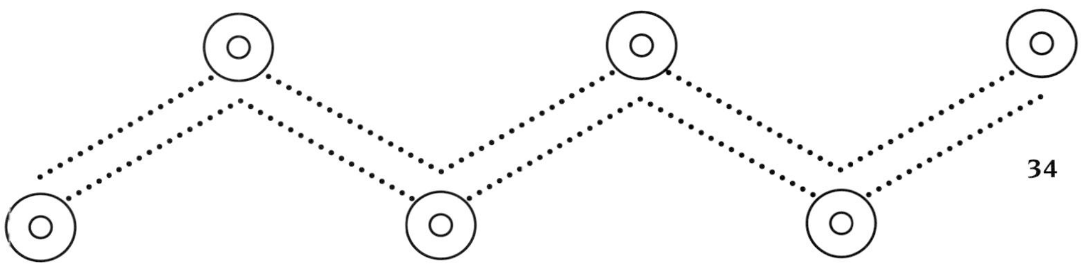

34

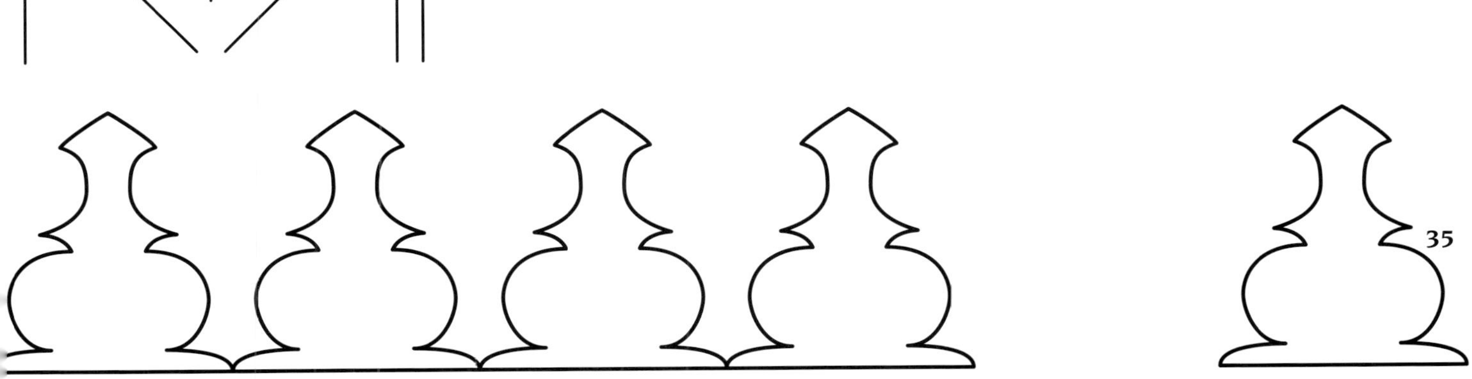

35

Nordafrika

37

36

38

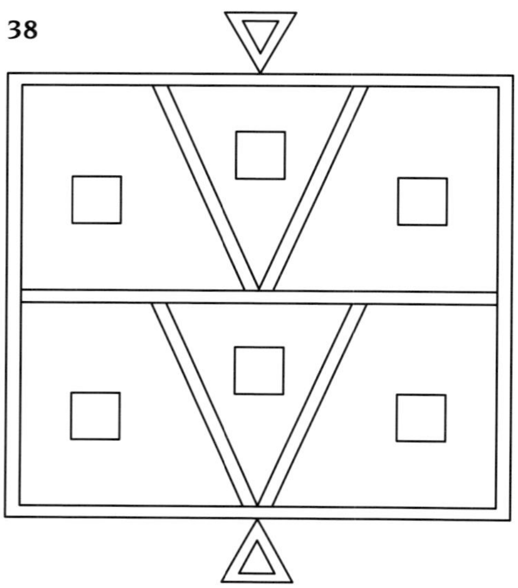

39

40

41

42

43

44

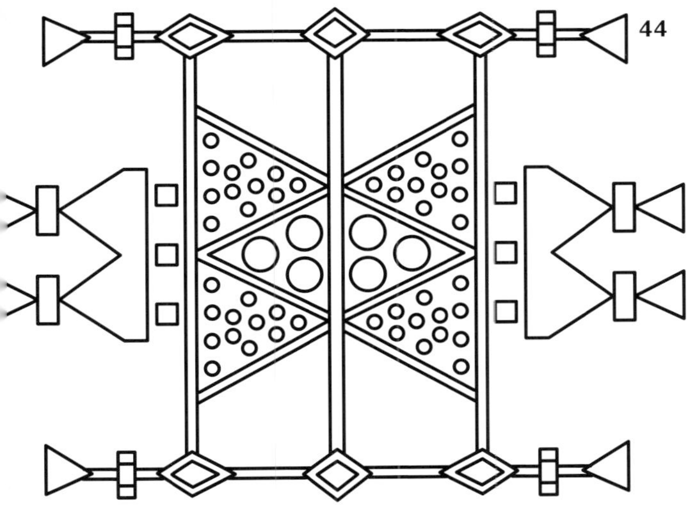

45

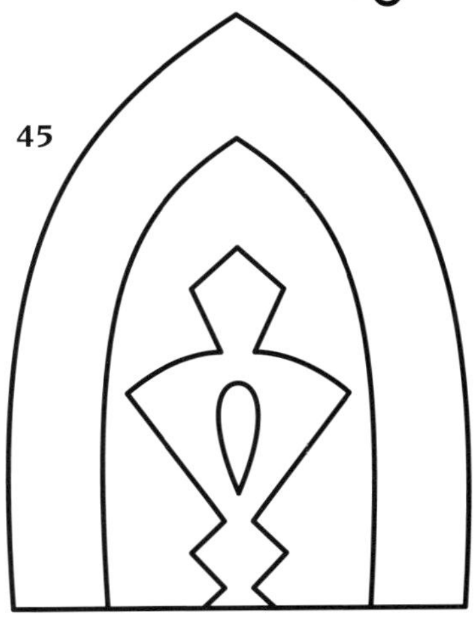

46

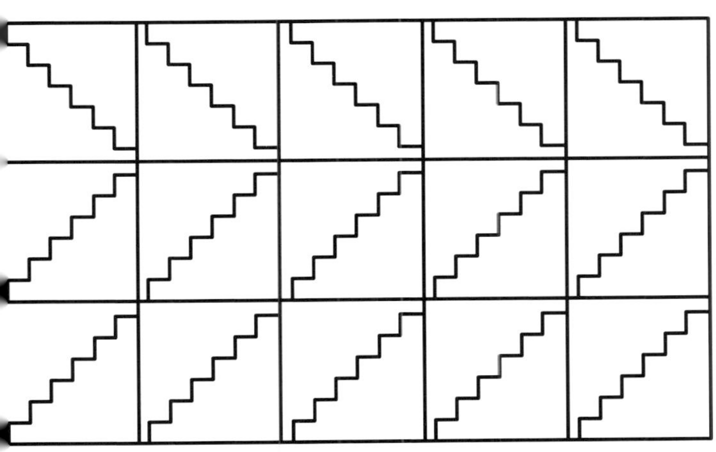

47

48

49

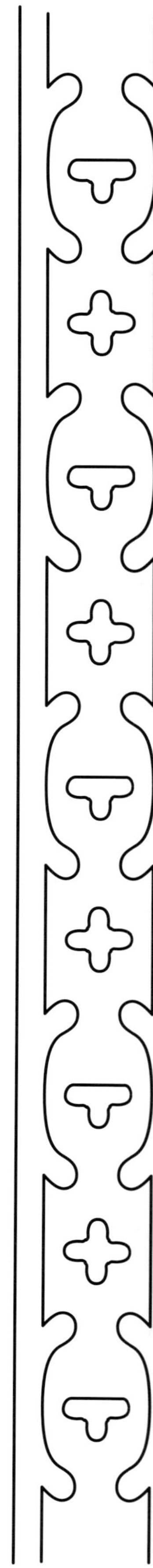

50

51

52

53

54

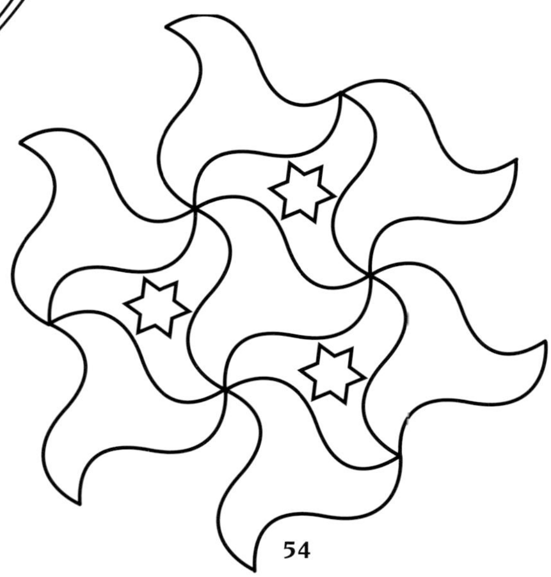

5

56

57

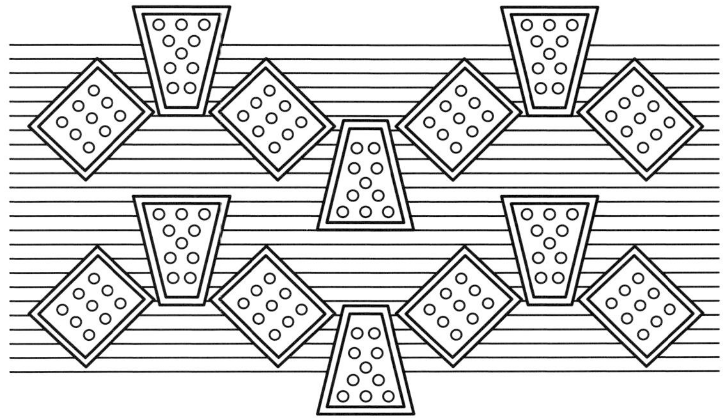

58

59

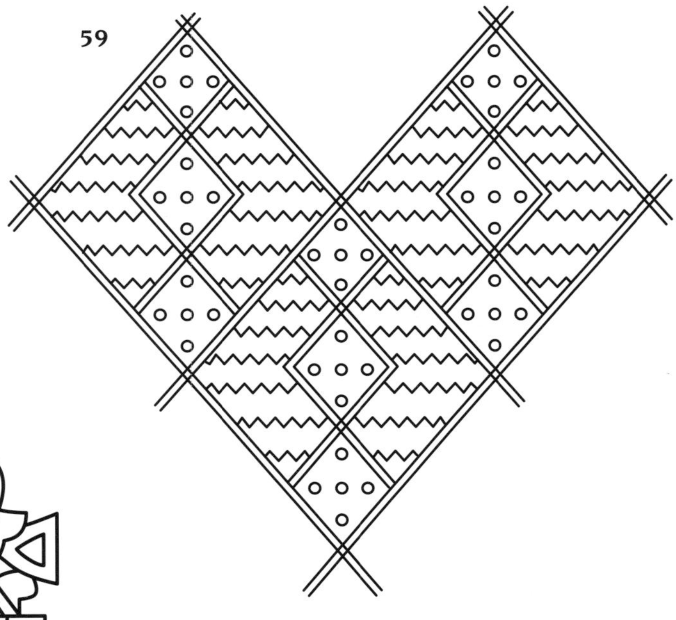

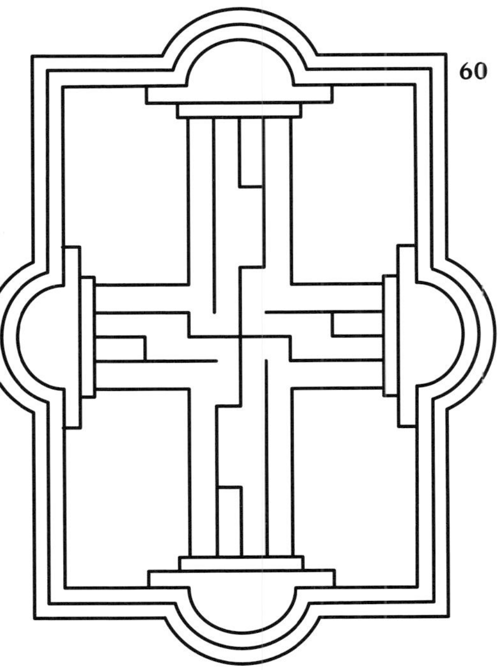

60

61

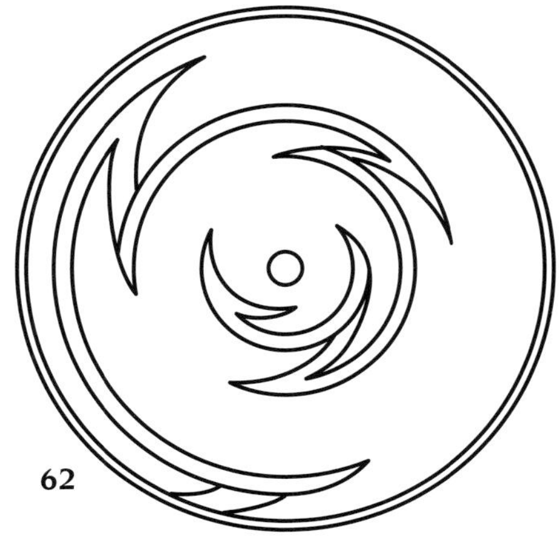

62

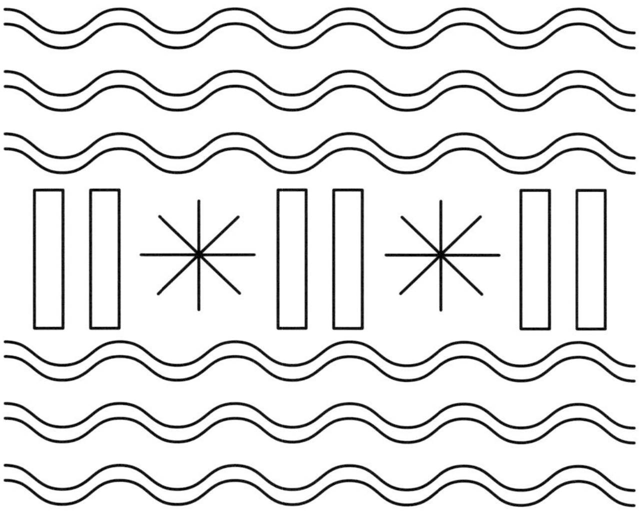

63

64

65

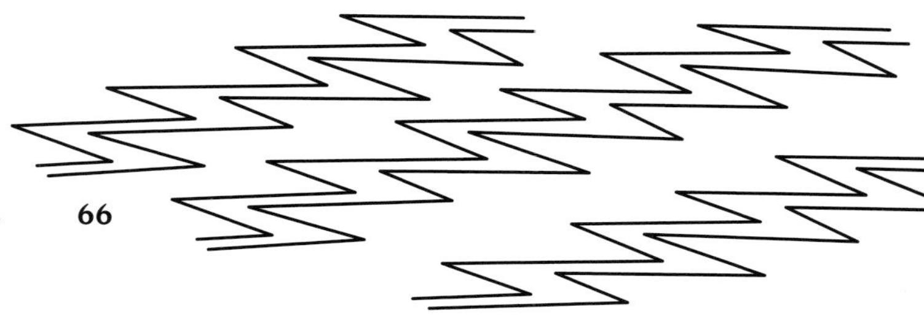

66

67

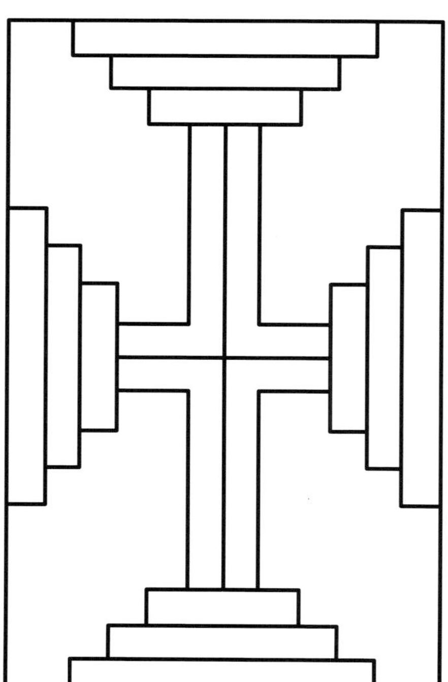

68

69

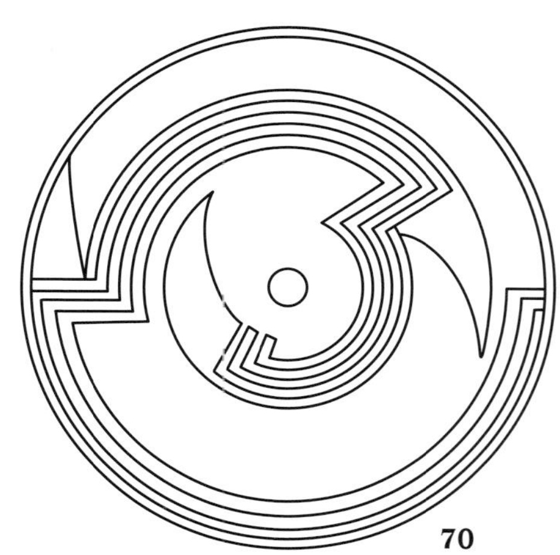

70

71

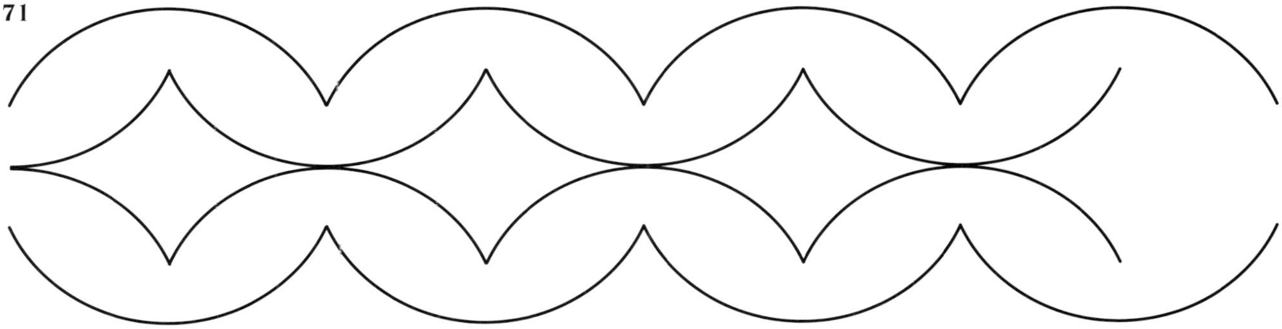

72

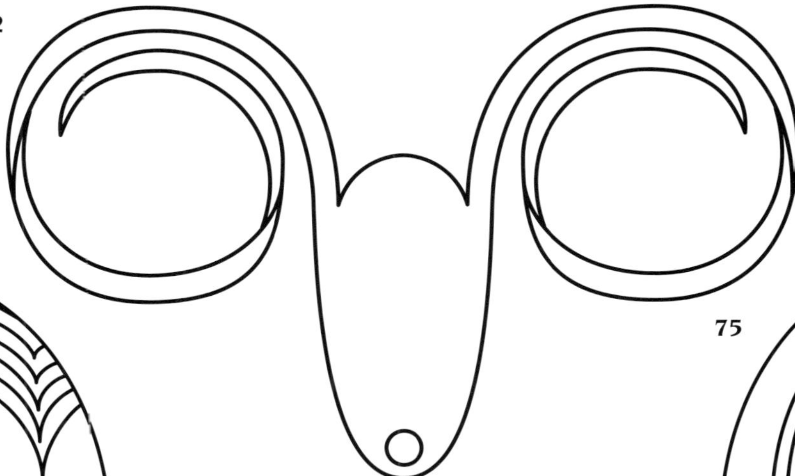

3

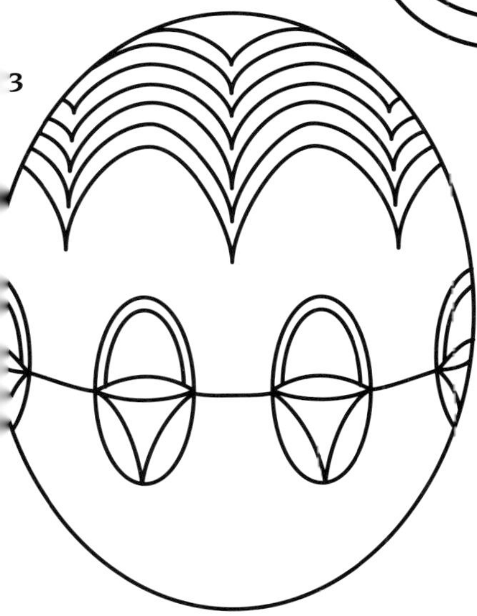

75

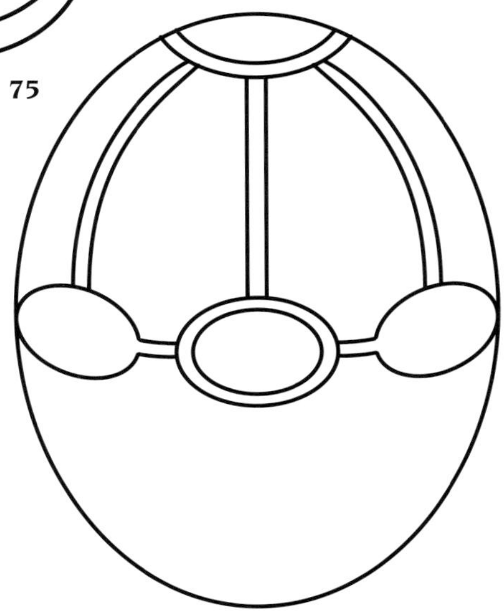

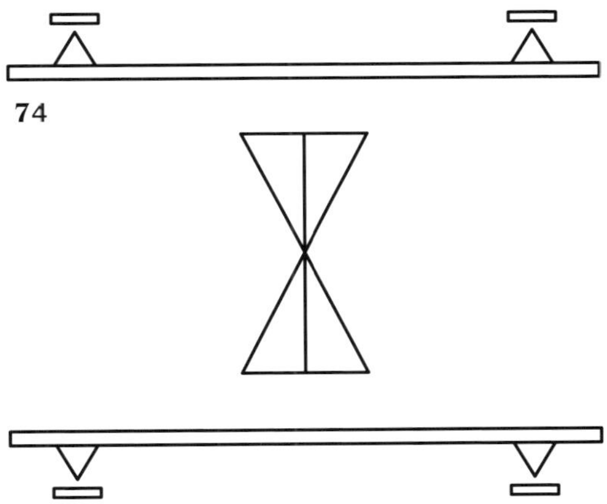

74

76

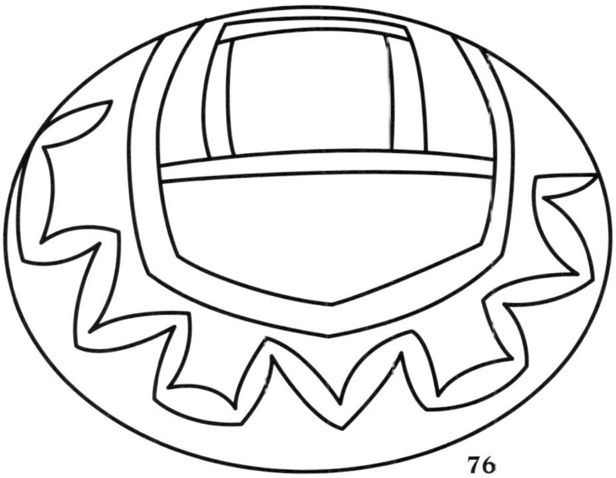

77

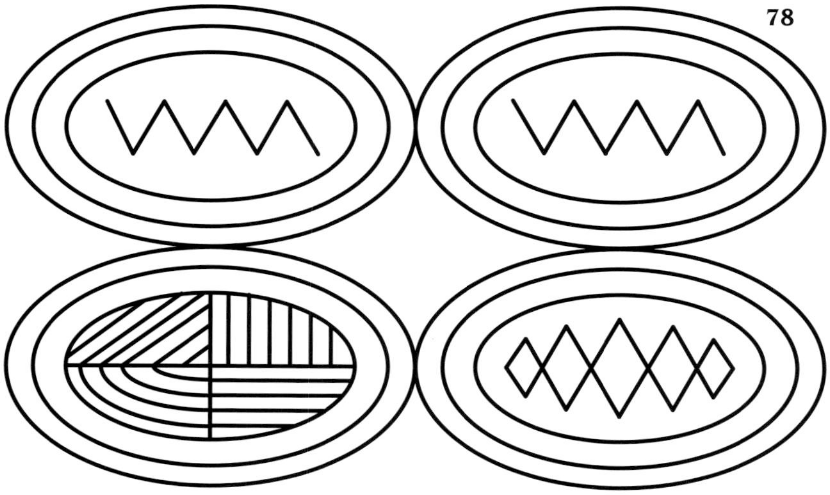
78

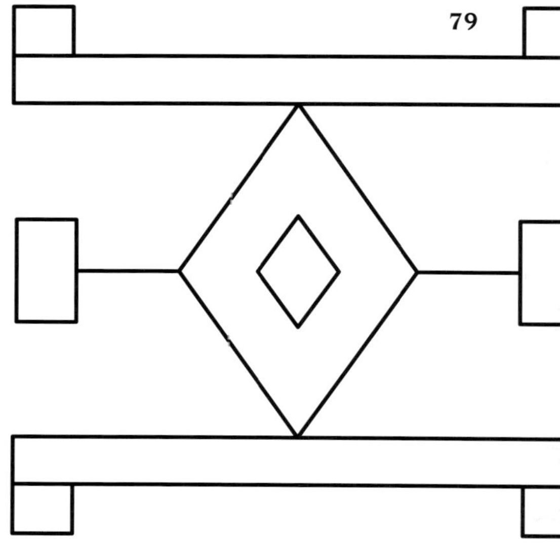
79

80

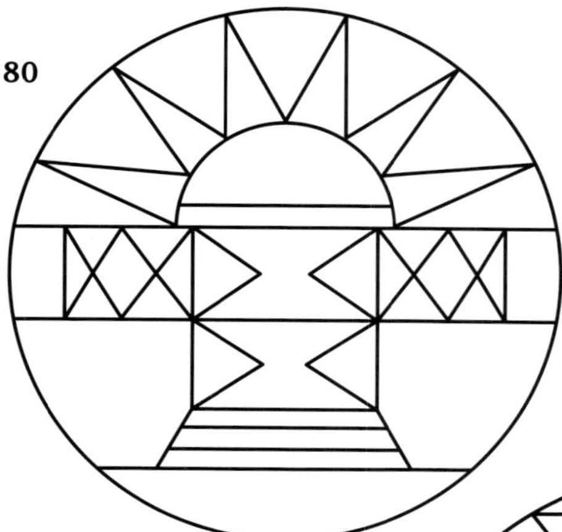

81

82

83

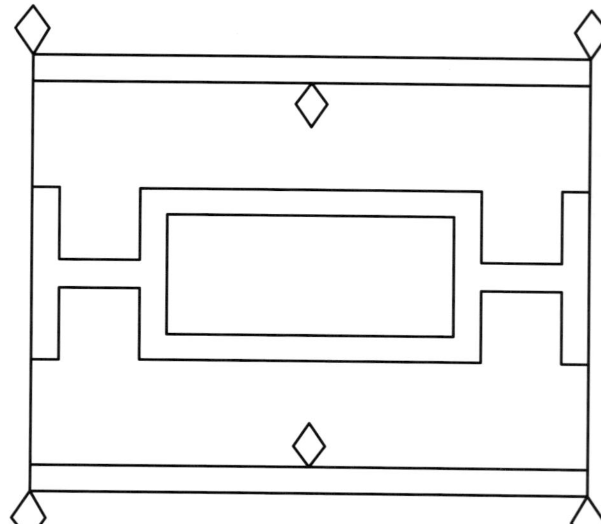
84

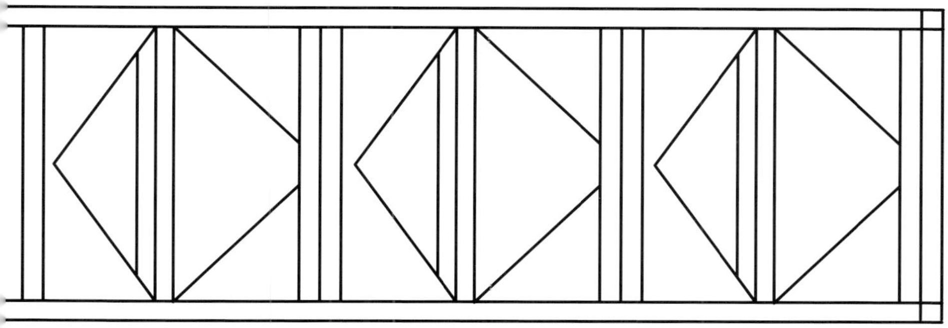

86

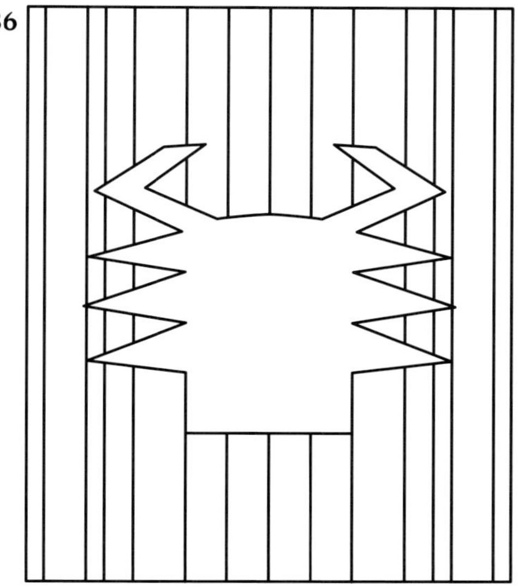

7

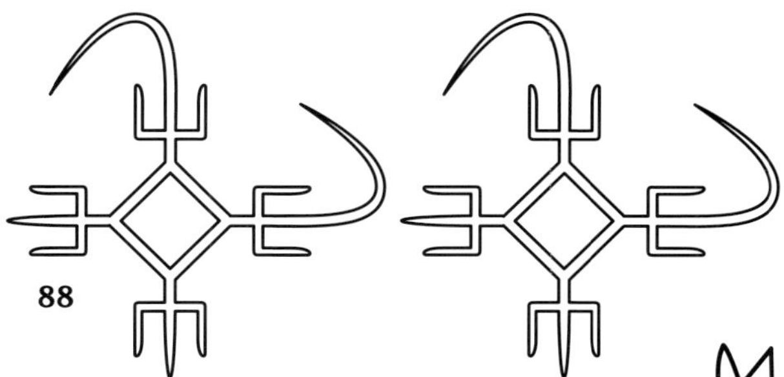

88

89

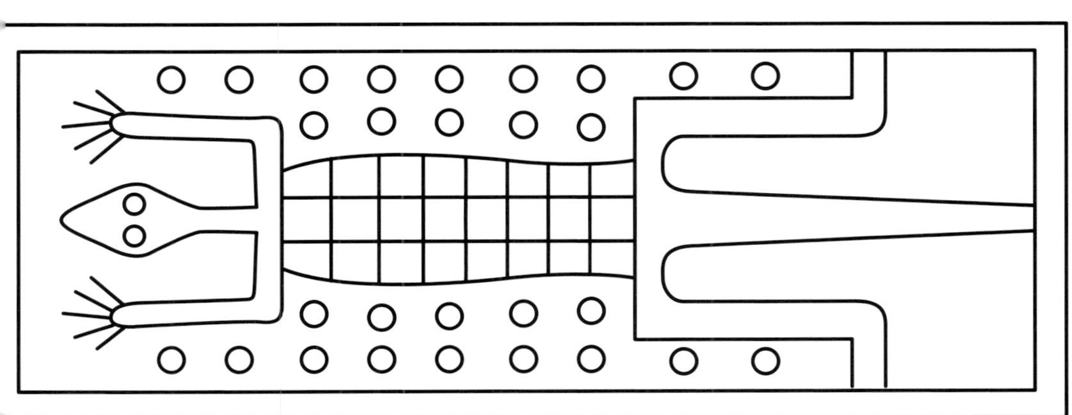

90

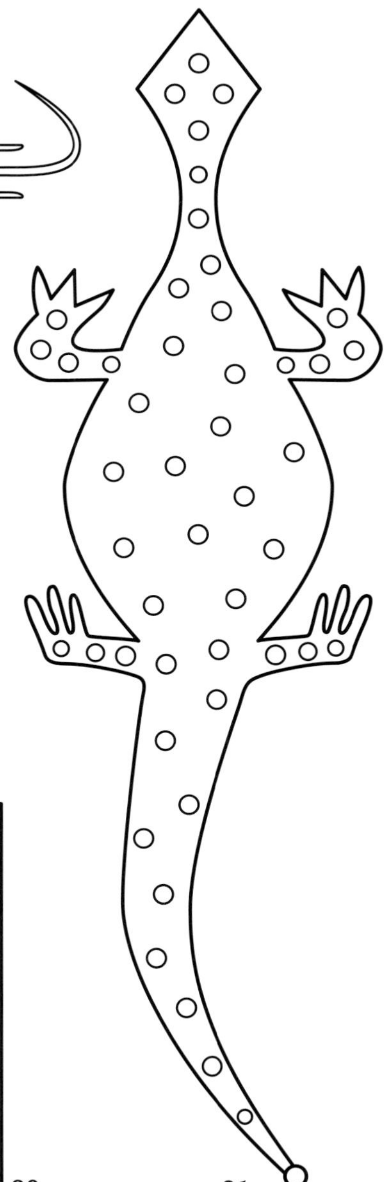

91

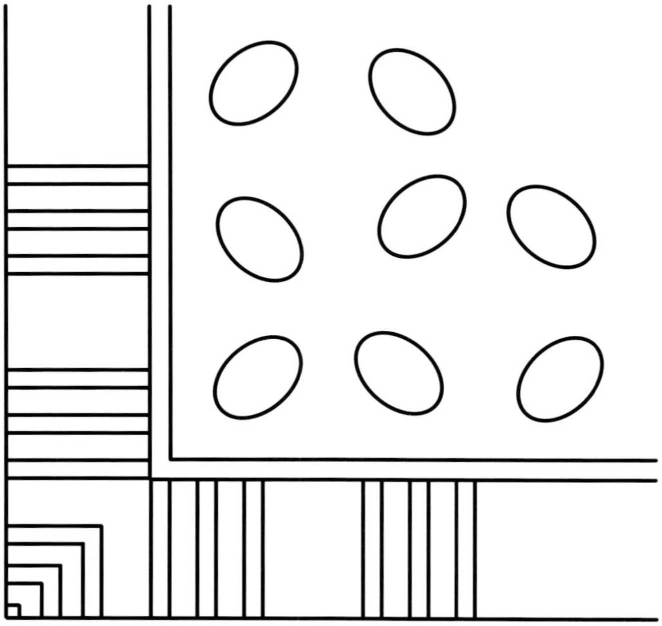

92

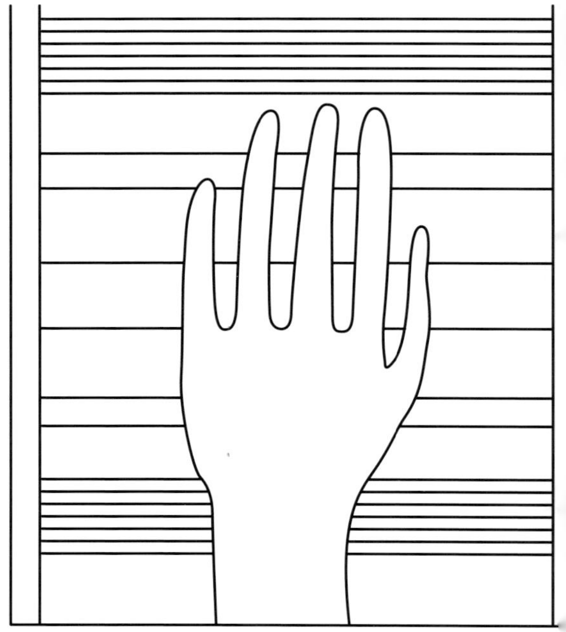

93

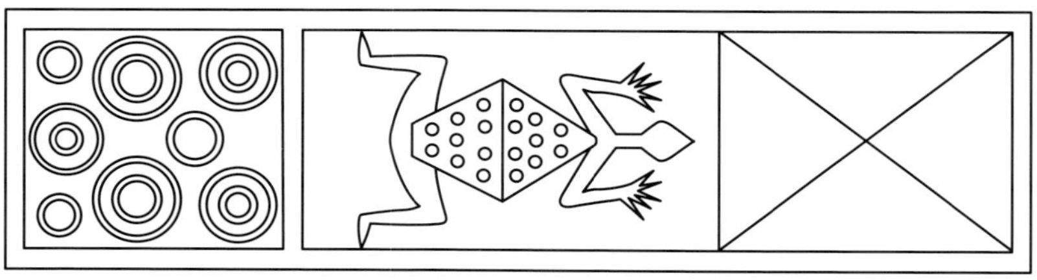

94

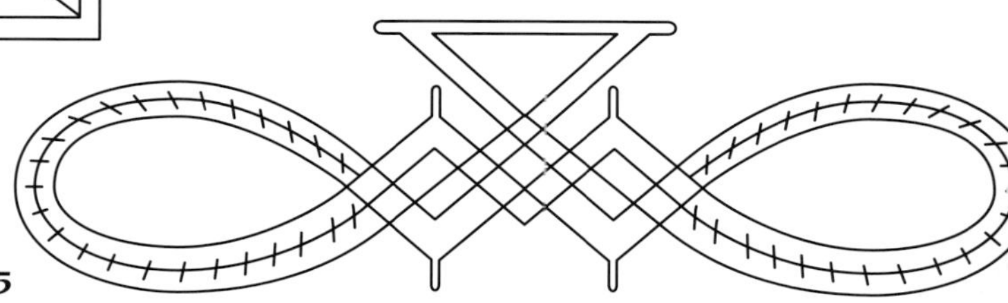

95

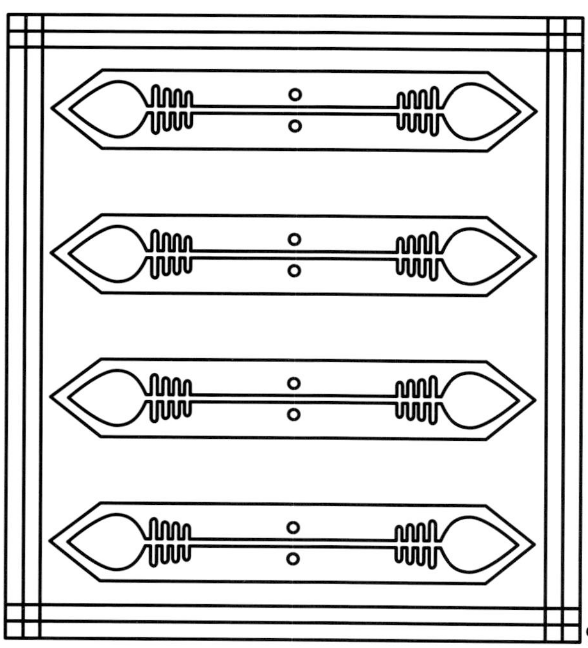

96

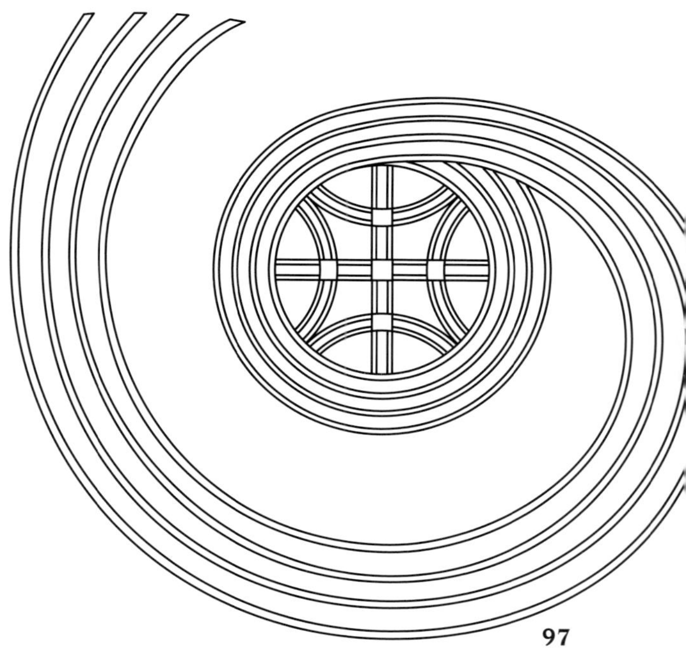

97

8

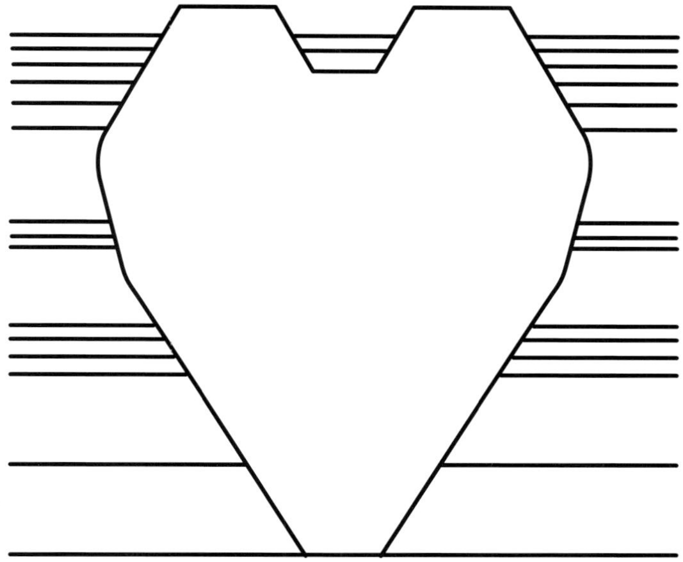

99

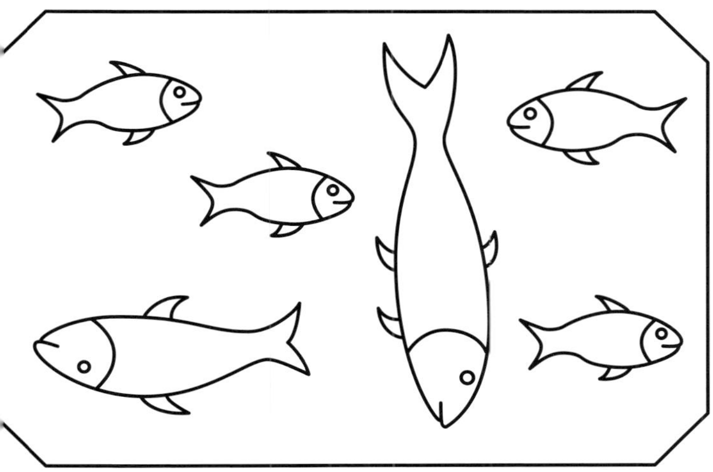

100

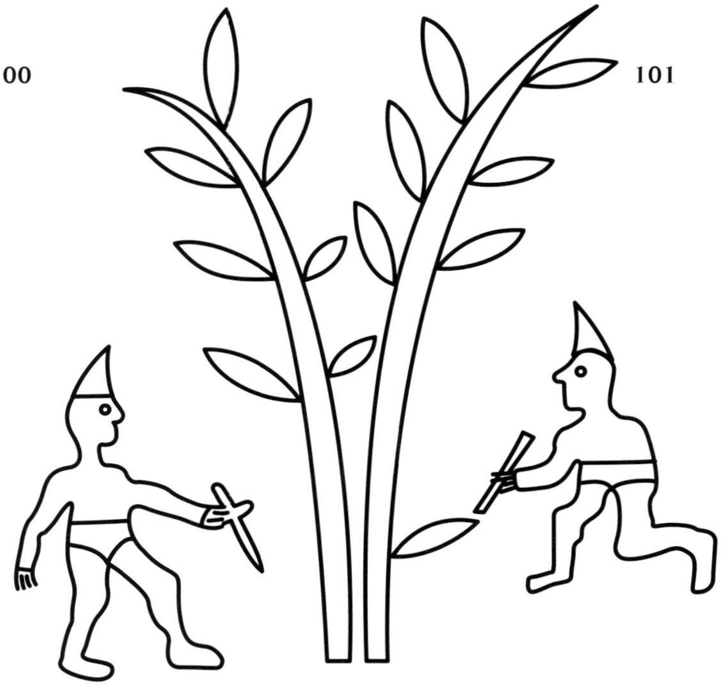

101

102

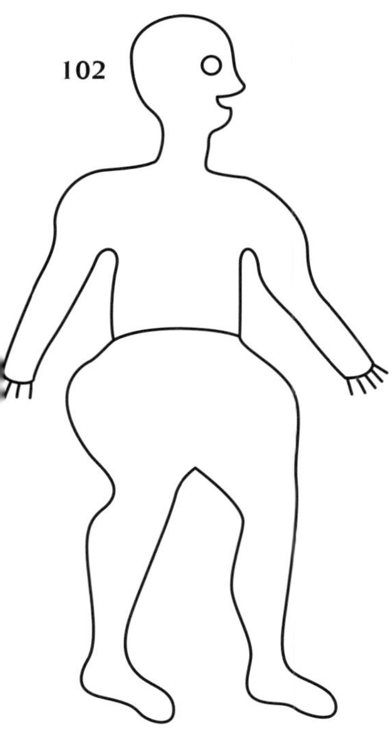

103

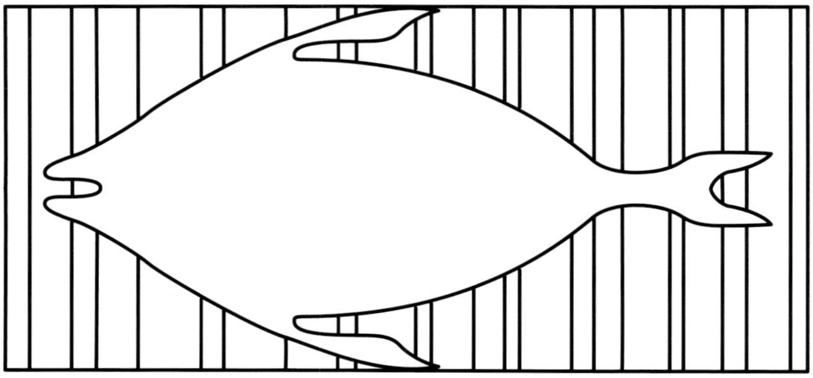

104

105

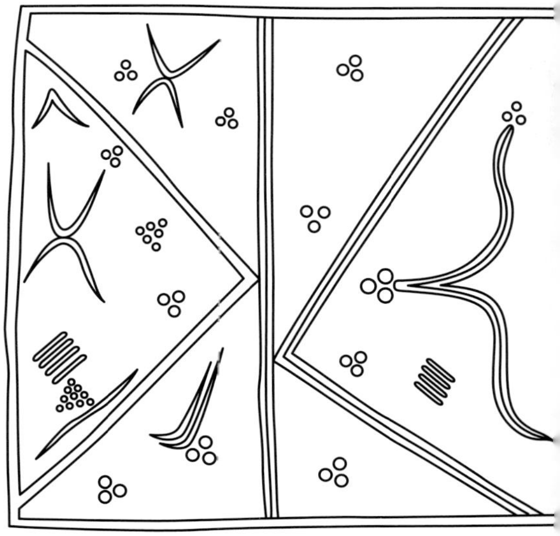

106

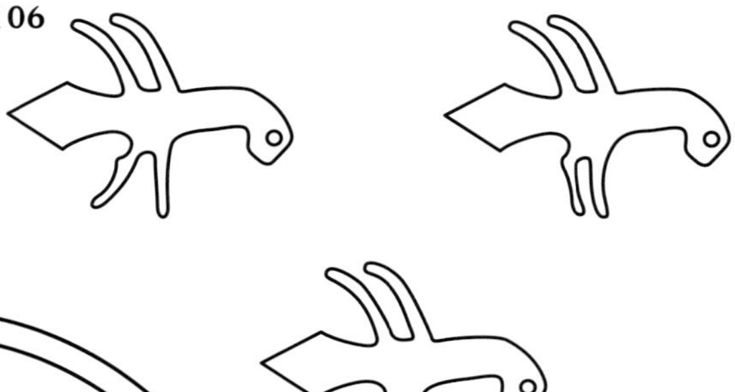

107

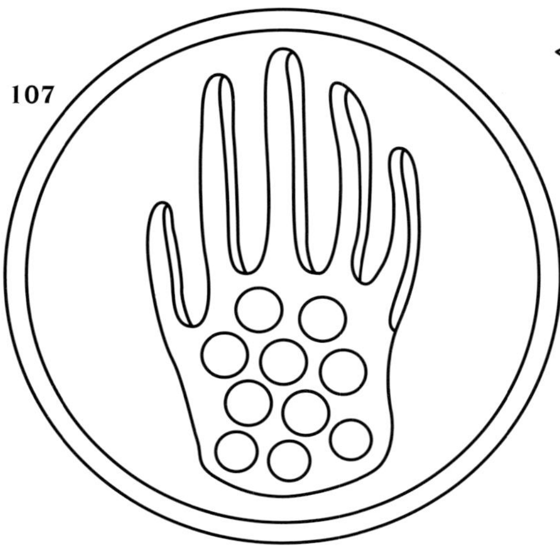

108

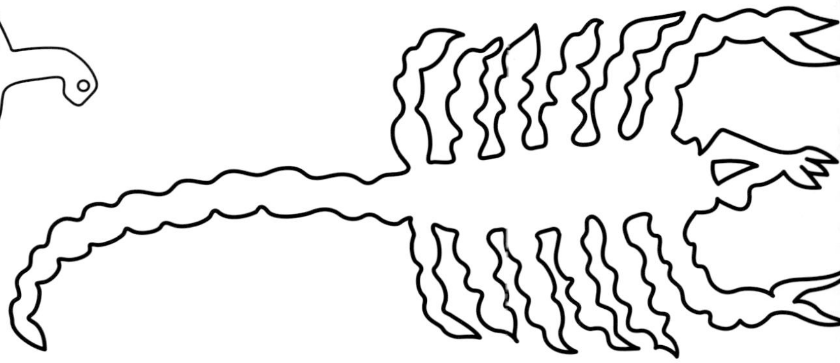

109

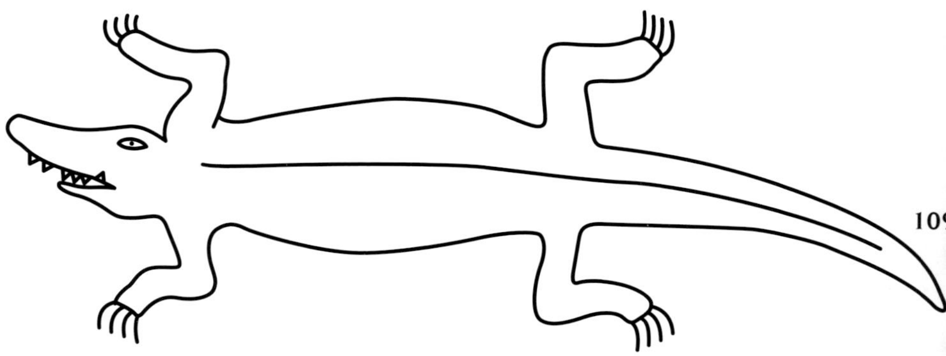

110

111

Motive aus Asien

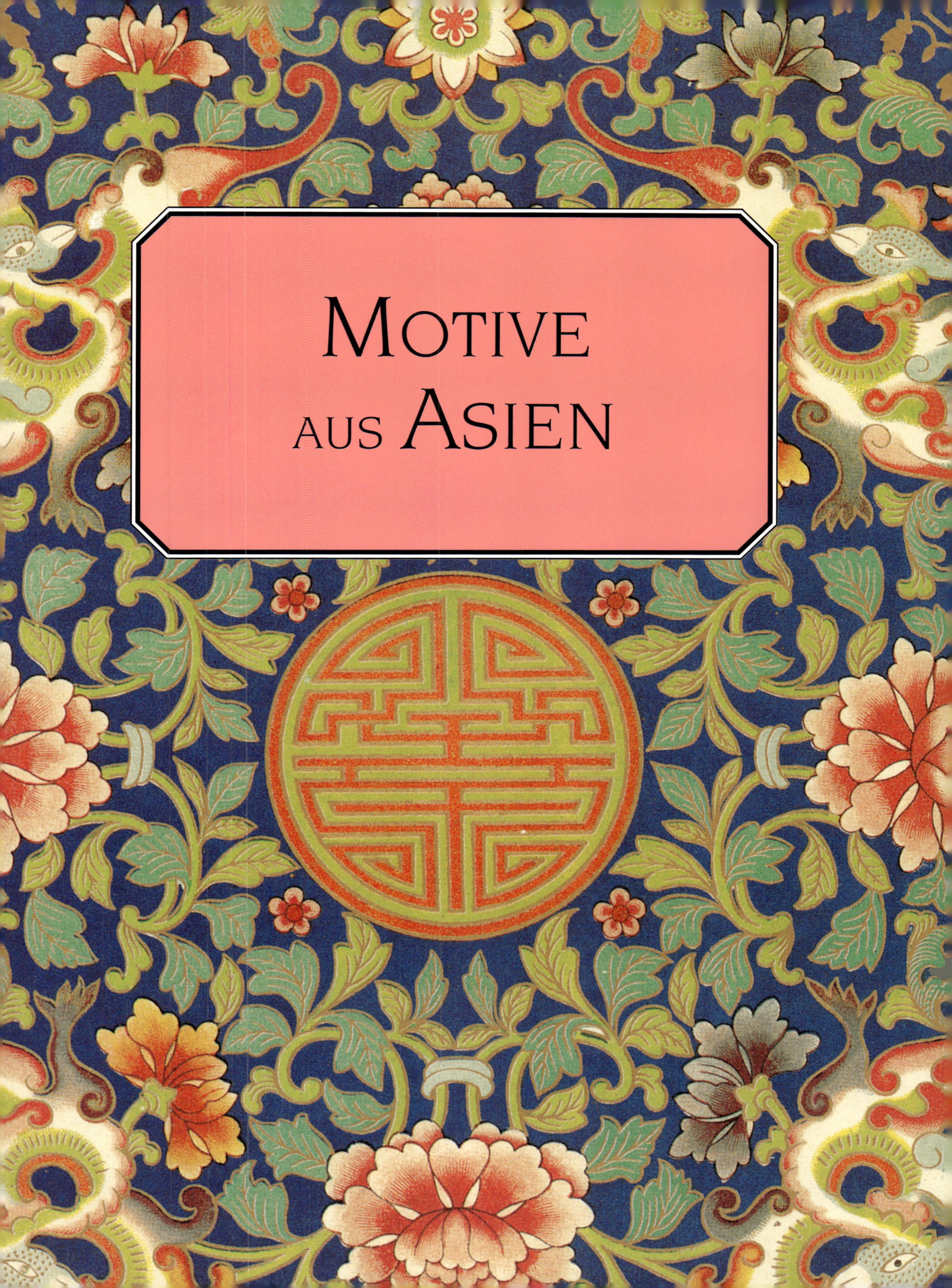

MOTIVE AUS ASIEN

Die alten Symbole des Fernen Osten mit ihren leuchtenden Farben faszinieren in ihrer Intensität. Seide und Porzellan, verziert mit Blüten und Früchten, gelangte von China aus über die Handelswege in aller Herren Länder und beeinflusste dort Kunsthandwerk und Design in hohem Maße. Viele fernöstliche Motive sind zutiefst mit Symbolismus und Religion verbunden. So ist beispielsweise eine gemeinsame Darstellung von Pinie, Weide und Bambus Sinnbild für Buddha, Konfuzius und Lao-Tse.

Auch die strengen Regeln der japanischen Lebensart haben einen wunderbaren Reichtum an Motiven hervorgebracht. Vögel, Fische, Insekten und Pflanzen – naturalistisch und auch stilisiert – werden überaus effektvoll zur Dekoration von Textilien, Lackarbeiten und Keramik eingesetzt. Ihnen gemeinsam ist die ruhige Ordnung und Ausgewogenheit.

Wolkenmotiv siehe Seite 80 (Nr. 28, 32)

NACKENROLLE MIT SCHABLONENMOTIVEN
Die mit einer Schablone auf den Stoff gemalten stilisierte Wolken stammen von einem chinesischen Stickereimotiv. Eine Schablone wurde für die dünnen roten Wolkenfäde benutzt, eine zweite für die pinkfarbenen Wolken und ein dritte für deren grüne Kanten.

GESTICKTE ABENDTASCHE
Als Dekoration dieser kleinen Tasche dient das chinesische Motiv des ‚endlosen Knotens'. Dicke, gedrehte Stickgarnfäden in zwei Farben wurden mit kontrastfarbenen, feineren Fäden auf den Stoff aufgenäht.

Endloser Knoten siehe Seite 80 (Nr. 26)

HANDSPIEGEL MIT SCHABLONENMALEREI
Dieser hübsche Handspiegel wurde zuerst grundiert, dann wurde mit einer Schablone das Motiv aufgetupft, das von einer antiken koreanischen Keramikschale stammt. Eine Schablone wird für die kleinen Blütenzweige benötigt, eine weitere für das zentrale Blütenmedaillon. Die tropfenförmigen ‚Löcher' in der mittleren Blüte wurden mit einer separaten Schablone mit grauer Farbe aufgetupft.

lütenzweig siehe Seite 88 (Nr. 87)
lütenmedaillon siehe Seite 86 (Nr. 71)

Motive aus Asien

Fächermotiv siehe Seite 82 (Nr. 45)

TAGESDECKE MIT PATCHWORK UND APPLIKATIONEN
Das Fächermuster stammt von einem japanischen Noh-Gewand. Streifen aus Seide wurden zuerst zu einem Patchwork-Stoff zusammengenäht, dann wurden die Kreisbögen ausgeschnitten. Die Fäche wurden auf den Untergrund appliziert. Aufgesteptes Seidenband verhindert das Ausfransen der Stoffkanten.

KRUG AUS PAPPMACHÉ
Das Muster einer chinesischen Keramikschale passt auch gut auf diesen Krug. Er wurde zuerst grundiert, dann wurden die Blüten aus farbigem Papier ausgeschnitten und aufgeklebt. Stiele und Blätter wurden nachträglich aus freier Hand aufgemalt. Mehrere Schichten Klarlack schützen die Dekoration.

Tulpenmotiv siehe Seit 80 (Nr. 31)

2

3

4

6

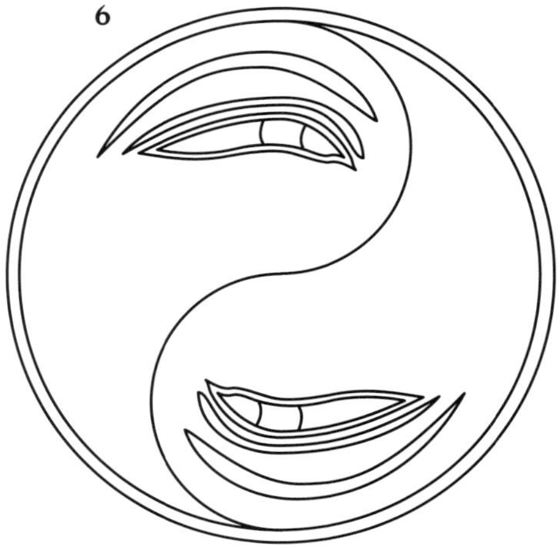

7

8

China

9

10

11

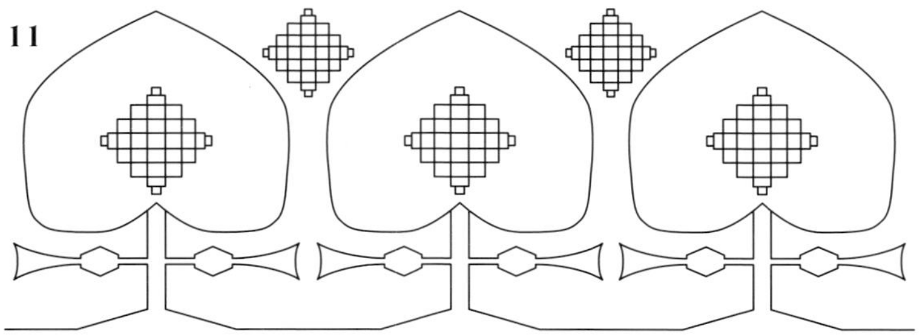

12

13

14

15

16

7

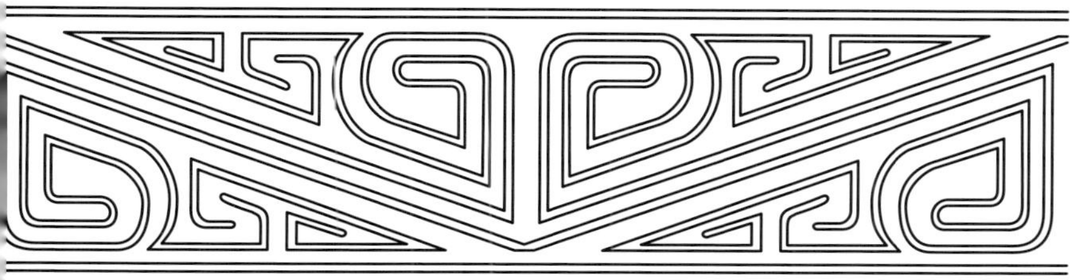

8

19

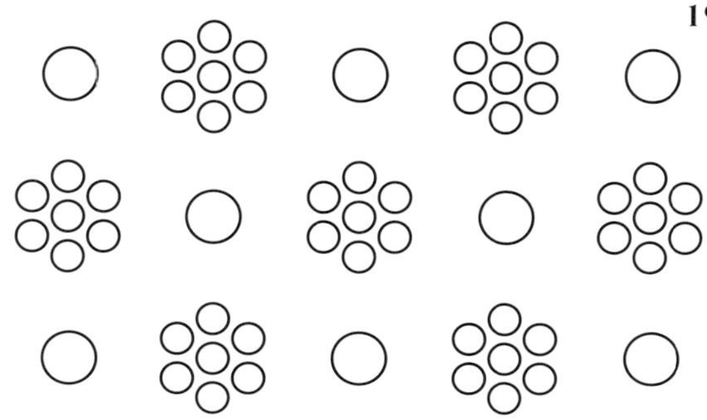

20

21

22

23

24

25

26

27

28

29

30

31

32

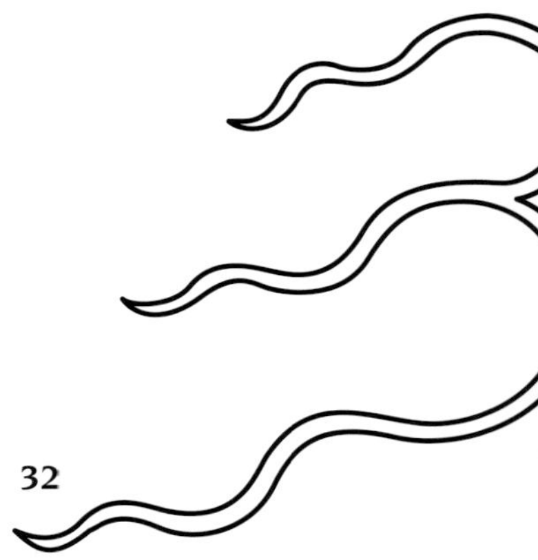

33

34

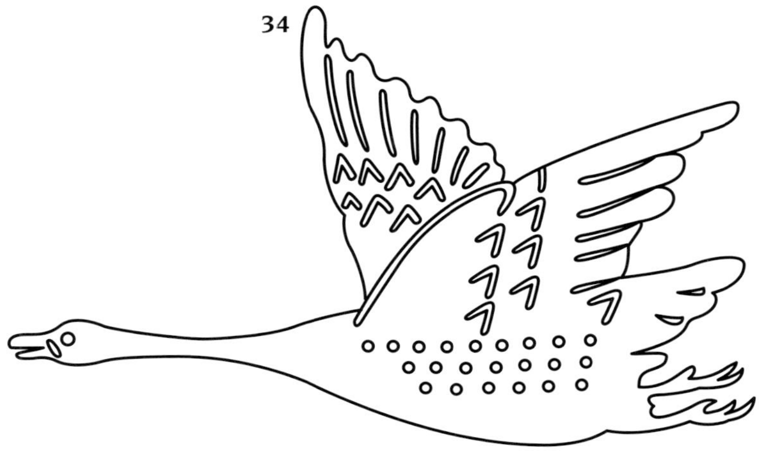

35

36

37

38

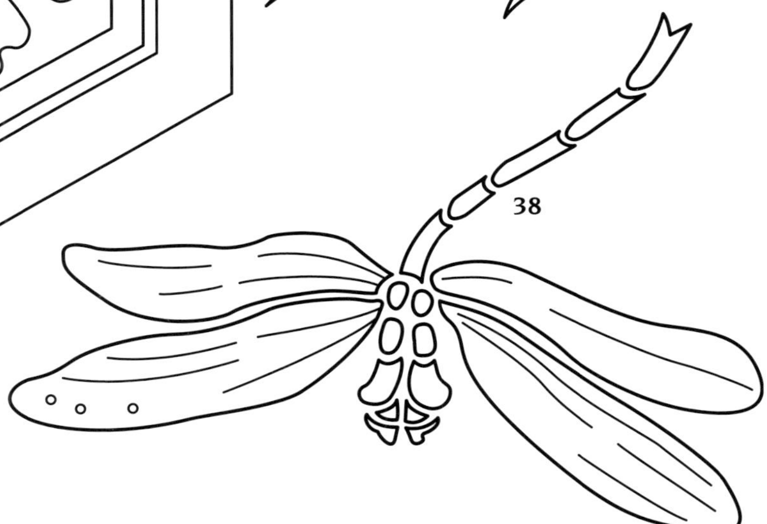

39

40

41

42

43

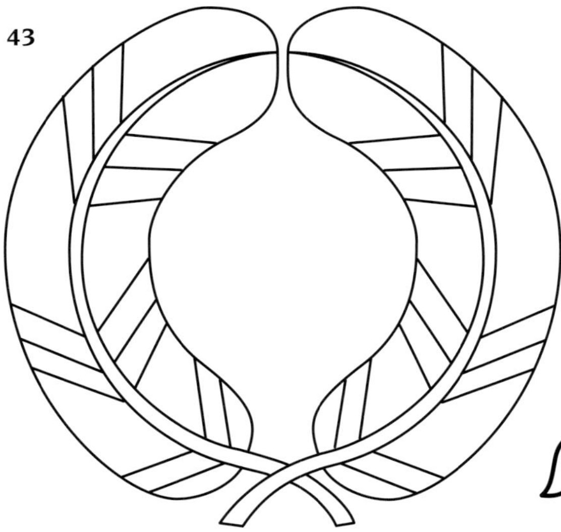

44

45

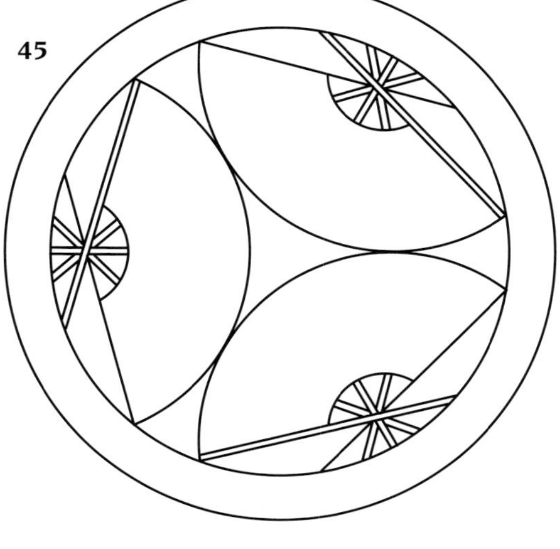

46

47

48

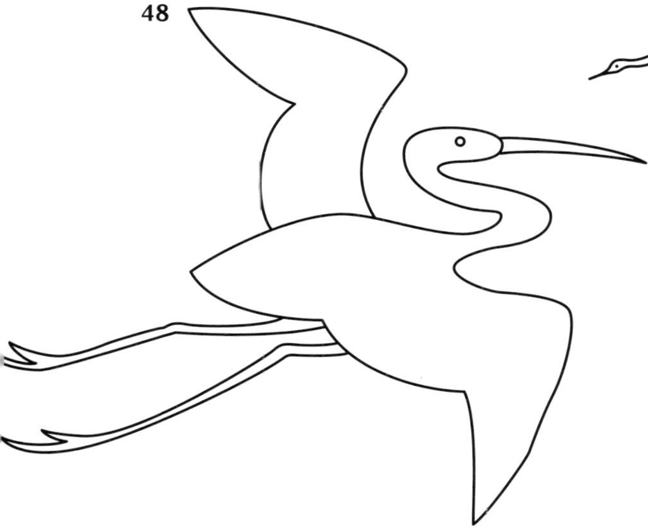

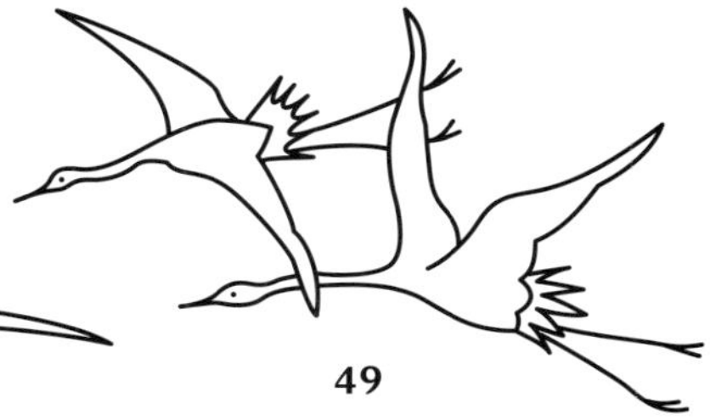

49

50

52

1

54

3

55

56

57

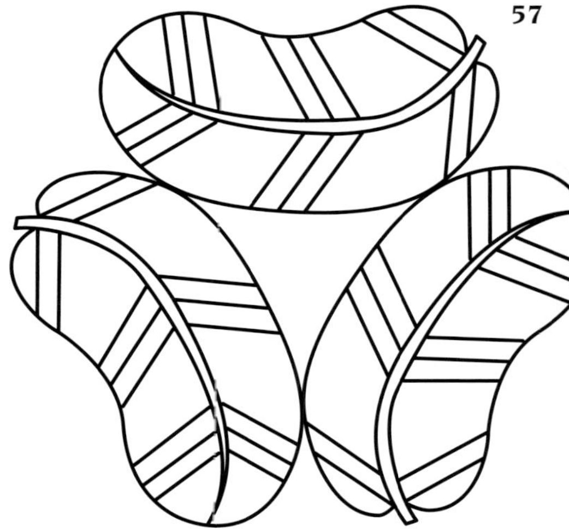

58

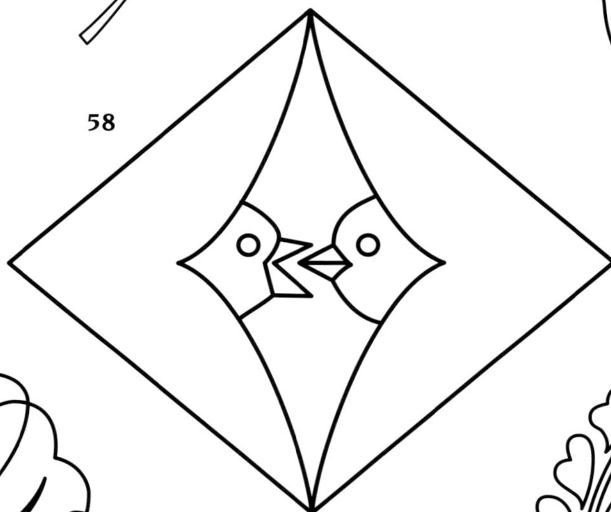

59

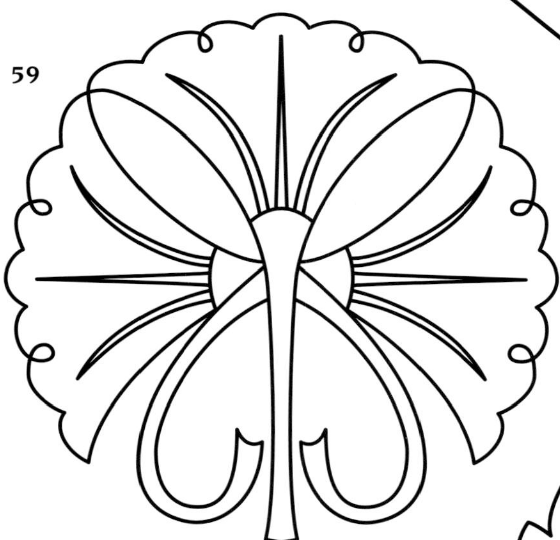

6

61

62

63

64

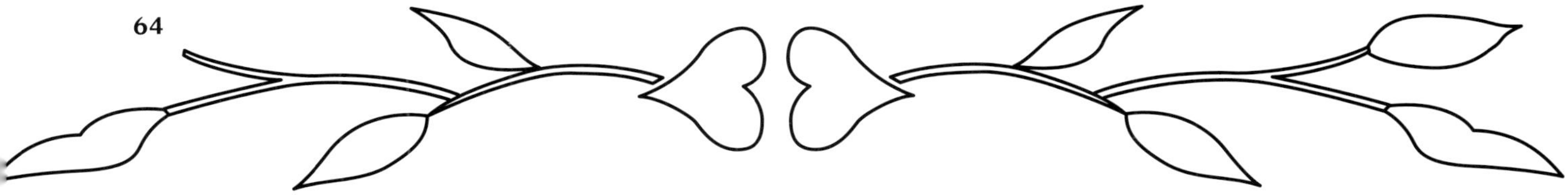

65

66

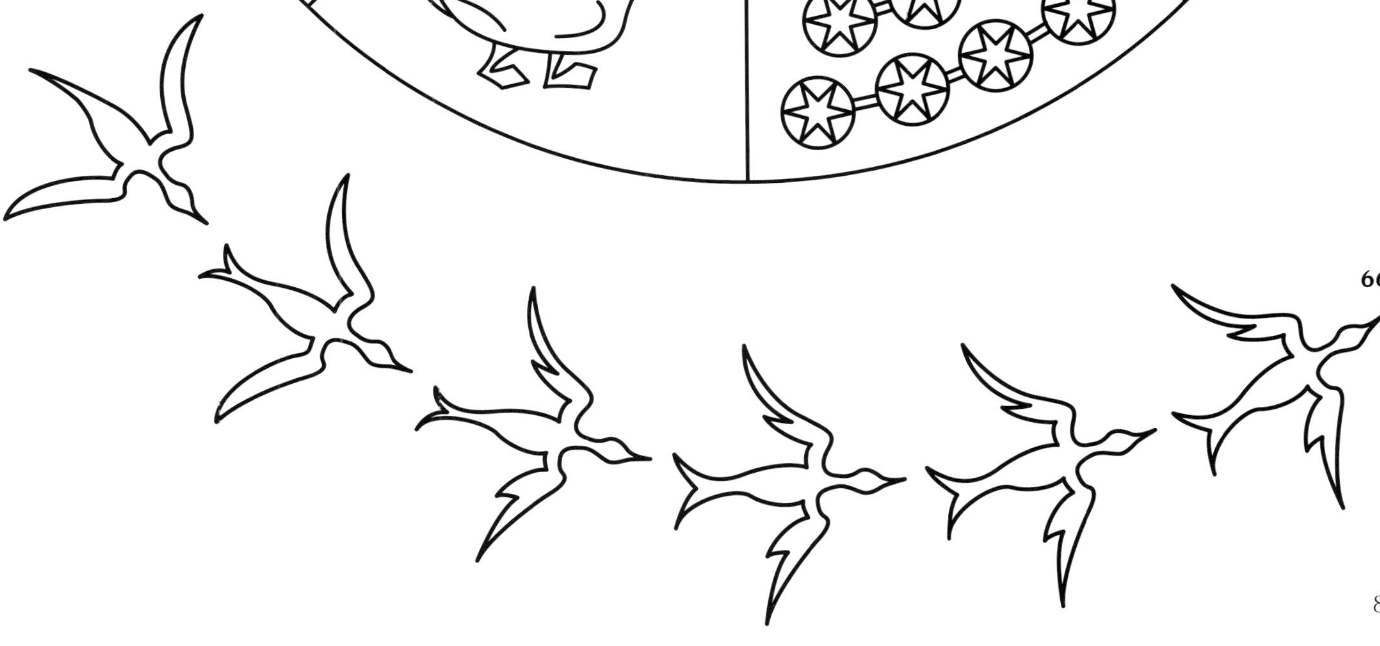

67

68

69

70

71

72

73

74

75

76

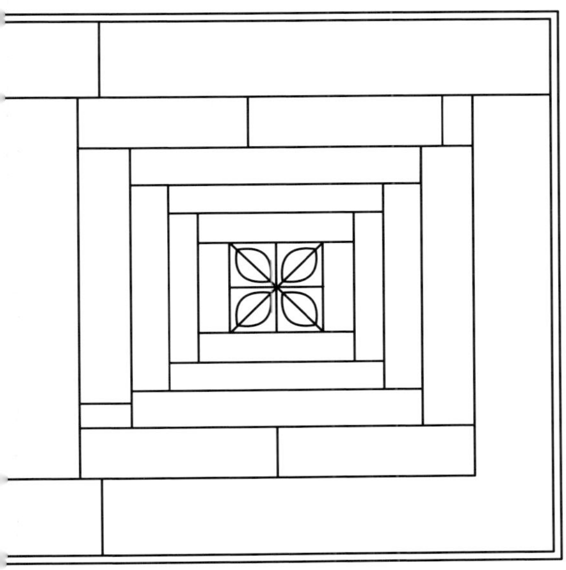

77

78

79

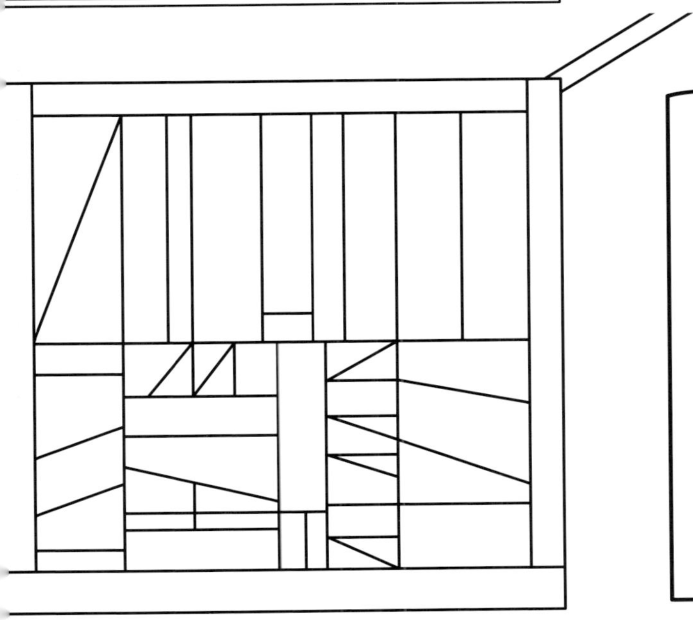

80

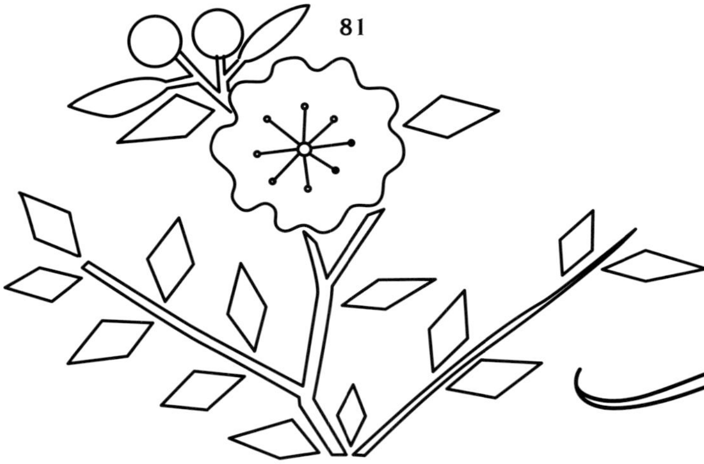

81

82

83

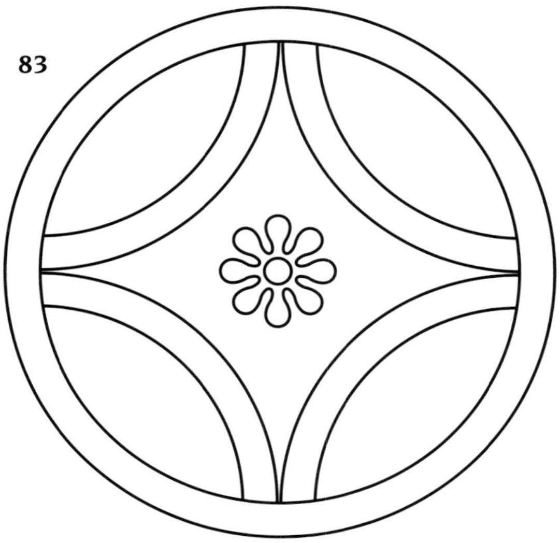

84

85

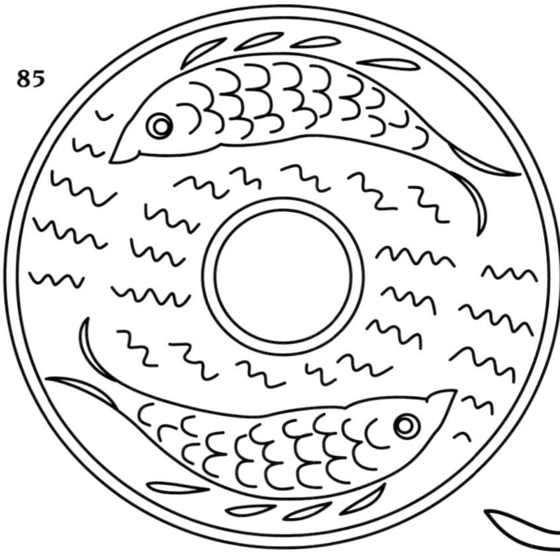

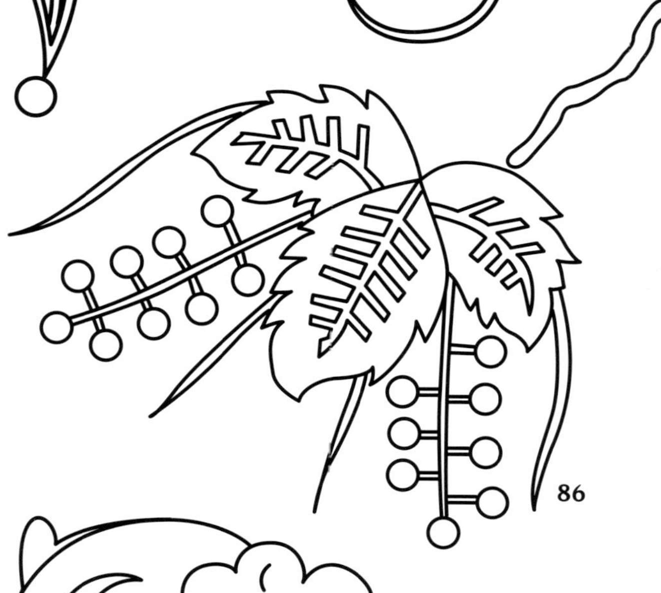

86

87

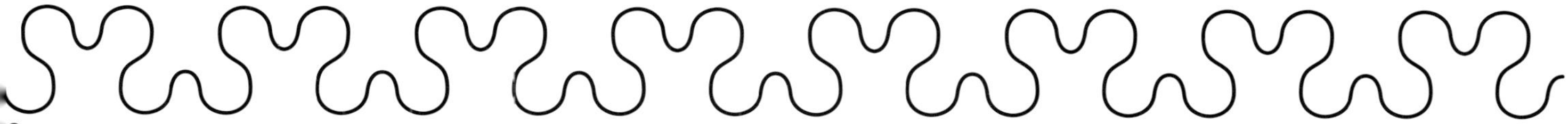

8

9

90

91

2

3

94

95

96

97

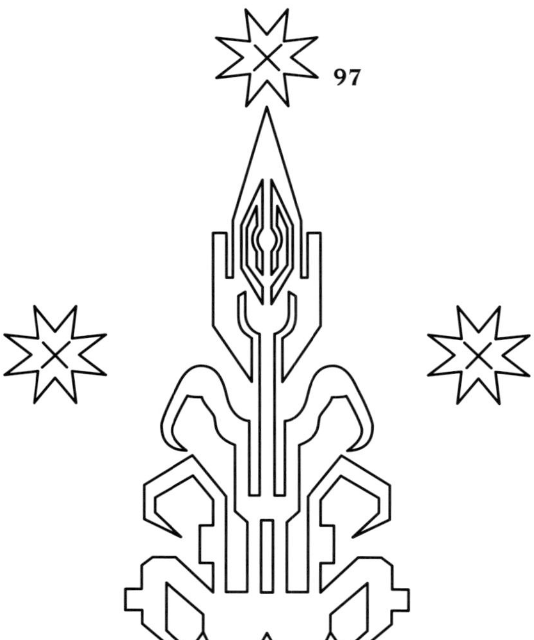

98

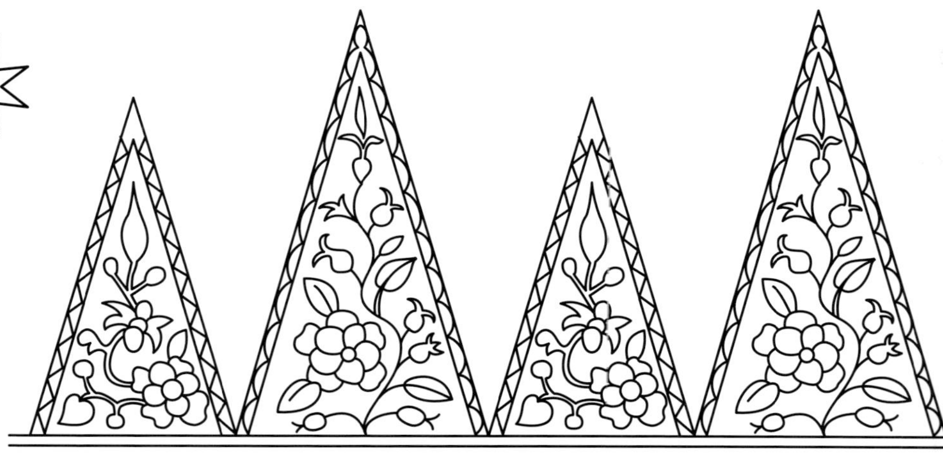

99

100

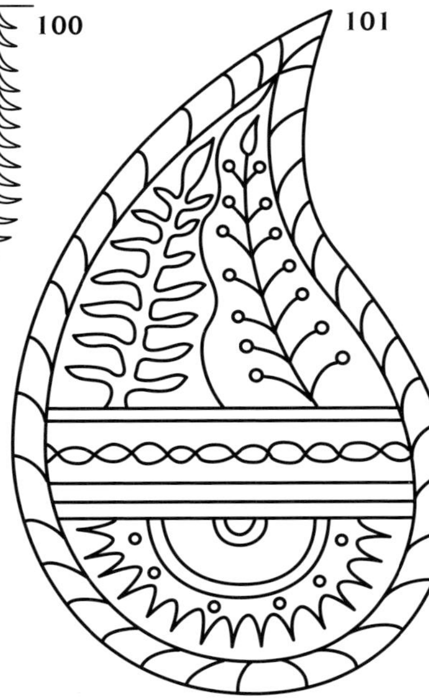

101

02

03

104

105

106

107

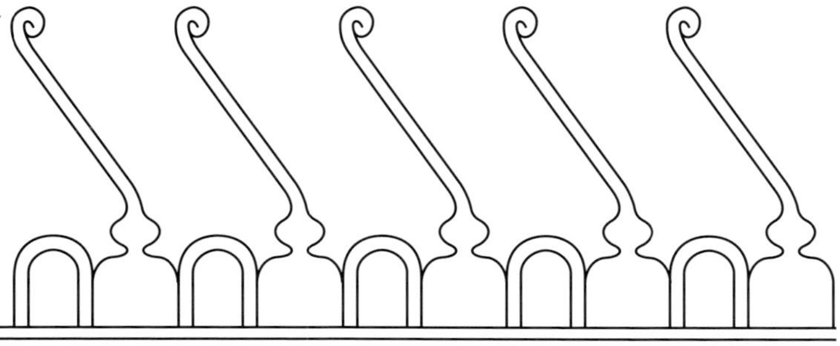

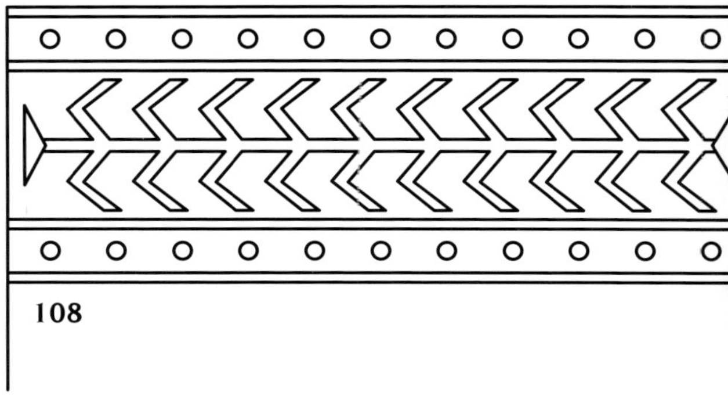

108

109

110

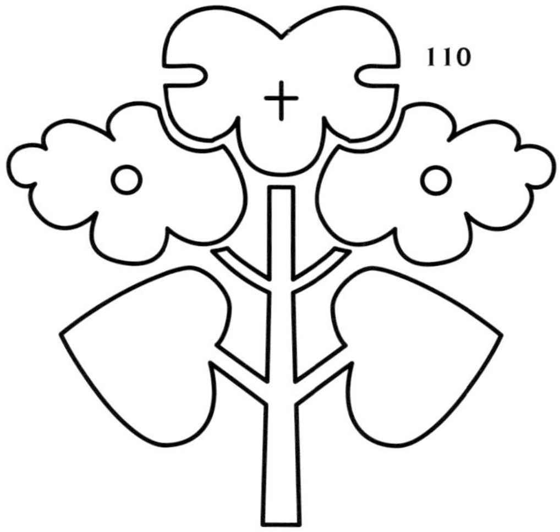

111

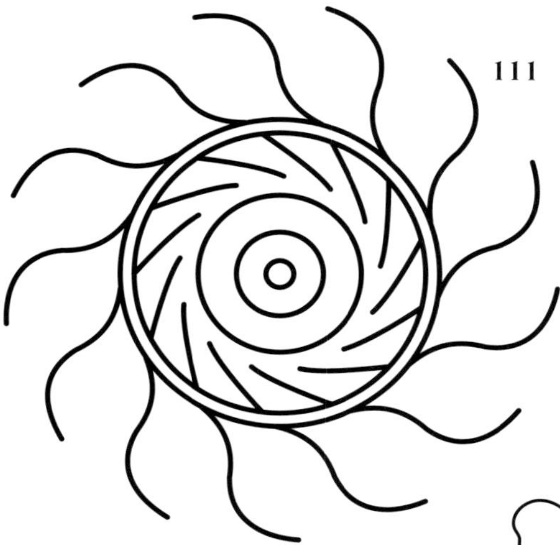

112

113

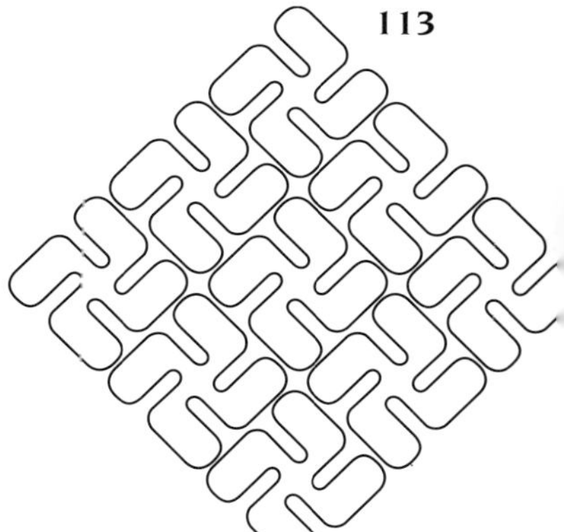

114

Motive aus dem Mittelmeerraum

MOTIVE AUS DEM MITTELMEERRAUM

Die Länder der Sonne und der Siesta, der Olivenbäume und des Weins hat eine große dekorative Tradition. Aus Frankreich kennt man Töpferei und provençalische Drucke, Toile de Jouy und Rokkoko-Stukkaturen. In Italien haben vor allem die prächtigen Dekorationen der Renaissance ihre Spuren hinterlassen. Ihre Tradition wird noch in unserer Zeit gepflegt, beispielsweise in den Entwürfen der Memphis-Gruppe oder den Stickereien von Versace. Das Wesen Spaniens ist sowohl vom Katholizismus als auch vom Islam geprägt worden. Vom bemalten Dachgebälk mittelalterlicher katalanischer Kirchen bis zu den kunstvollen Mustern farbiger Fliesen ist Spanien, wie das gesamte Mittelmeergebiet, ein reicher Fundus für unterschiedlichste Anregungen.

HANDGEMALTER SPIEGELRAHMEN

Diese Bordüre im Rokoko-Stil stammt von einem handbestickten Samtvorhang aus dem 18. Jahrhundert. Der Rahmen wurde zunächst grün grundiert, dann die Bordüre aufgemalt. Die geraden Linien gelingen leichter mit Hilfe eines Lineals. Feine Höhungen in Weiß und Schatten in Grau geben dem Motiv Tiefe. Auch die Kanten des Rahmens sind handbemalt.

Rokoko-Bordüre siehe Seite 98 (Nr. 8)

Blütenmotiv siehe Seite 103 (Nr. 44)

BRILLENETUI MIT APPLIKATIONEN

Die Anregung für dieses fröhliche Brillenetui stammt von einer italienischen Keramikschale, wo das Motiv zu einer umlaufenden Bordüre zusammengefügt war. Hier sind die Blütenblätter und die schwarzen Bogenkanten aus feinem Baumwollstoff ausgeschnitten und mit feinem Maschinen-Zickzackstich mit schwarzem Garn auf Wollstoff appliziert. Feines, an der Basis der Motive aufgesteppes Band in Schwarz betont die Linienführung.

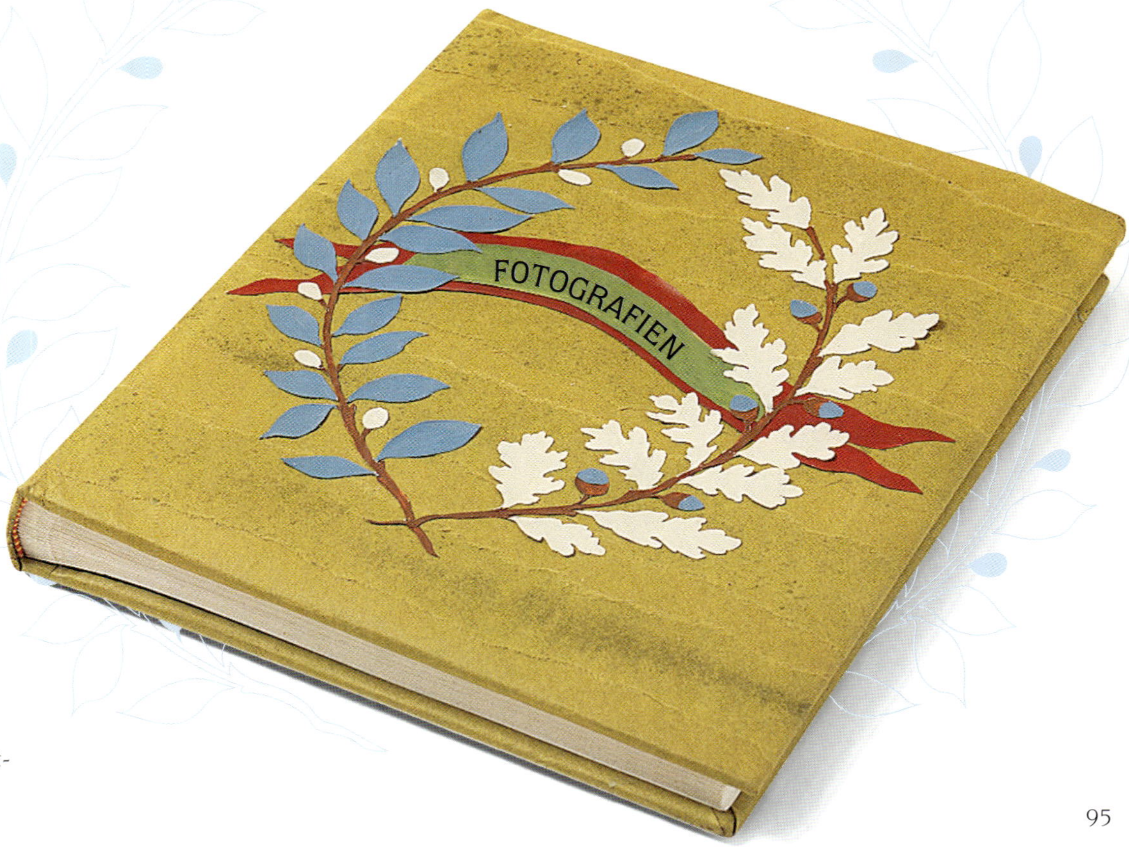

liven- und Eichenzweige
he Seite 106 (Nr. 69)

JCHUMSCHLAG MIT
ÉCOUPAGE-MOTIVEN

n Wandgemälde in einem italieni-
hen Schloss lieferte die Idee für die-
n Buchumschlag. Blätter, Stiele,
liven, Eicheln und das Banner für
n Schriftzug wurden separat aus
apier ausgeschnitten und aufgeklebt.
ir Buchumschläge ist ein Überzug
s transparenter Klarsichtfolie wesent-
h praktischer als eine Lackierung.

Fischmotiv siehe Seite 111 (Nr. 105)

GESTICKTES BILD
Der realistisch wirkende Fisch stammt von einer portugiesischen Keramikschale. Hier wurde er in halbem Kreuzstich mit braunem, rotem, weißem Garn sowie zwei verschiedenen Grüntönen nachgestickt. Man kann ihn als Bild verwenden, aber beispielsweise auch auf einen Kissenbezug sticken.

TABLETT MIT SCHABLONENMALEREI
Hier wurde ein Teil eines Motivs aus einer alten spanischen Spitze auf ein Tablett schabloniert. Zuerst wurde das Holztablett schwarz grundiert, dann wurden die feinen grünen Linien am Rand aufgemalt. Für das weiße Frauenmotiv wurde eine Schablone benutzt, eine weitere für die kleinen grauen Muster auf dem Kleid. Auch die rote Zickzackbordüre und die kleinen weißen Sterne wurden mit Schablonen aufgetragen.

Frau mit Sternen siehe Seite 108 (Nr. 86)

1

3

4

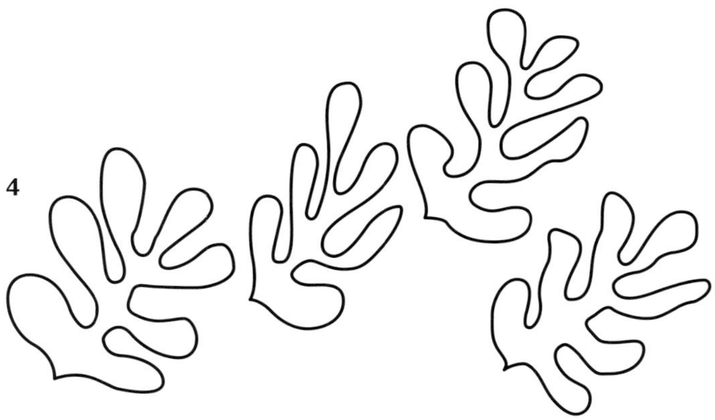

6

7

8

9

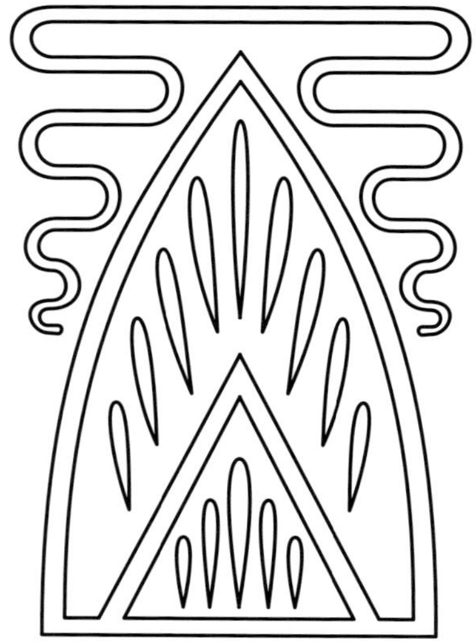

10

11

12

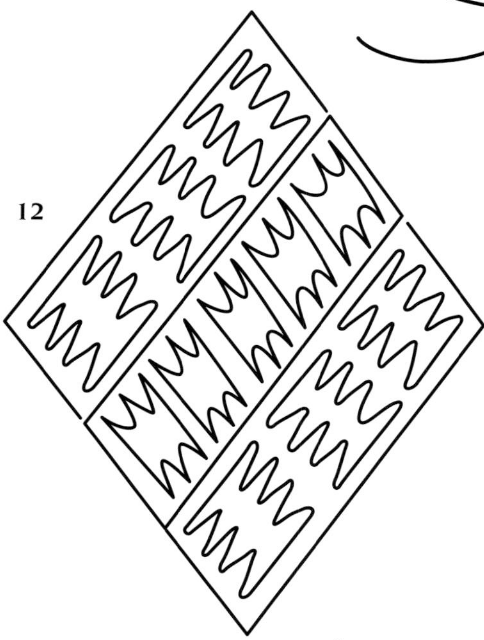

13

14

15

16

17

18

20

21

22

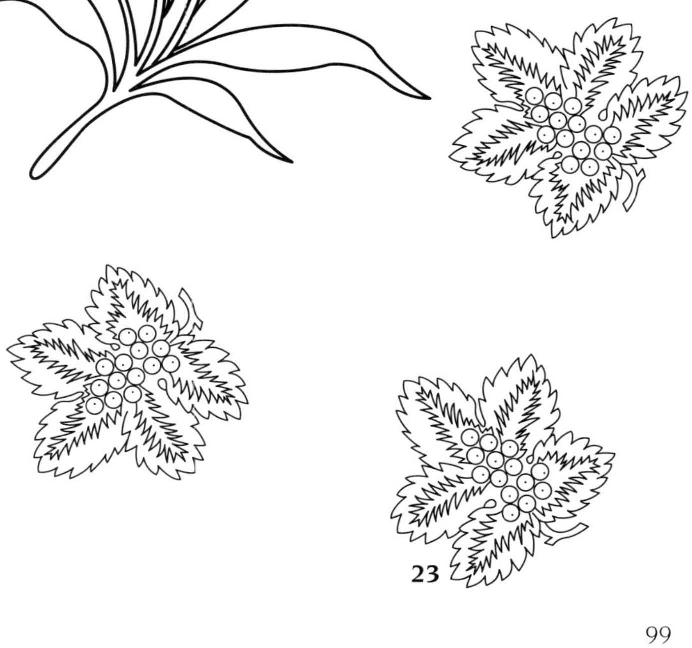

23

24

25

26

27

30

1

32

35

33

34

36

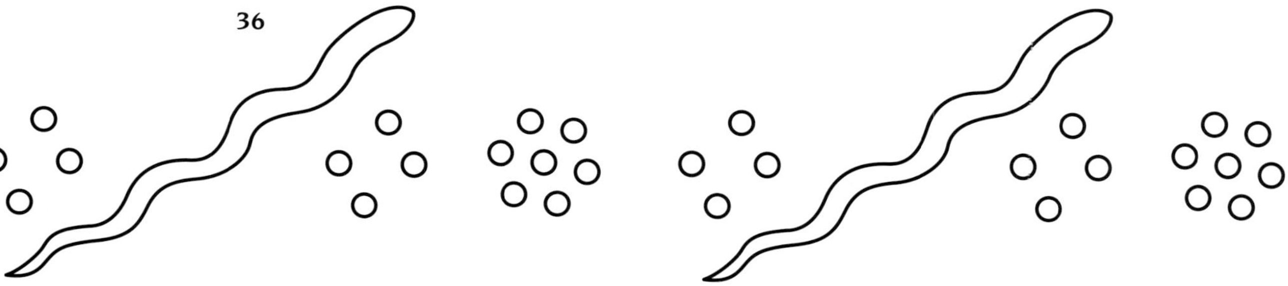

37

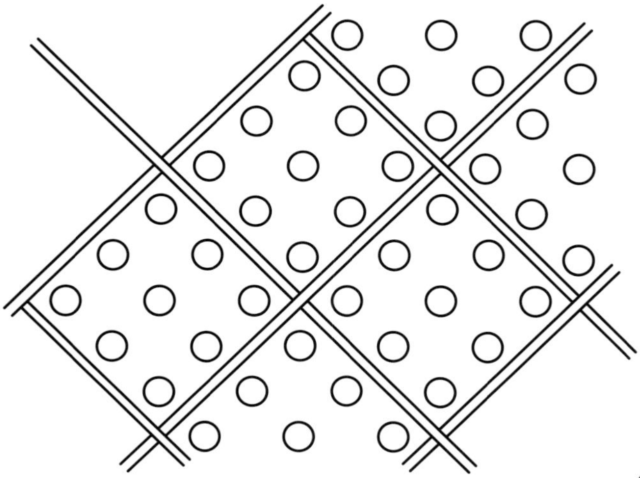

38

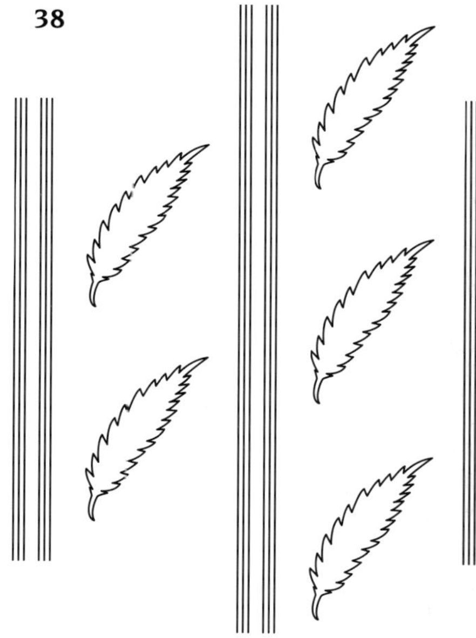

39

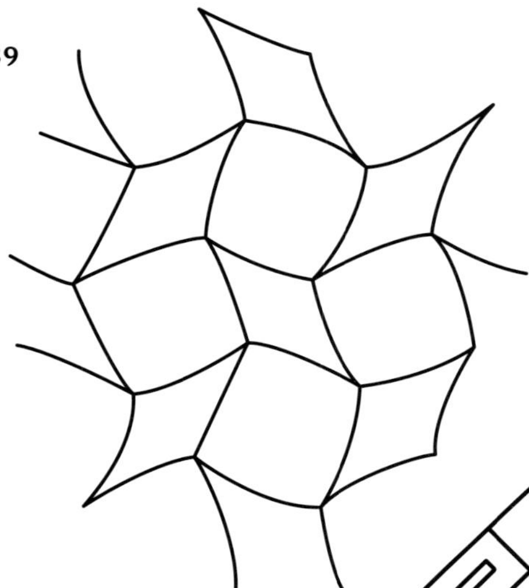

40

41

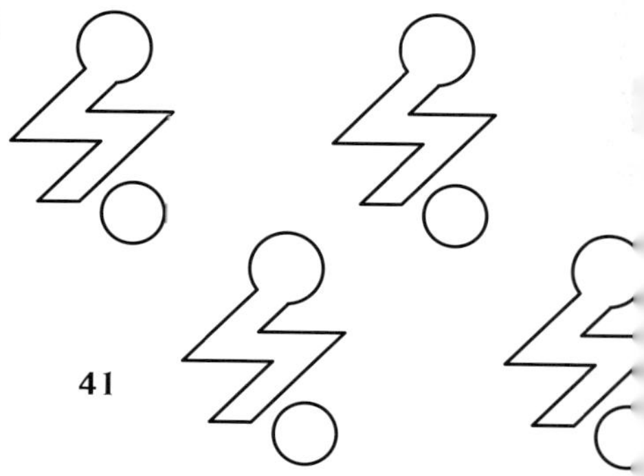

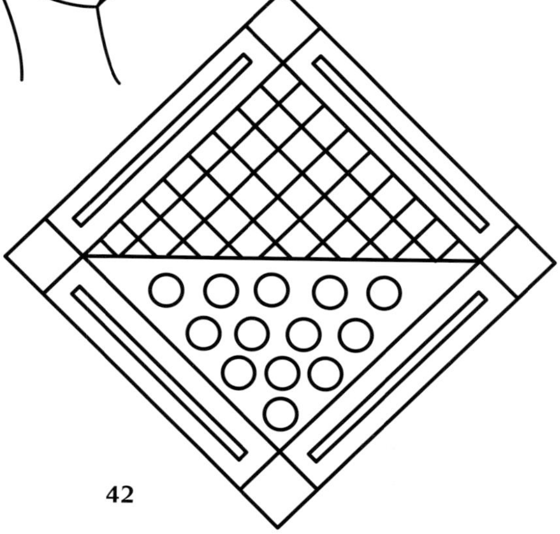

42

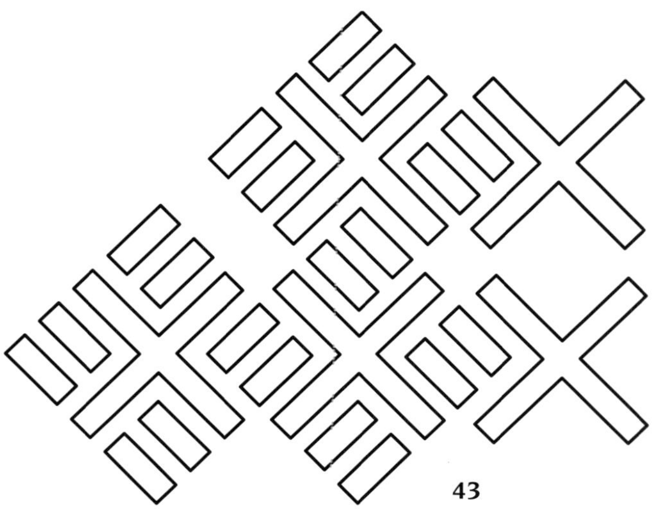

43

44

45

46

47

48

49

50

51

52

53

54

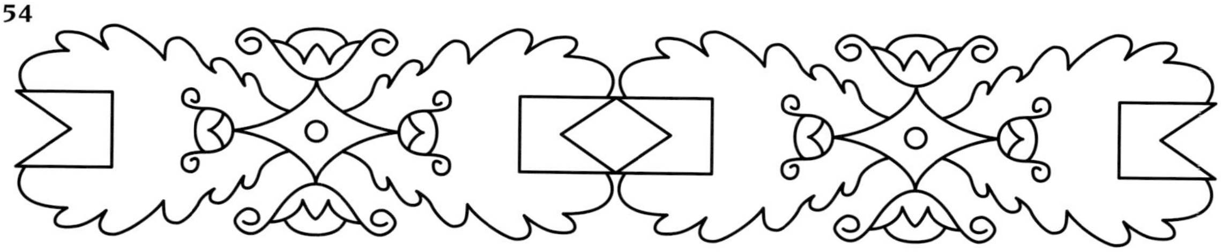

55

5

57

58

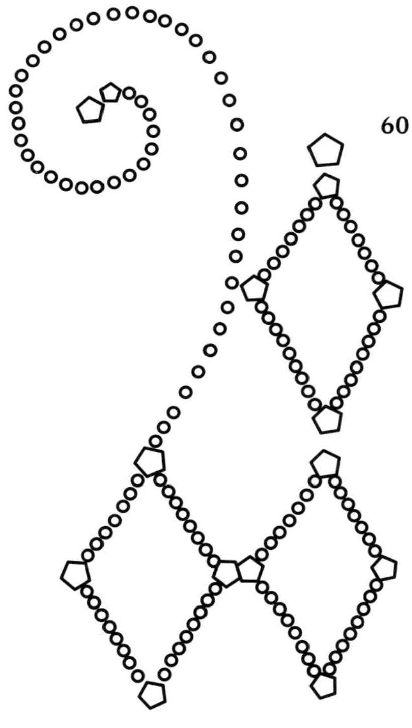

60

9

1

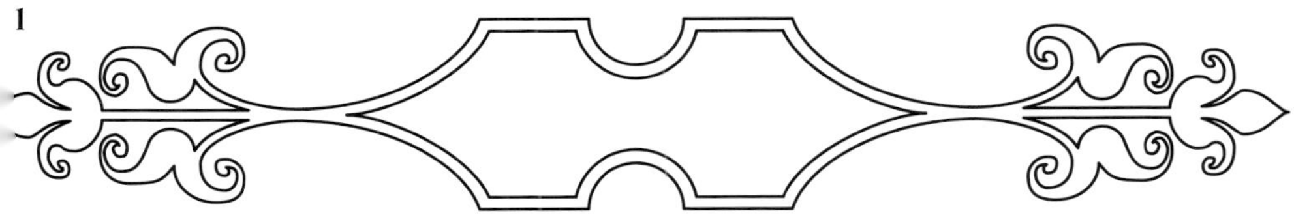

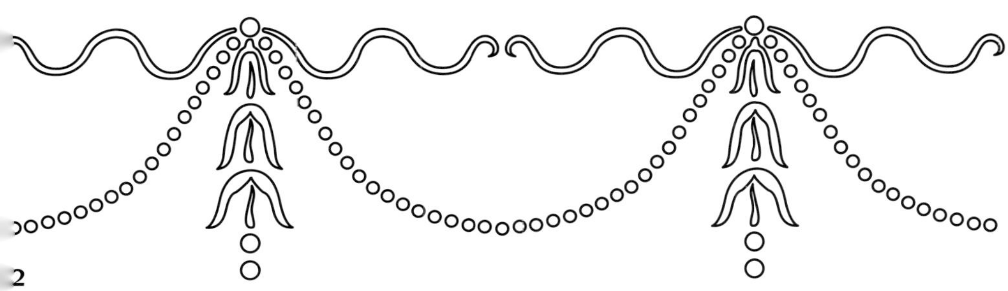

2

63

64

65

66

67

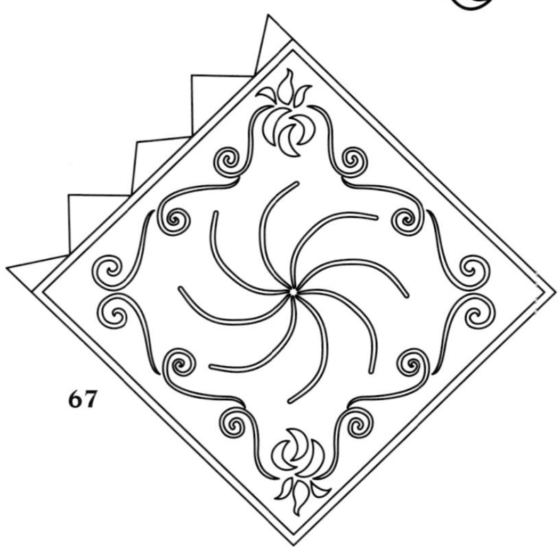

68

69

70

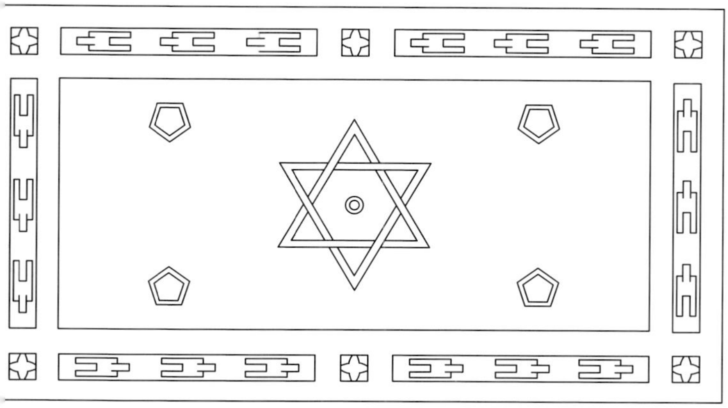

71

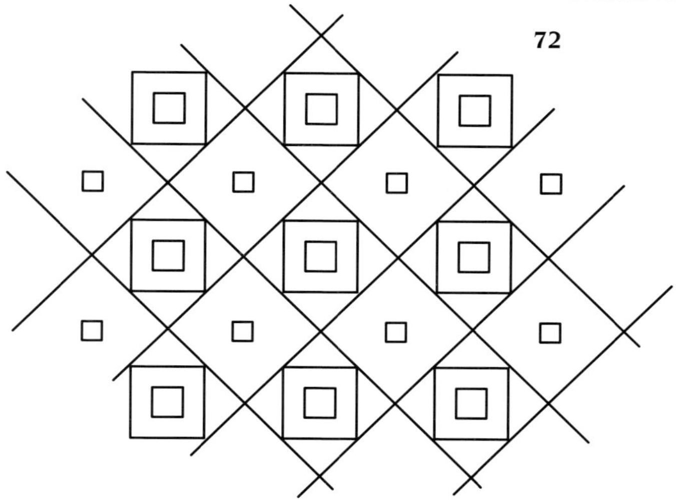

72

3

74

5

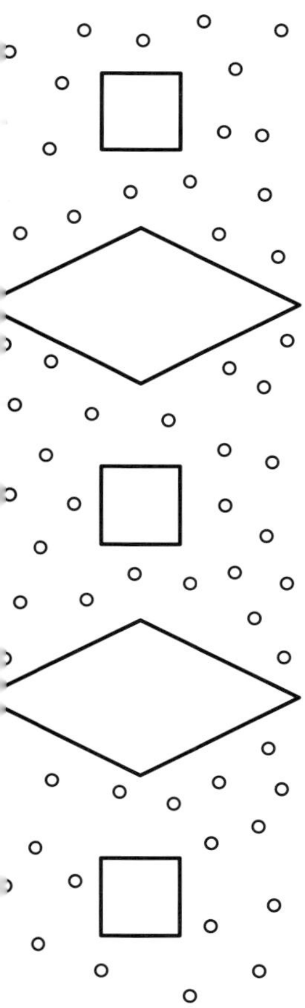

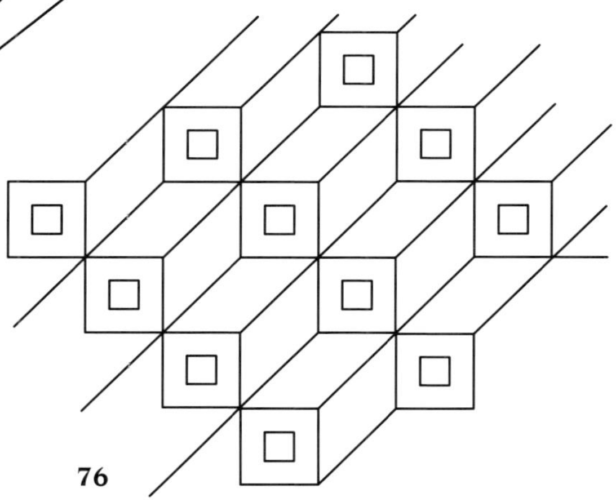

76

77

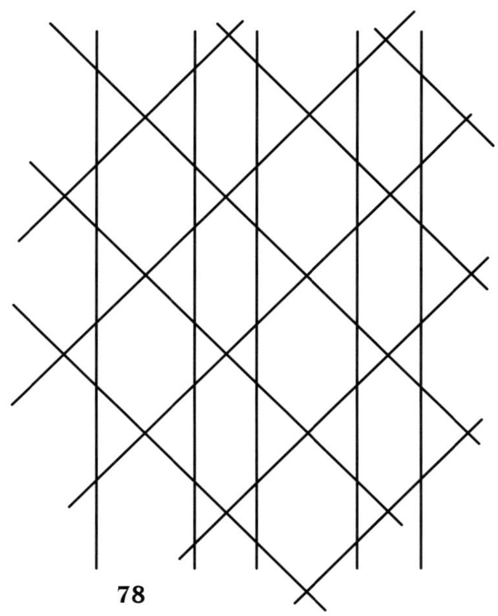

78

79

80

81

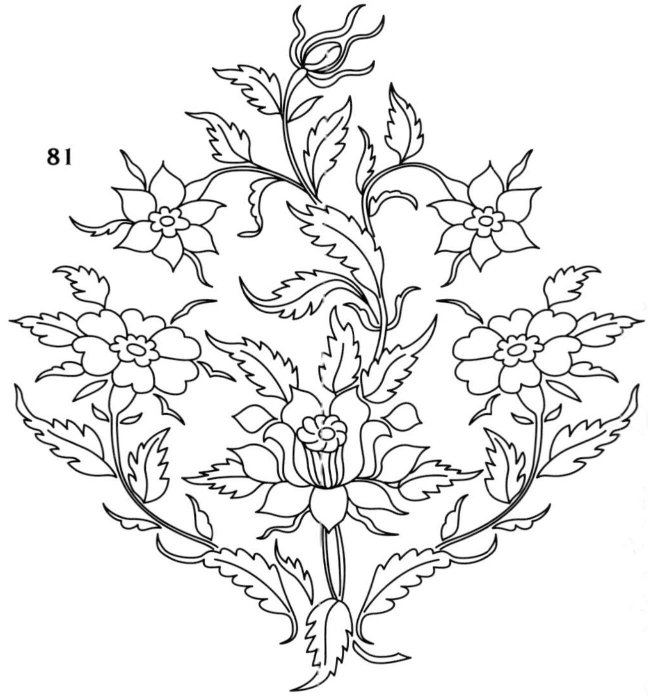

82

83

84

85

86

7

88

9

90

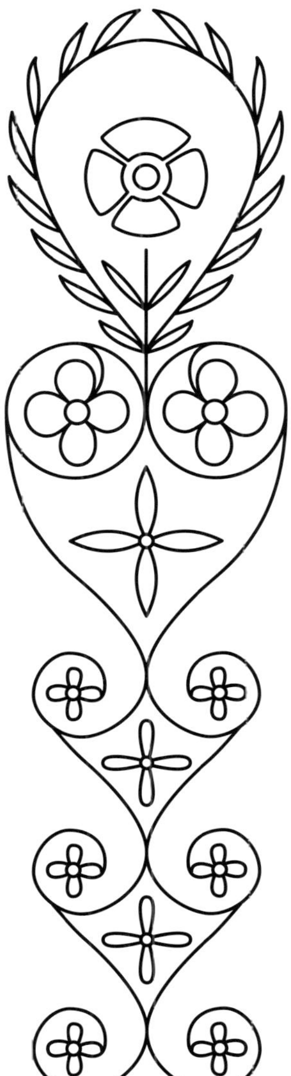

92

91

93

Spanien und Portugal

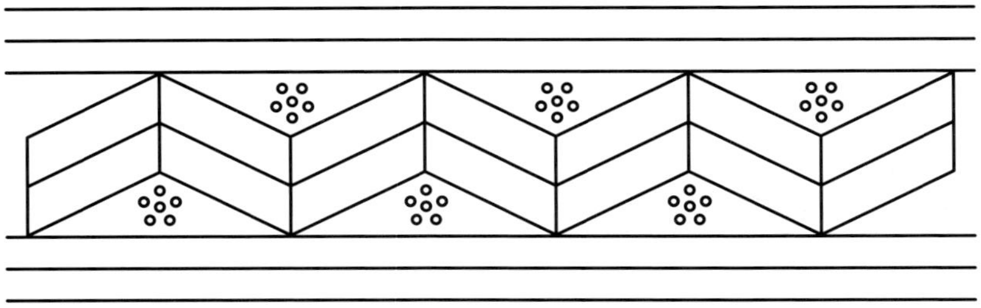

94

95

96

97

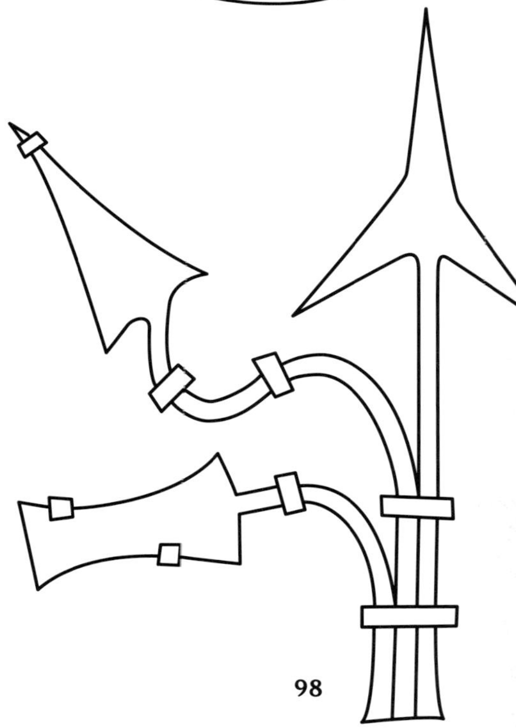

98

99

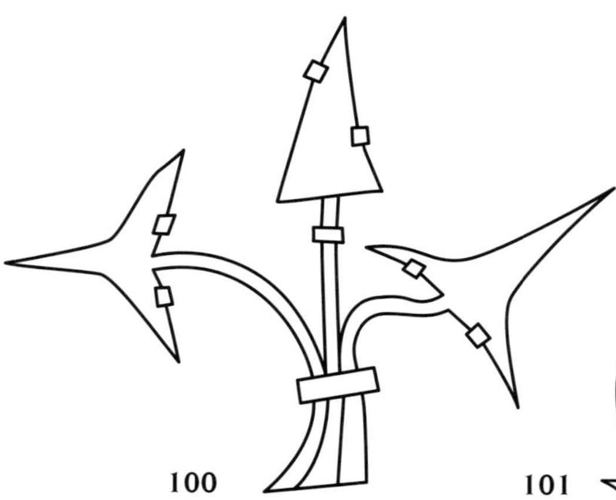

100

101

02

103

104

105

106

107

108

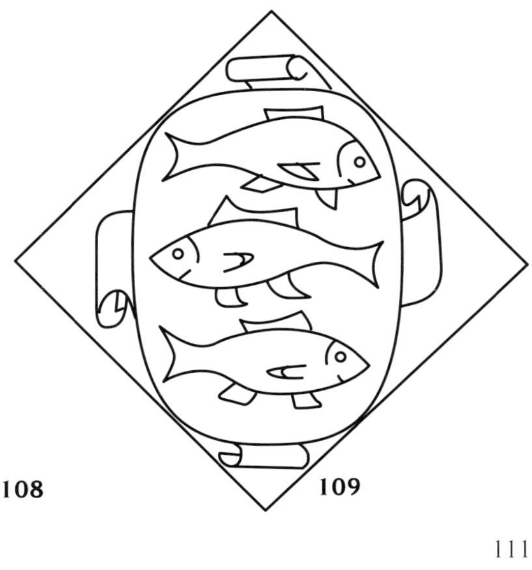

109

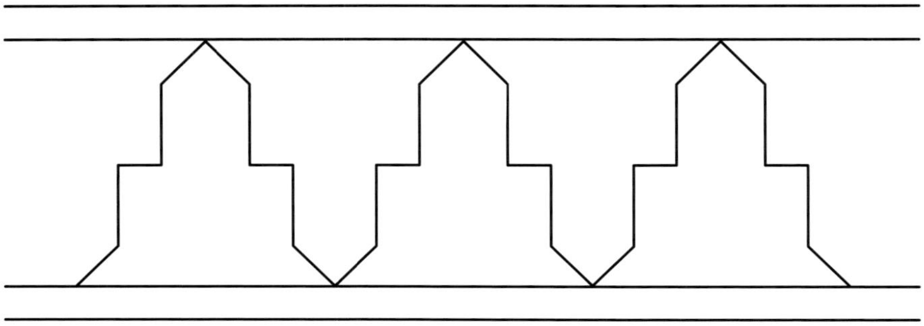

110

111

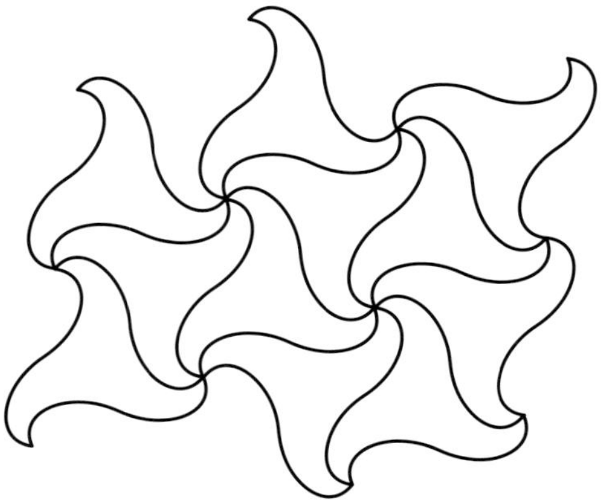

112

113

114

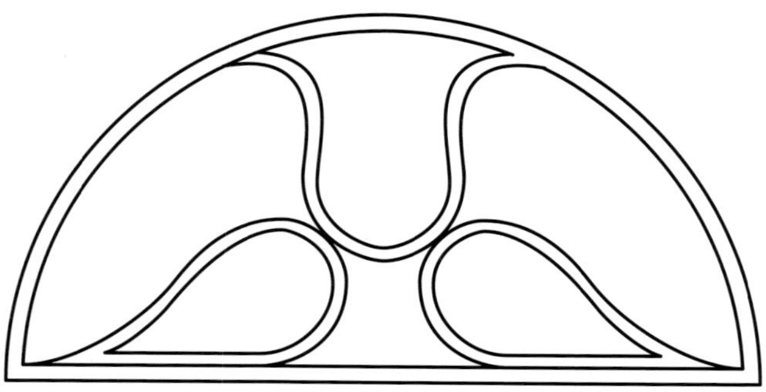

115

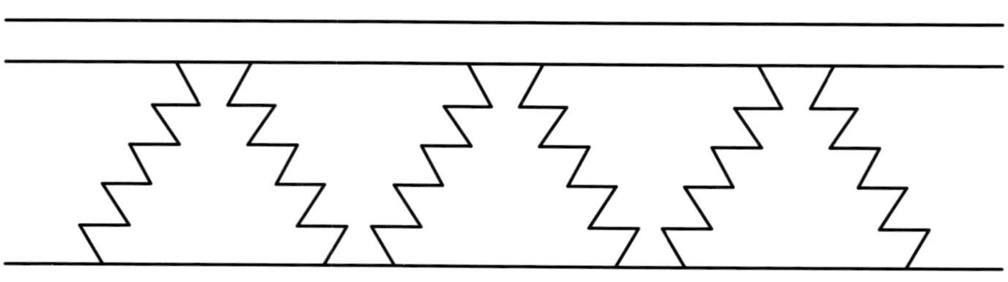

116

117

Motive aus Skandinavien

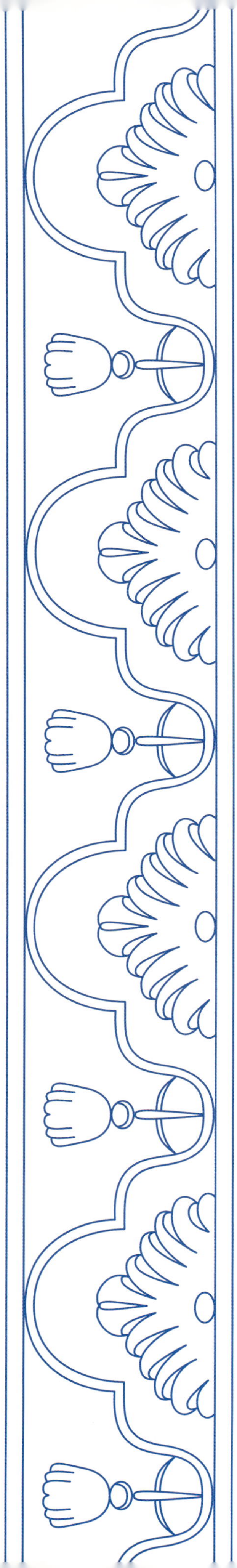

MOTIVE AUS SKANDINAVIEN

In der Zeit zwischen 800 und 1000 n. Chr. fielen die kriegerischen Wikinger in Dänemark, England und Nordeuropa ein. Trotz ihres kämpferischen und brutalen Wesens schufen sie wundervolle, fein ziselierte Objekte aus Gold und Bronze, recht ähnlich den verschlungenen Mustern der Kelten.

Besonders reizvoll ist auch das schwedische Design, besonders das der gustavinischen Periode im späten 18. Jahrhundert mit seinen ruhigen und schlichten Mustern. Typisch sind zum Beispiel zart bemalte Wandtäfelungen mit Blütenmotiven.

Aus Norwegen stammen plakative, aber ausgewogene Motive in überraschend leuchtenden und fröhlichen Farben, vielleicht ein Gegenpol zum nebligblassen Licht dieser Region.

HOCKER MIT SCHABLONENMALEREI

Das Motiv stammt von einer schwedischen Wandbordüre. Zunächst wurde das Holz grundiert, dann wurden die Streifen aufg malt und anschließend mit einer Schablone das Motiv aufgetupf Auf der Oberseite wurde die Schablone umgeklappt und kopfübe zum Malen der zweiten Motivhälfte benutzt. Vorher müssen natü lich alle Farben gut austrocknen. Zusätzliche Dekorationen wie d blauen Blätter können hinzugefügt werden.

Blütenmotiv mit geschwungener Bordüre siehe Seite 123 (Nr. 42)

ESTRICKTE FAUSTHANDSCHUHE

iese entzückenden, schlichten Motive waren ursprüng-ch mit Seidengarn auf Handschuhe aus Südschweden estickt. Das Motiv lässt sich jedoch ausgezeichnet zum tricken verwenden. Noch schneller geht es, wenn man in Maschenstich auf gekaufte Handschuhe aufstickt.

reuz, Blüte und Herz

ehe Seite 124 (Nr. 49, 50 und 51)

BEDRUCKTE OVALE DOSE

Ein uralter handgemalter Fries in einem schwedischen Schlafzimmer stand Pate für dieses gedruckte Motiv. Helles und dunkles Rosa für die Blüten sowie zwei verschiedene Grüntöne für das Laub wurden bewusst unregelmäßig auf einen feinen Schaumstoff-Schwamm aufgetragen. So entstand der teilweise transparente Lasureffekt des Drucks. Für die gelbgrünen Kreise wurde ein zweiter Stempel zugeschnitten.

Blütenmotiv siehe Seite 126 (Nr. 65)

Motive aus Skandinavien

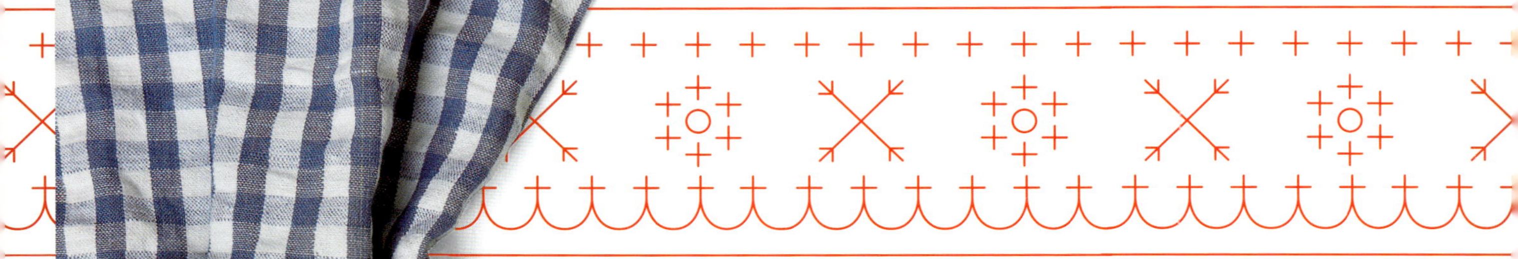

KREUZSTICH-RAFFHALTER

Ursprünglich war dies eine Brandmalerei auf einem antiken norwegischen Holz-Butterfass, doch eignet sich das Muster auch sehr für Kreuzstickerei. Es wird mit zweifädigem Seidentwist auf feinem, auszählbarem Stoff über je drei Fäden gestickt.

Kreuz- und Kreismotiv siehe Seite 131 (Nr. 102

HANDBEMALTES HOLZSCHILD

Das Holzschild ist im Stil des norwegischen ‚rosemaling' gearbeitet, das Motiv stammt von einem Keramikteller au dem 18. Jahrhundert. Bei dieser speziellen Technik, die wörtlich übersetzt ‚Rosenmalerei' bedeutet, werden Blüten motive in hellen Farben auf dunklen Hintergrund gemalt Dabei bleiben die einzelnen Pinselstriche deutlich sichtbar. Hier wird der Effekt durch die gelben Höhungen verstärk

Erdbeermotiv siehe Seite 132 (Nr. 111)

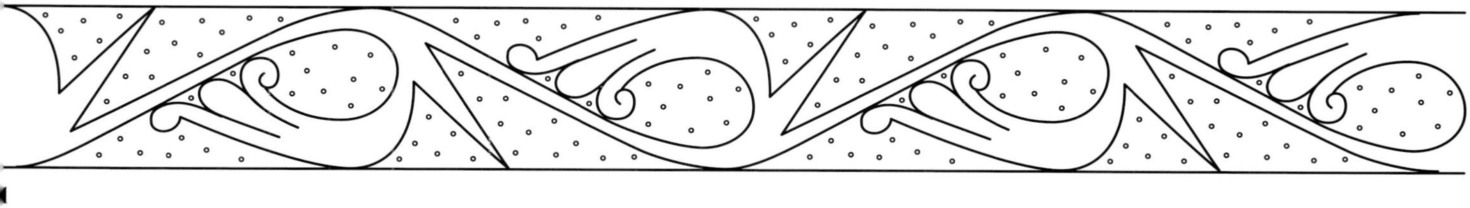

2

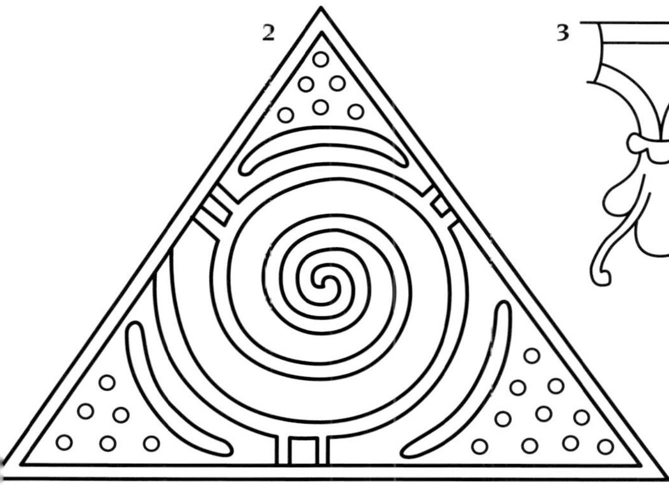

3

5

6

7

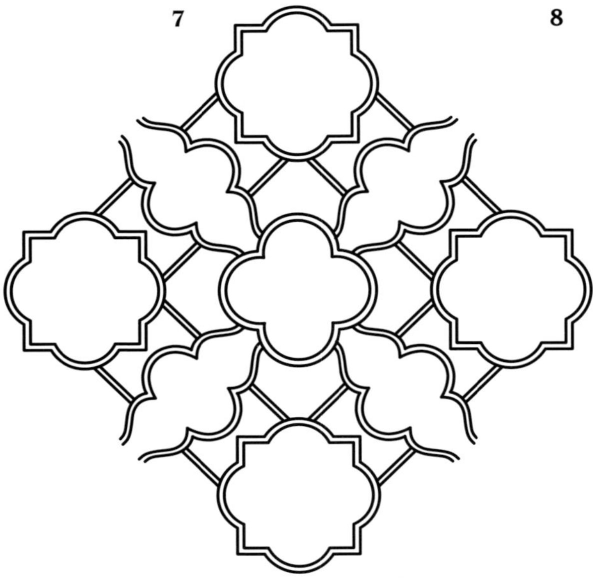

8

9

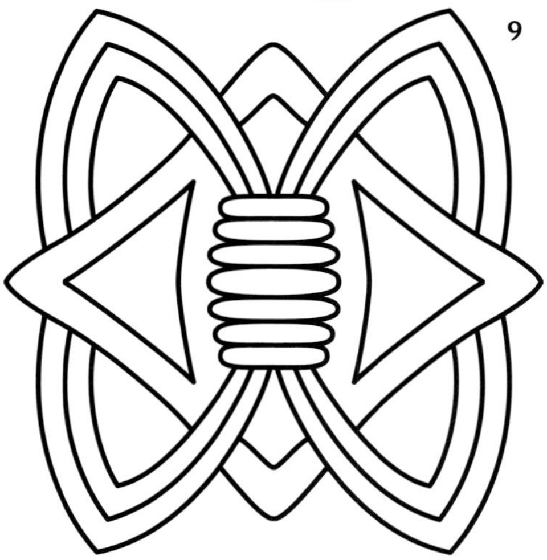

10

11

12

13

14

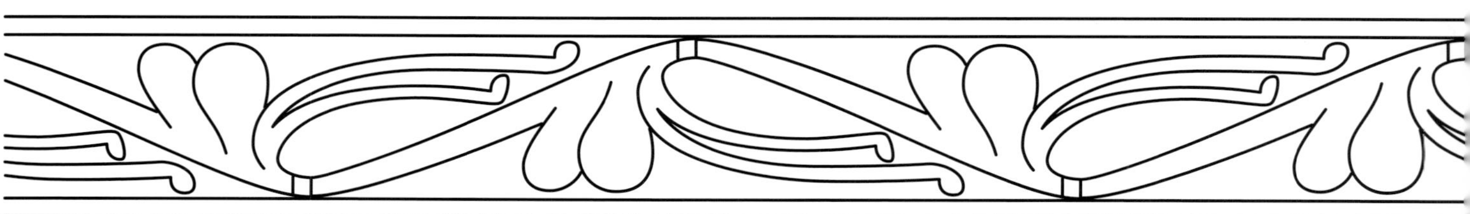

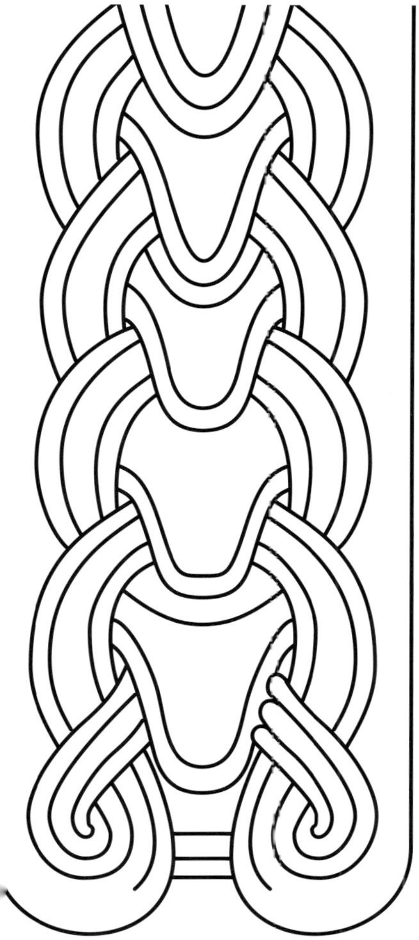
15

16

17
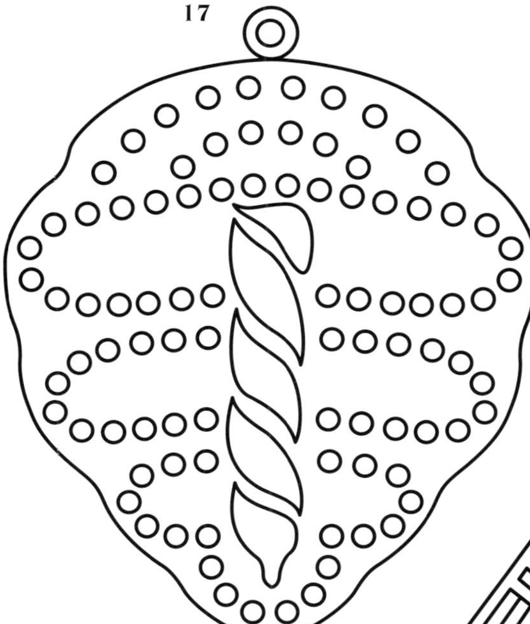

18
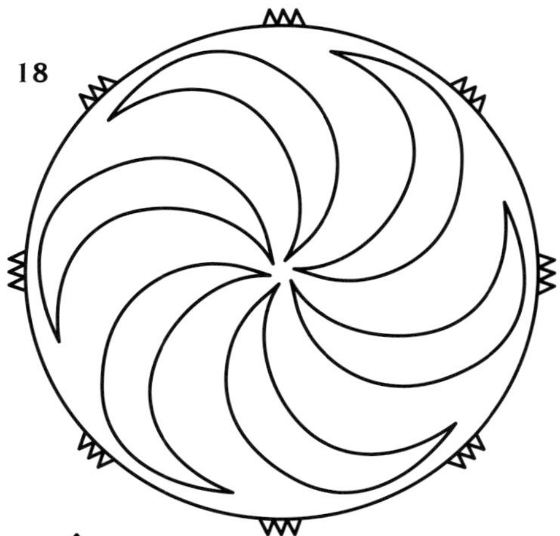

19

20

21

22

23

24

25

26

27

28

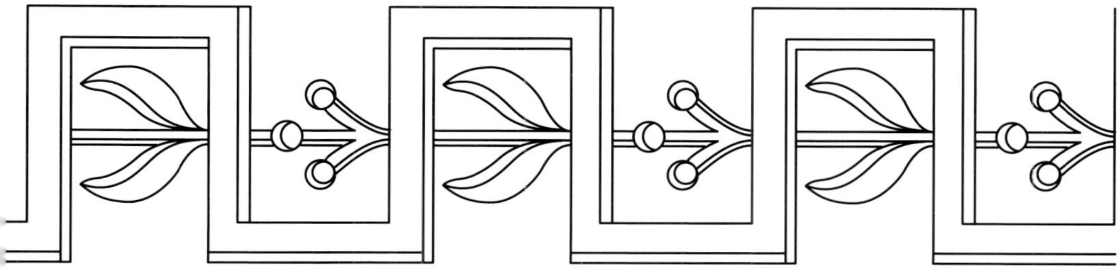

9

30

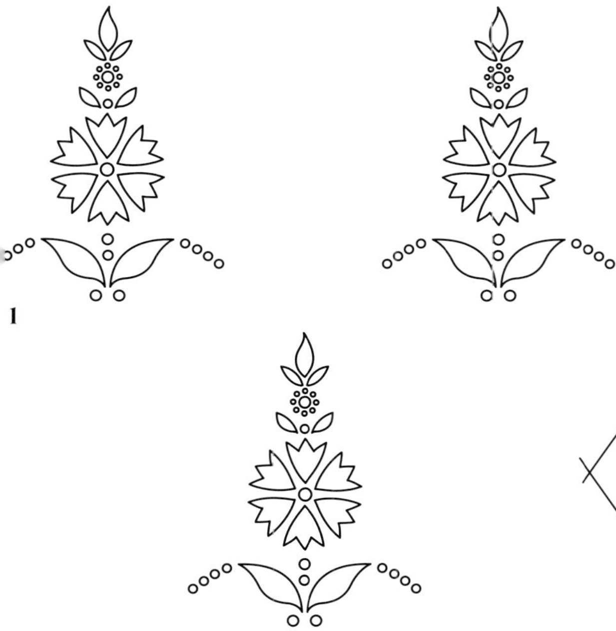

1

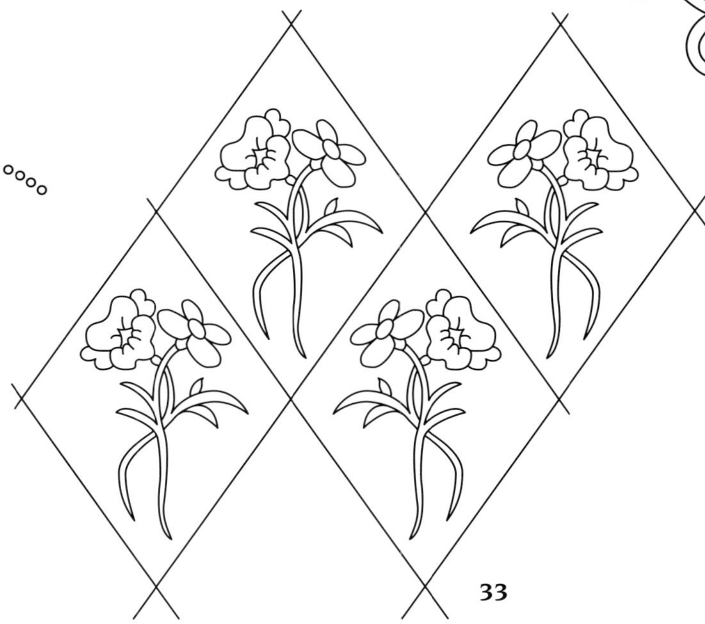

33

32

34

Schweden

35

36

37

38

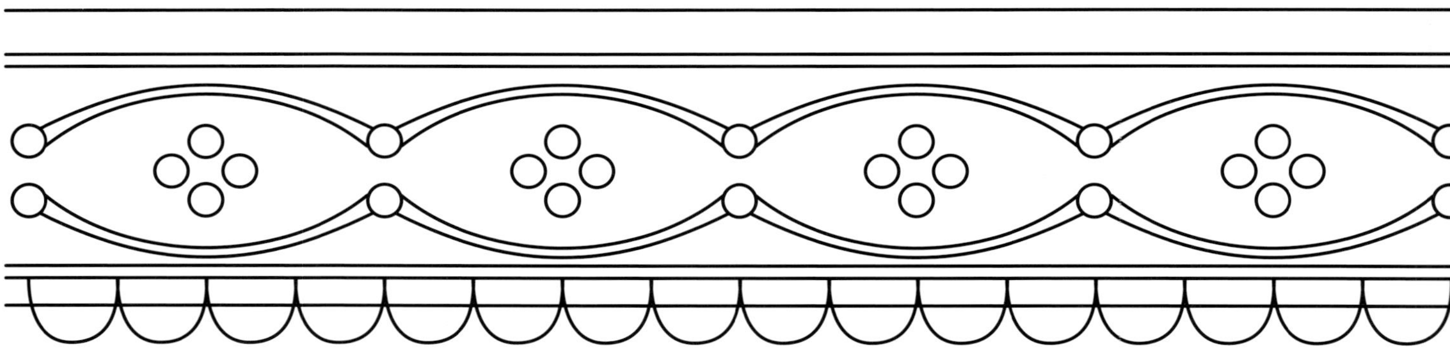

39

40

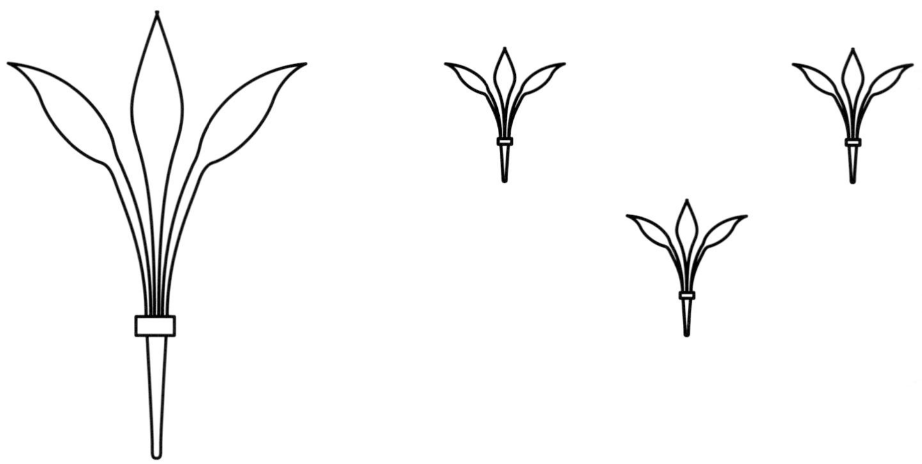

41

2

3

44

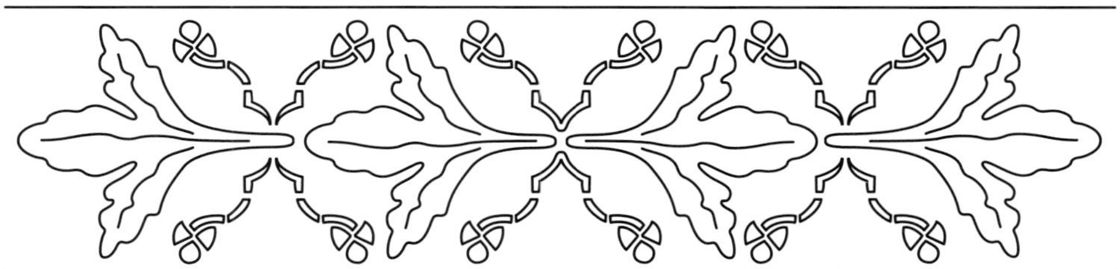

46

47

5

48

Schweden

49

50

51

52

53

55

57

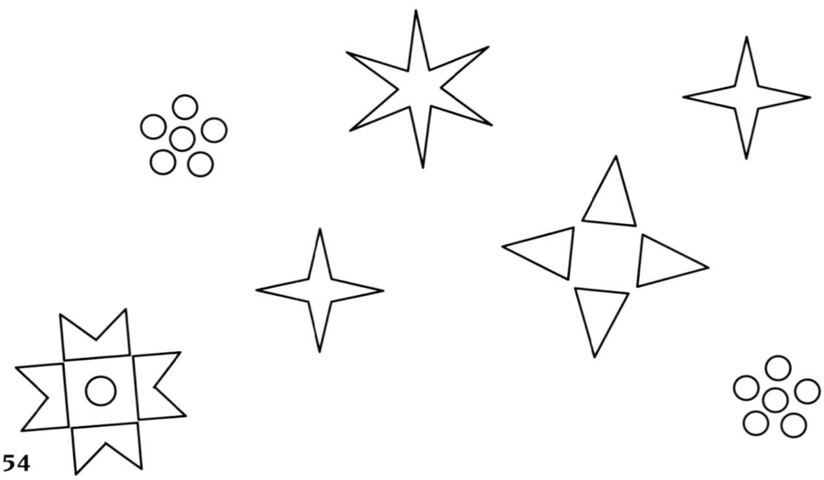

54

56

8

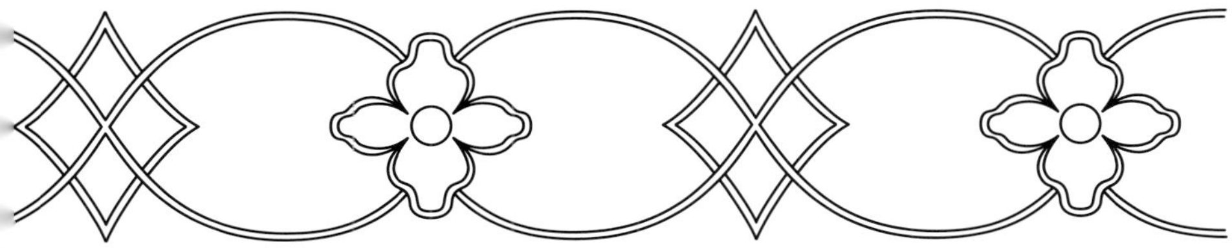

9

0

63

1

62

64

65

66

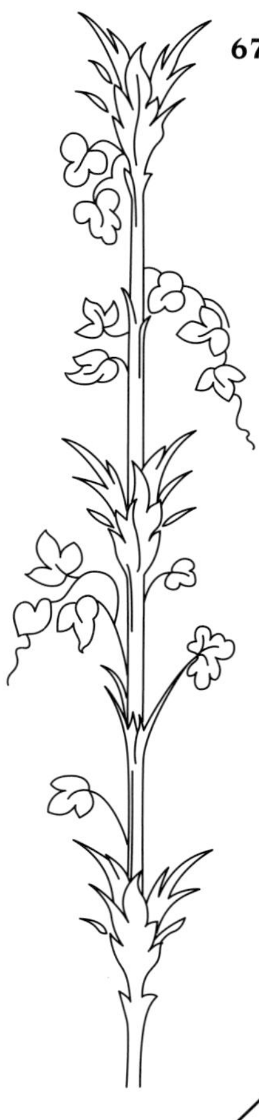

67

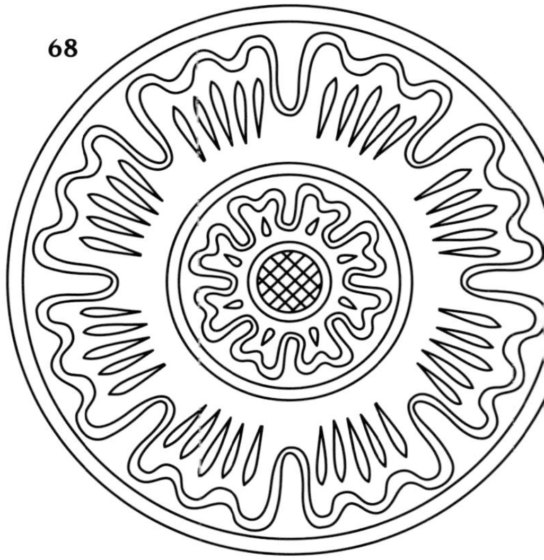

68

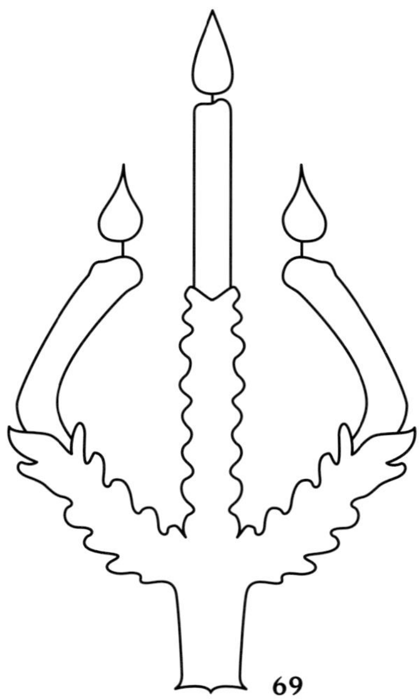

69

70

71

73

74

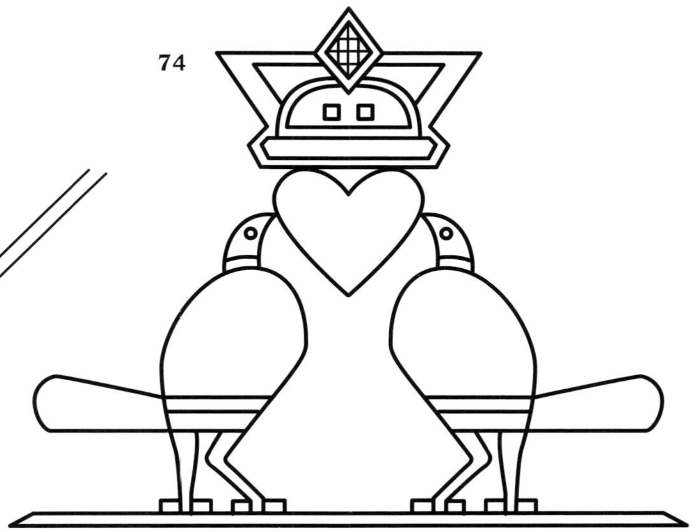

5

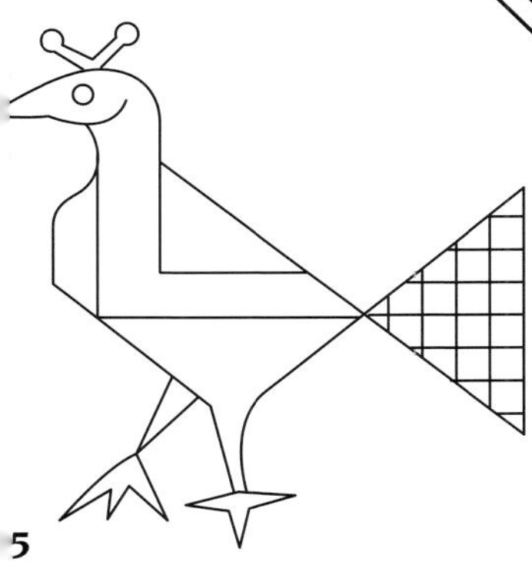

76

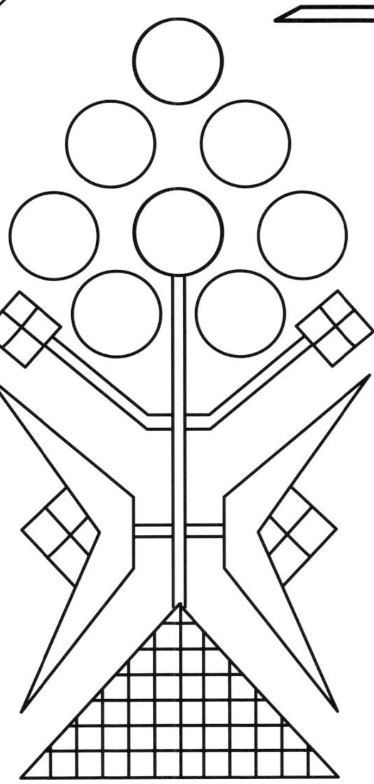

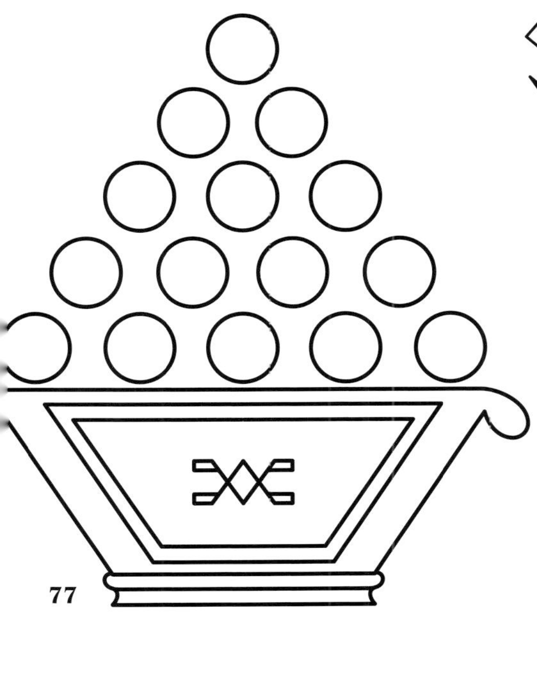

77

78

79

80

81

82

83

84

85

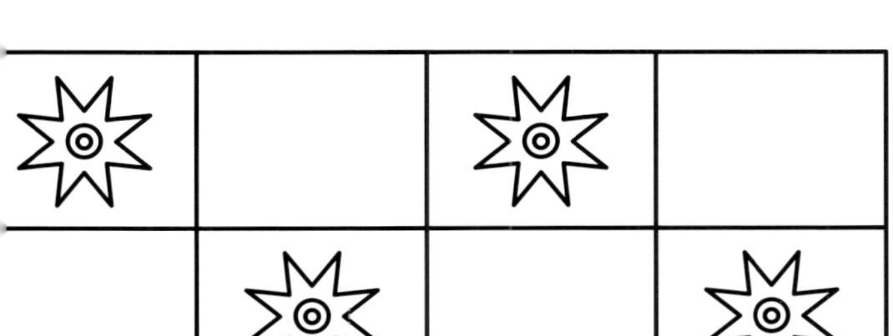

7

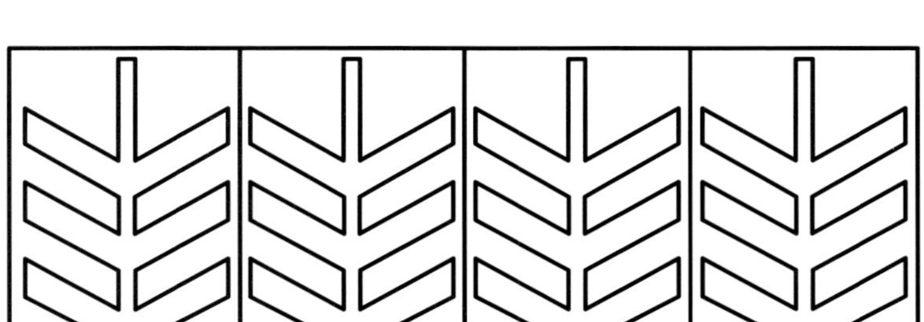

88

89

91

2

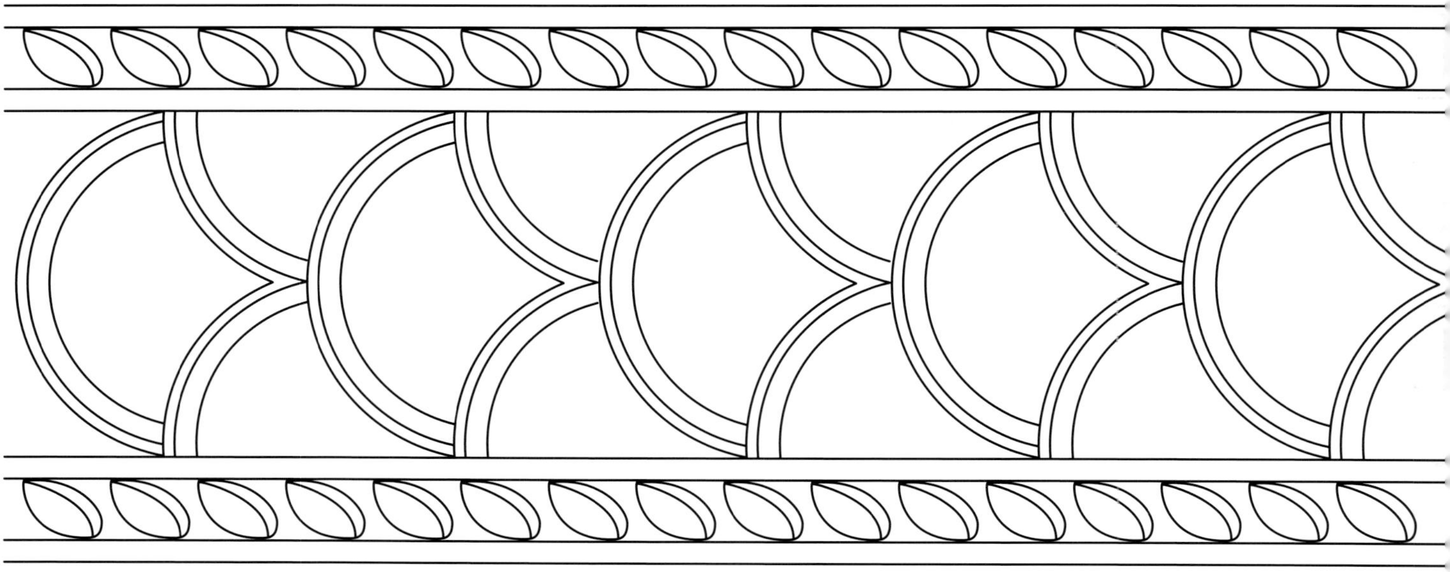

94

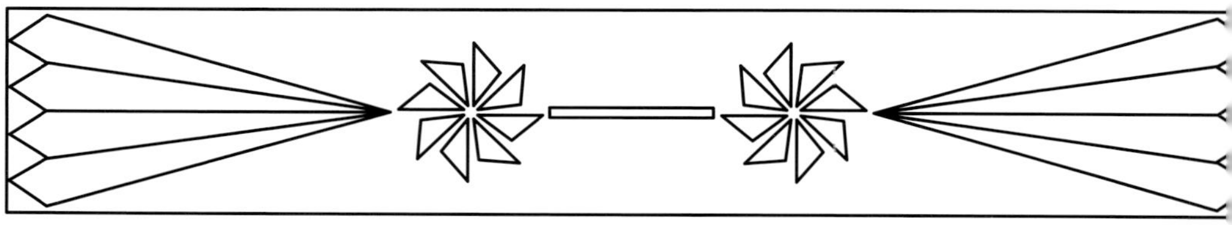

95

96

97

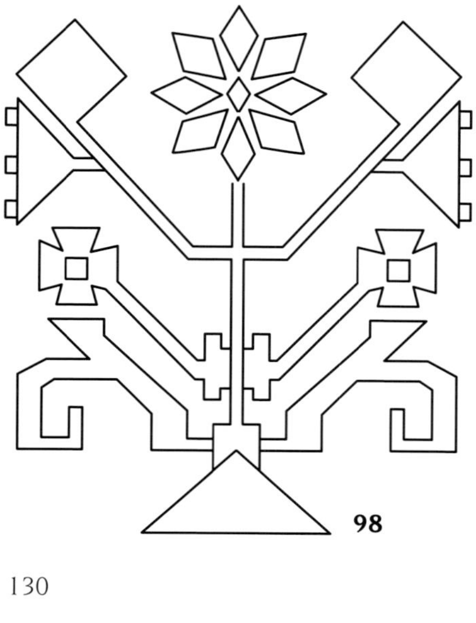

98

99

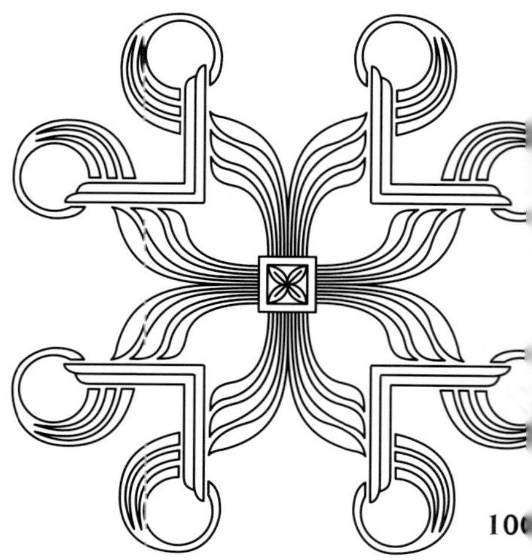

100

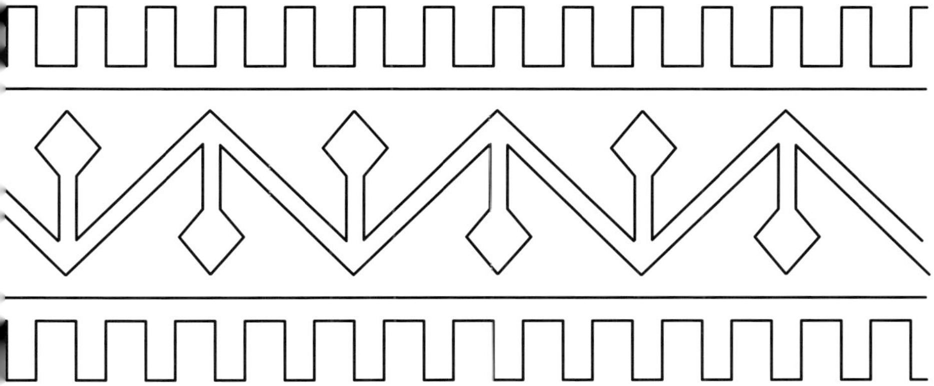

101

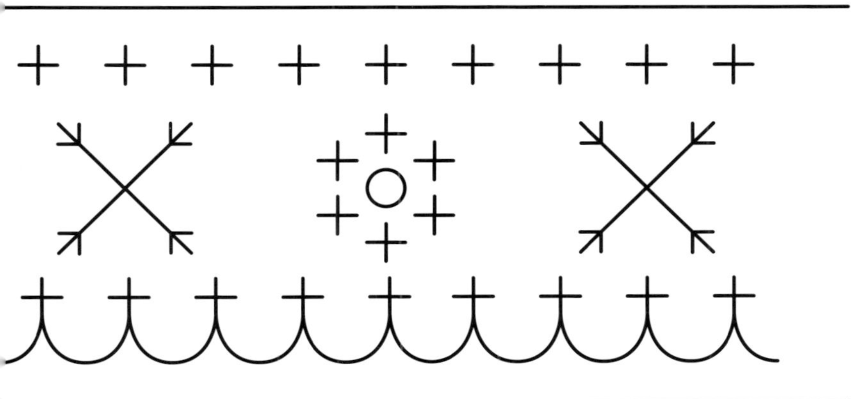

102

103

104

105

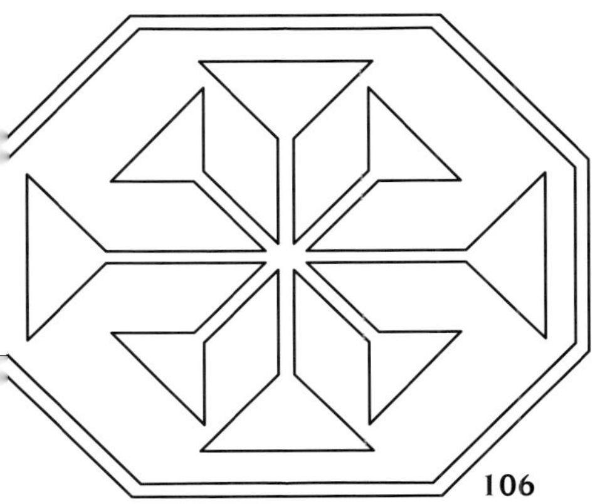

106

107

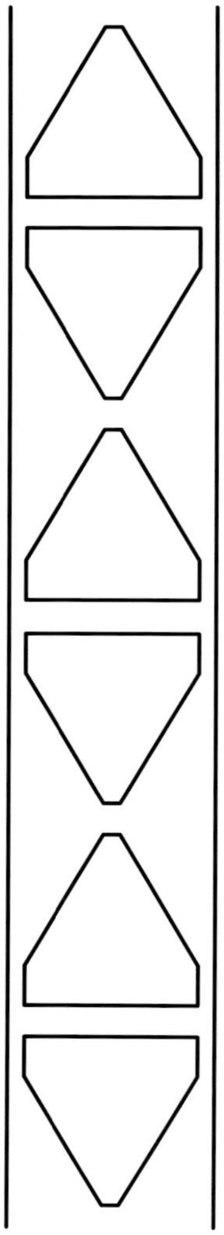

108

109

110

111

112

113

114

KELTISCHE UND BRITISCHE MOTIVE

KELTISCHE UND BRITISCHE MOTIVE

Von den verschlungenen Kurven der keltischen Motive bis zu den wunderbar naturalistischen Mustern von William Morris bieten britische Motive eine unglaubliche Vielfalt. Die Kelten, Ureinwohner des westlichen Mitteleuropa, gelangten um 250 v. Chr. nach England. Ihr Kunsthandwerk reicht zurück bis ins 5. Jahrhundert v. Chr. Seine Hochblüte erlebte es im 7. Jahrhundert n. Chr. mit faszinierend ausgestalteten Manuskripten und kunstvoll verzierten Metallarbeiten. Im Mittelalter gingen die meisten künstlerischen Impulse von der Kirche aus. Zu den Höhepunkten späterer Jahrhunderte gehört die Stickerei des jacobinischen Zeitalters und georgianische Seidenweberei und Porzellanmalerei – alle drei in ihrer Eleganz typisch britische Stilrichtungen.

SCHALE AUS PAPPMACHÉ

Diese edle Schale wirkt wie ein ganz modernes Stück kunsthandwerklicher Keramik. Das Motiv jedoch stammt aus dem 1300 Jahre alten Book of Lindisfarne, einem berühmten irischen Manuskript aus dem späten 17. Jahrhundert. Der äußere Teil der Bemalung ist eine Wiederholung des inneren Bereiches. Die Schale wurde zuerst weiß grundiert, dann wurden die Kreise in Rosa und Gelb aufgemalt. Nach dem Trocknen wurden die grünen Ranken auf dem rosa Grund sowie die grünen Flächen auf dem Rand gemalt. Zum Schluss wurden braune Konturen hinzugefügt.

Kreis- und Rankenmotiv siehe Seite 137 (Nr. 4)

Vierblättrige Rosette siehe Seite 137 (Nr. 3)

CHABLONEN-WANDMALEREI

eltische Motive wie diese vierblättrige Rosette sehen großartig aus, wenn an sie zu einem Rapport auf einer Wand oder dem Fußboden zusamenfügt. Das Motiv stammt von einer keltischen Lackarbeit. Bis auf e kleinen rosa Kreise wurden alle Farben mit einer einzigen Schabne aufgetragen. Im Hauptmotiv verläuft das Olivgrün langsam zu enfgelb und dann zu einem zarten Roséton hin. So wirkt das otiv weicher und abwechslungsreicher.

ESTICKTES KISSEN

Jas könnte einfacher sein als dieses zweifarbige Kreismuster, n Knötchenstich auf reines Leinen gestickt? Das Motiv ist ne vereinfachte Version eines Hintergrundmusters aus nem fast 1000 Jahre alten reich verzierten Bibelanuskript. Mit seiner Schlichtheit passt es gut in oderne, sachliche Interieurs.

reismotiv siehe Seite 139 (Nr. 13)

Keltische und britische Motive

Blattmotiv siehe Seite 143
(Nr. 43)
Eichelbordüre siehe Seite 14
(Nr. 38)

GESTRICKTE MÜTZE

Das Blattmuster auf dem Kopfteil dieser gestrickten Mütze stammt von einer bestickten englischen Bettdecke aus dem 17. Jahrhundert, die Eichelbordüre dagegen von einem Mustertuch aus dem 18. Jahrhundert. Blattstiele und -adern sind im Stil der Originalmotive aufgestickt, passenderweise im Stielstich.

STOLA MIT SCHABLONENMALEREI

Auf dieser großen Stola sind drei Motive kombiniert. Alle stammen von Herrenwesten aus dem 18. Jahrhundert, die von Spitalfields in London aus gemusterter Seide hergestellt wurden. Für jedes Motiv wurden nur eine Schablone und eine Farbe verwendet.

Großes Blattmotiv siehe Seite 145 (Nr. 54)
Kleines Blattmotiv siehe Seite 145 (Nr. 56)
Blätterbordüre mit Kreisen siehe Seite 146 (Nr. 58)

1

2

3

5

7

6

8

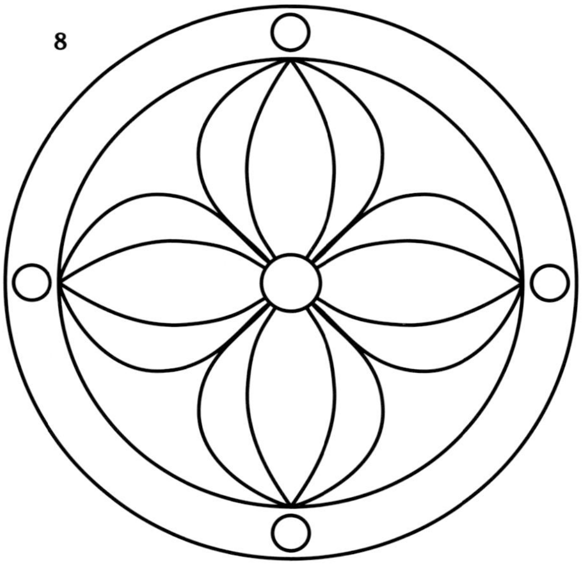

9

10

11

12

13

14

15

6

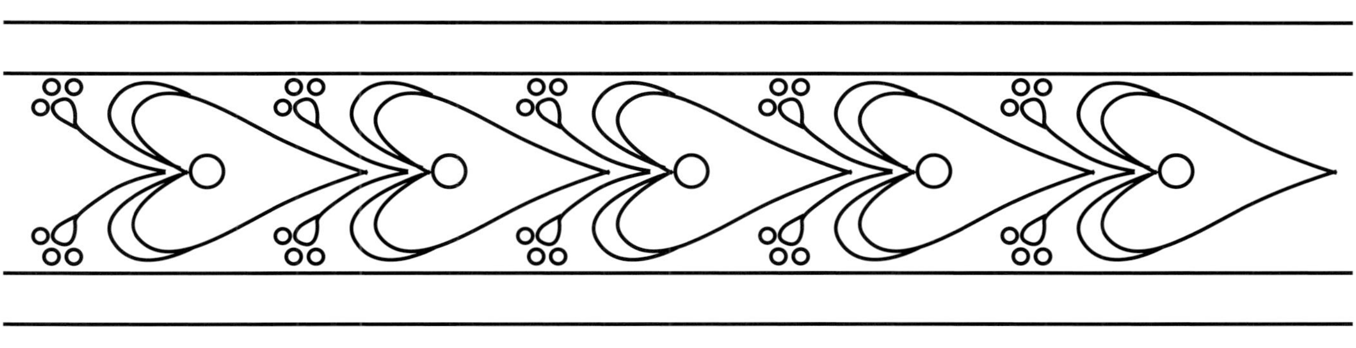

17

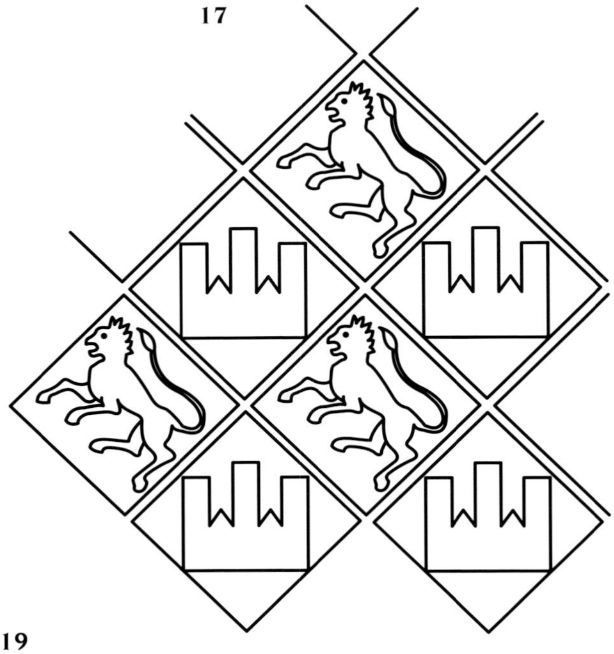

18

19

20

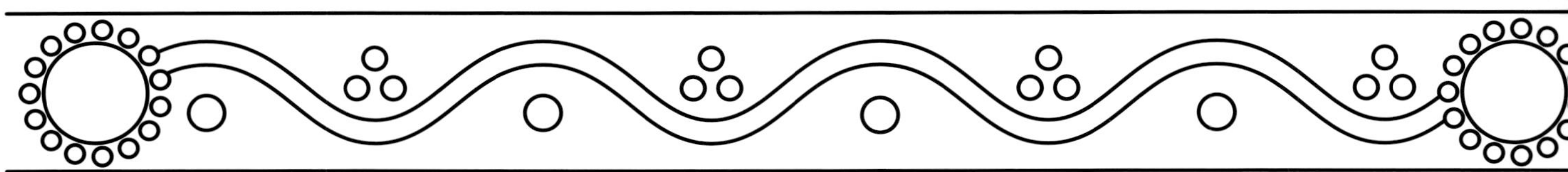

21

22

23

24

27

25

26

28

29

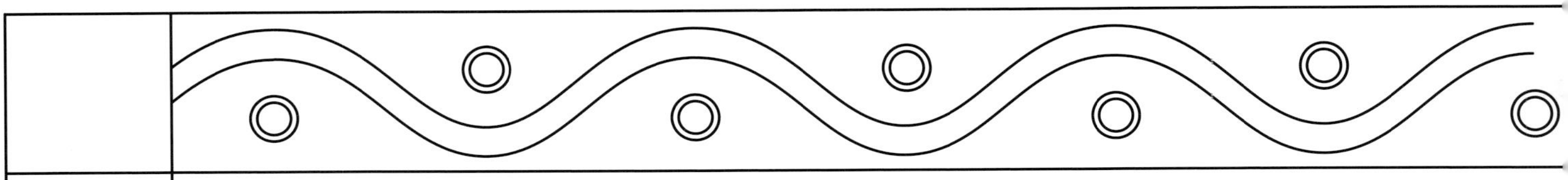

30

31

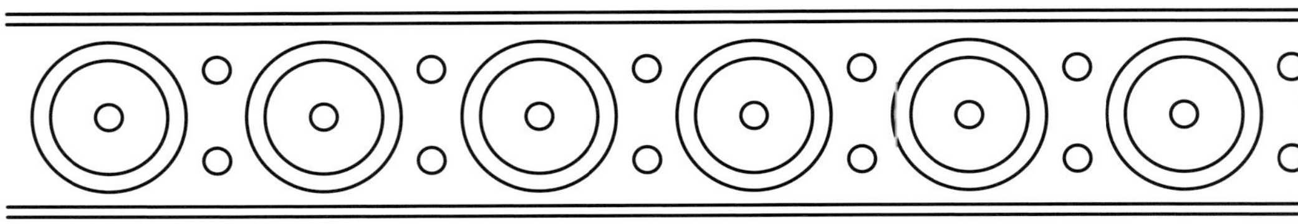

32

33

34

35

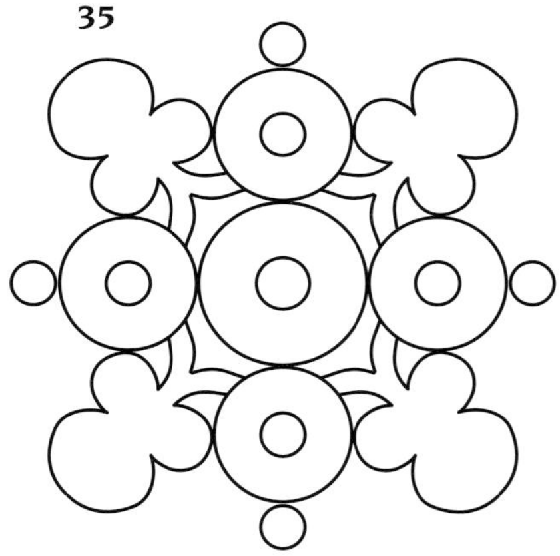

36

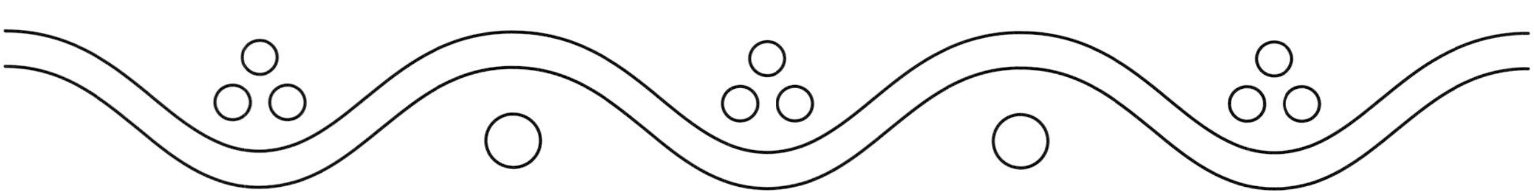

37

38

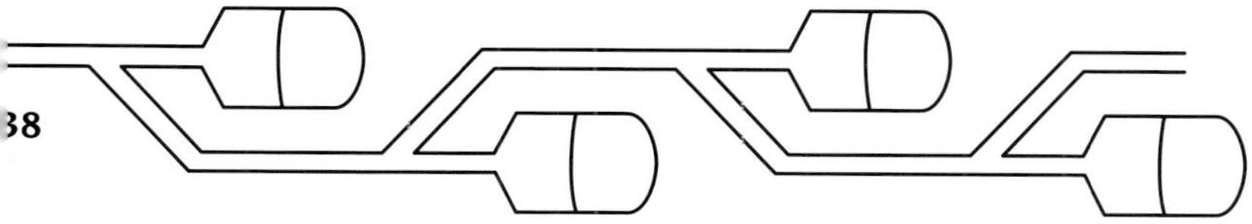

39

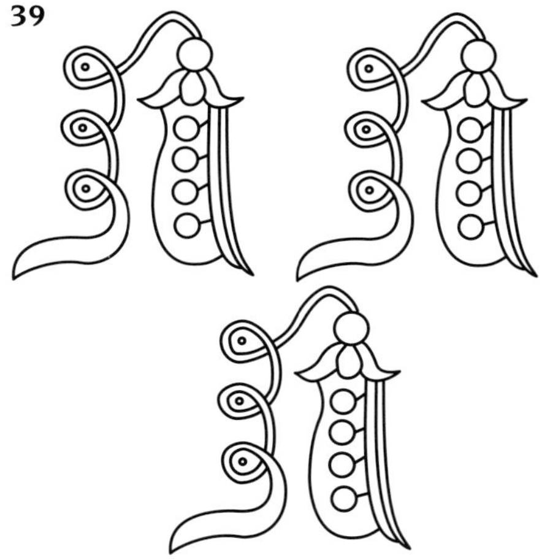

40

41

42

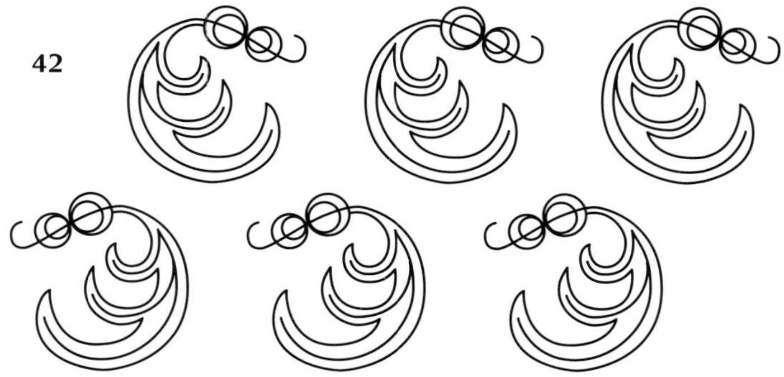

43

44

45

46

47

48

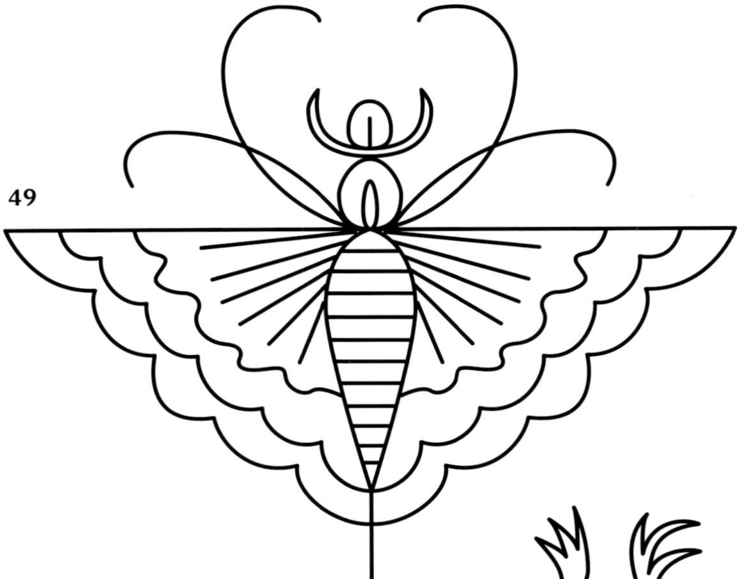

49

50

51

52

53

54

56

57

58

59

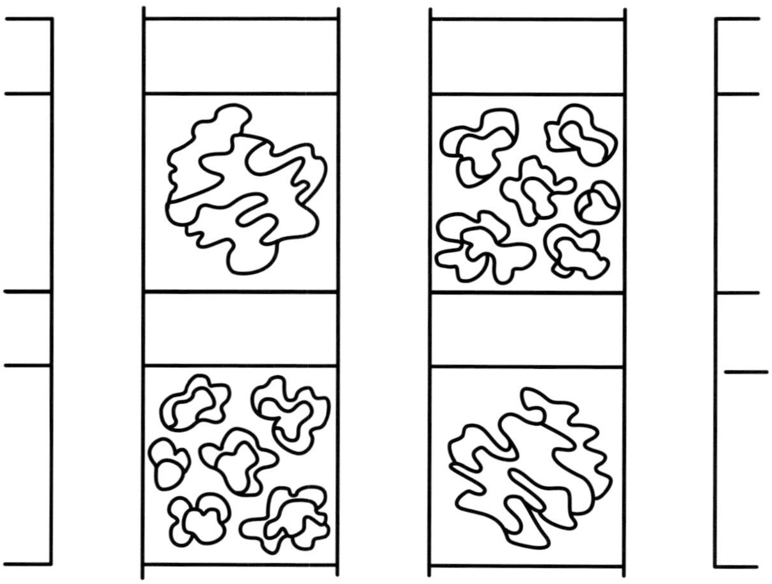

60

61

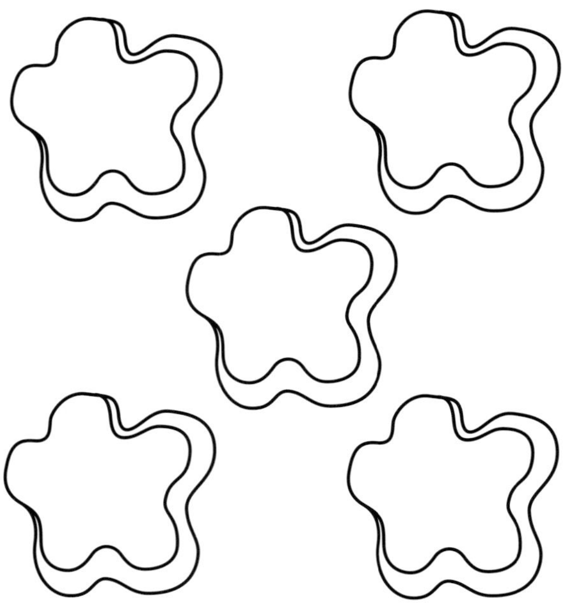

62

3

64

65

66

7

68

9

70

71

72

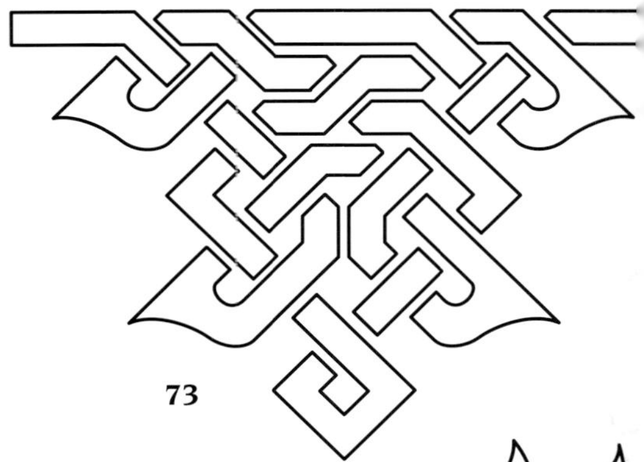

73

74

75

76

77

78

79

80

81

82

83

84

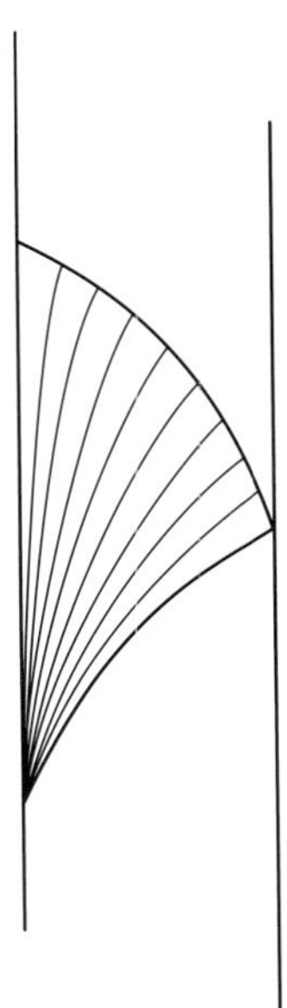
85

86

87

88

89

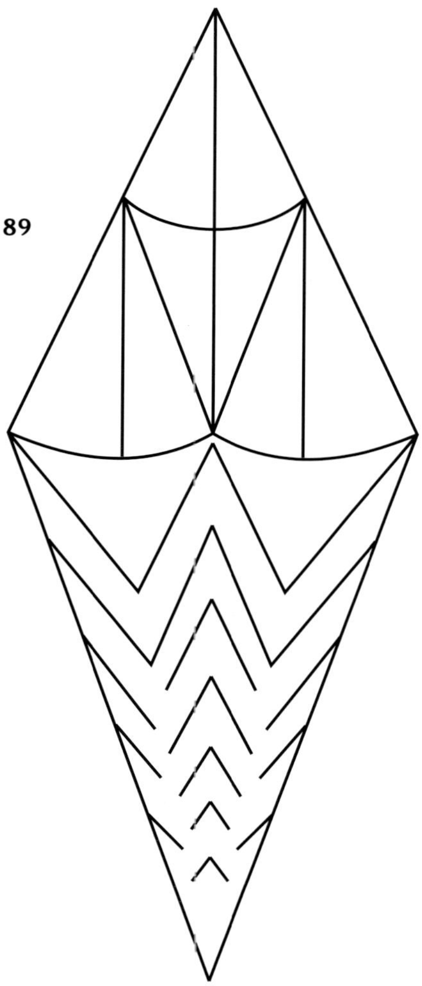

90

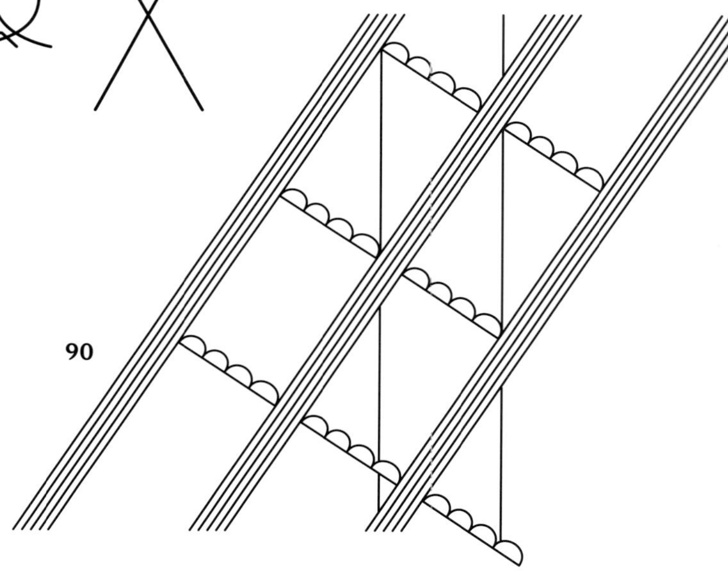

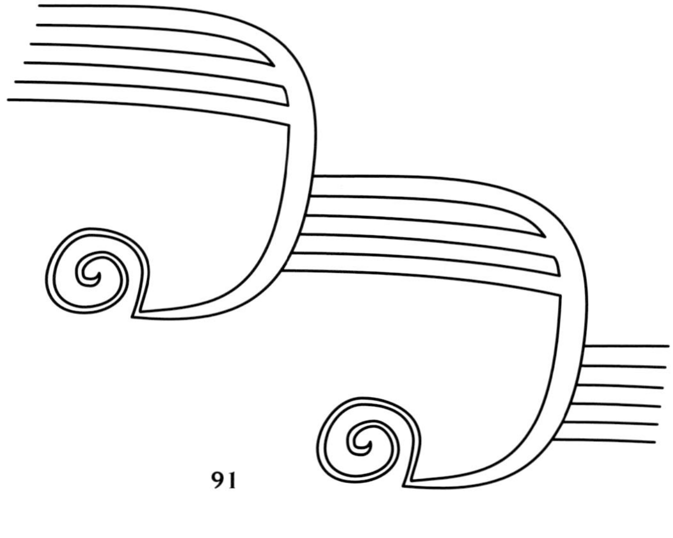

91

92

93

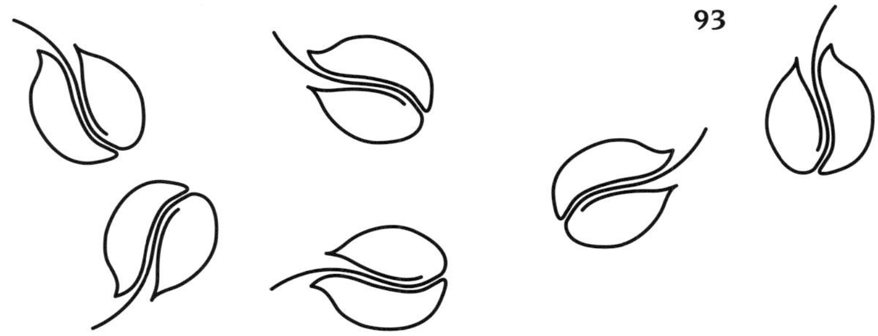

4

95

96

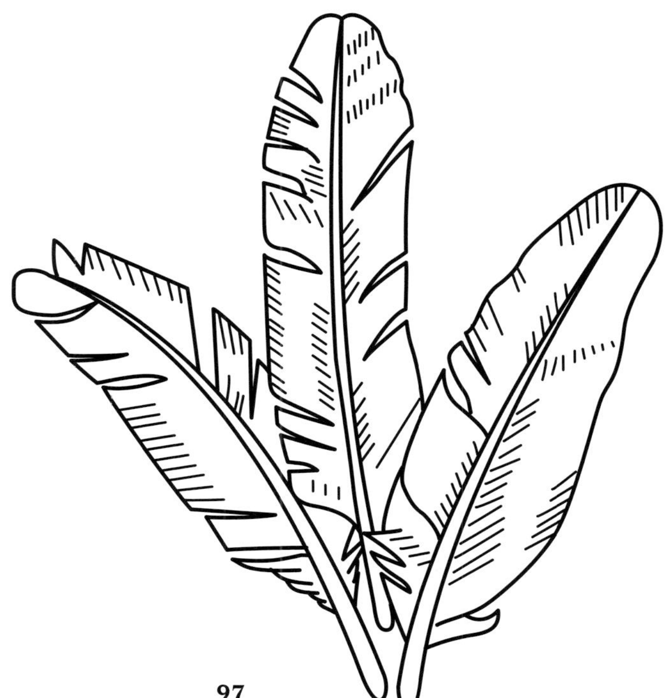

97

98

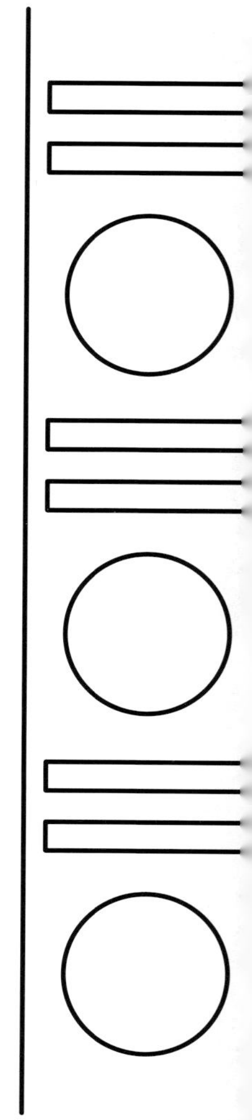

99

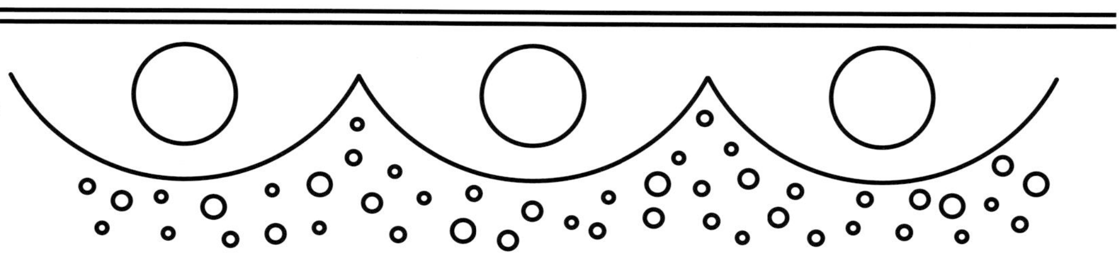

100

101

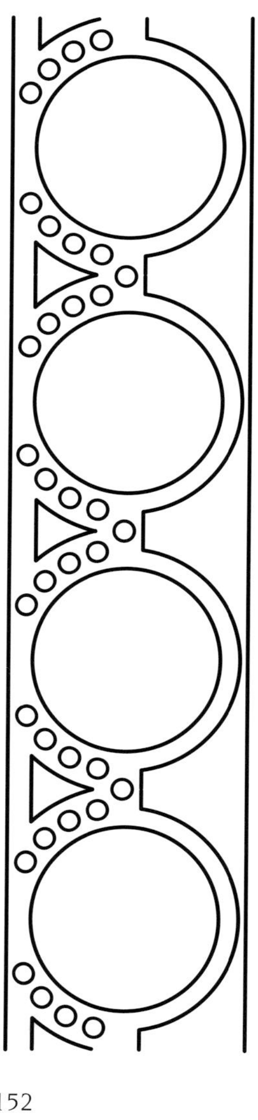

102

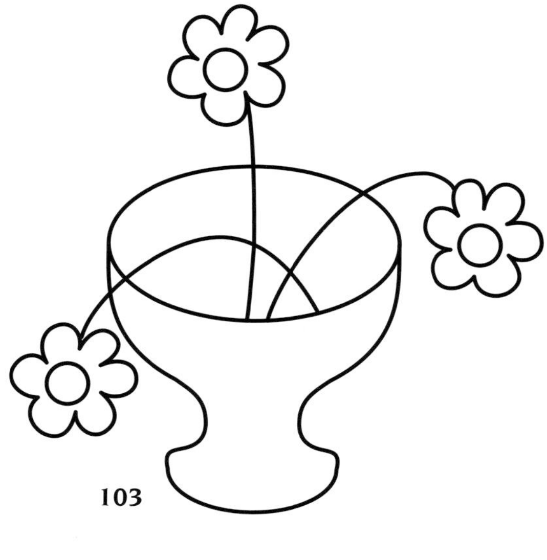

103

104

Motive aus Nordeuropa

MOTIVE AUS NORDEUROPA

Die Tradition der folkloristischen Kunst in Nordeuropa ist überaus variantenreich. Vor allem unter der ländlichen Bevölkerung waren Malereien auf Wänden und Holztäfelungen beliebt. Auch großartige Metallarbeiten und Nadelarbeiten waren verbreitet. In Polen verzierte man Glas, in Moravia bemalte man Eier, und in Ungarn gab es für jeden Anlass eine spezielle Dekoration. Viele dieser Traditionen beeinflussten die Wiener Werkstätte und das Bauhaus, aber auch den russischen Konstruktivismus zu Beginn des 20. Jahrhunderts. Tatsächlich bildet die dekorative Tradition Nordeuropas die Basis dessen, was wir heute als modernes Design bezeichnen.

KASTEN MIT SCHABLONENMALEREI

Eine antike, handbemalte Truhe aus Deutschland war das Vorbild für diesen schablonierten Kasten mit handgemalten Details. Eine Schablone diente zum Malen der Motivrahmen, eine zweite für die Blüten und Blätter.

Blütenmotiv mit Rahmen siehe Seite 159 (Nr. 15)

entier, Baum und geometrische Bordüre siehe Seite 163
Nr. 44)

PULLOVER MIT MASCHENSTICKEREI

Dieses Motiv wurde von ungarischen Hirten in die Wand eines uralten Salzstock eingeritzt. Vor allem Kinder werden daran Freude haben. Das Motiv wird, ebenso wie die geometrische Bordüre am unteren Saum, im Maschenstich auf den Pullover gestickt.

KREUZSTICH-NADELKISSEN

Der Stoff für dieses ovale Nadelkissen wurde, ganz ähnlich wie bei der Gobelinstickerei, Flächen deckend mit kleinen Kreuzstichen bedeckt. Das Motiv ist von einem antiken, kunstvoll dekorierten Ei aus Moravia in Tschechien entgeliehen.

Verziertes Herzmotiv siehe Seite 164 (Nr. 53)

Motive aus Nordeuropa

Stilisierte Blätterbordüre
siehe Seite 171 (Nr. 100 *und* 101

EIMER MIT DÉCOUPAGE-DEKORATION
Die gestickte Bordüre am Saum eines russischen Damenkostüms lieferte die Idee für diese Dekoration. Der rote und grüne Hintergrund wurde aufgemalt, ebenso die schwarz-gelben Bordüren im oberen Drittel und am unteren Rand. Die roten Formen wurden auf gelbes Papier gemalt und dann so ausgeschnitten, dass ein schmaler gelber Rand stehen blieb. Die übrigen Elemente bestehen aus gelbem und blauem Papier. Alle wurden aufgeklebt und dann mit mehreren Lackschichten versiegelt.

Huhn und geschwungene Bo
siehe Seite 168 (Nr. 84)

TABLETT MIT SCHABLONENMALEREI
Das Motiv für dieses hübsche Tablett stammt von einer rumänischen Fliese, doch weil das Tablett nicht quadratisch ist, fällt die geschwungene Bordüre an der Ober- und Unterkante weg. Eine Schablone diente zum Auftragen der Bordüren, eine zweite für das Huhn und den Tupfen-Hintergrund. Muster und Auge des Huhns wurden von Hand aufgemalt.

1

2

3

4

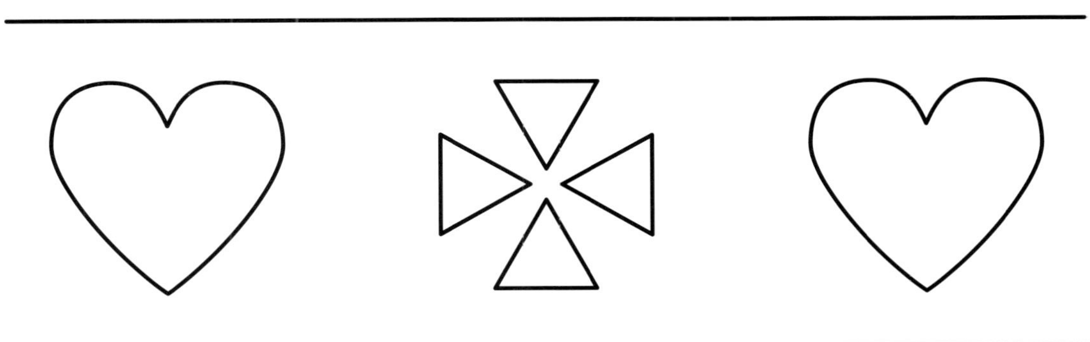

5

6

7

8

9

10

11

1

3

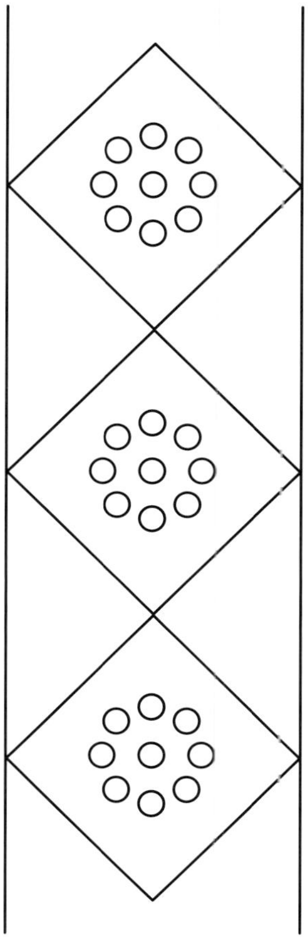

14

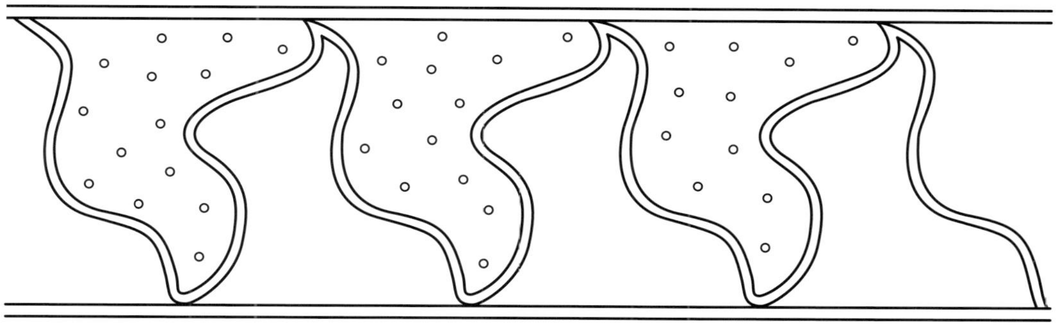

15

6

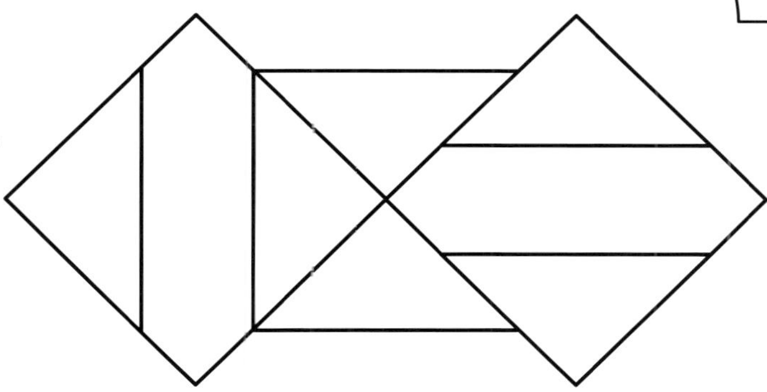

7

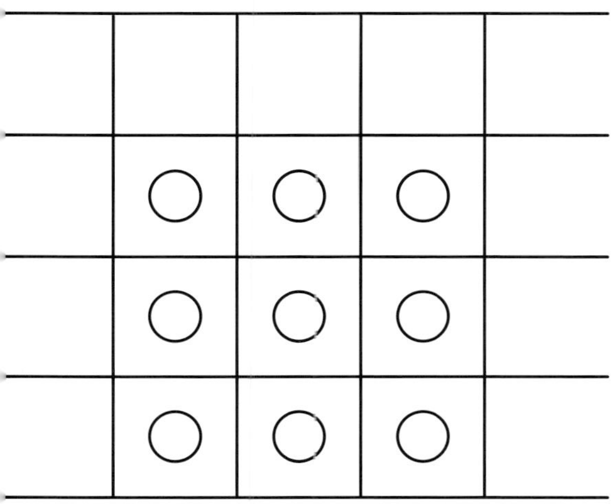

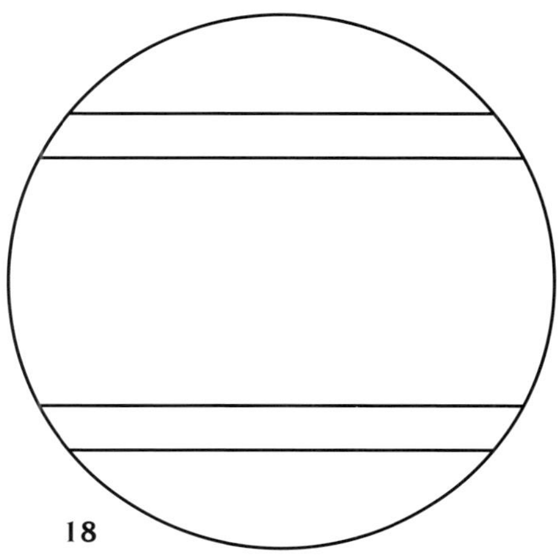

18

19

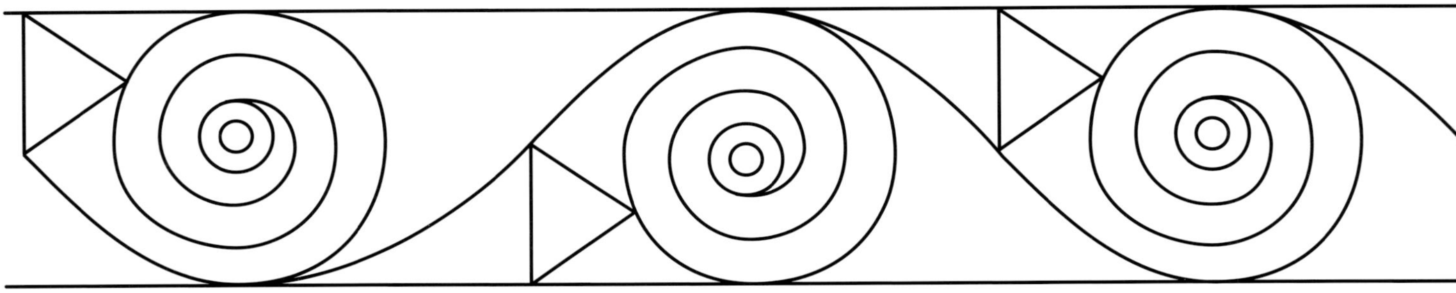

20

21

22

23

24

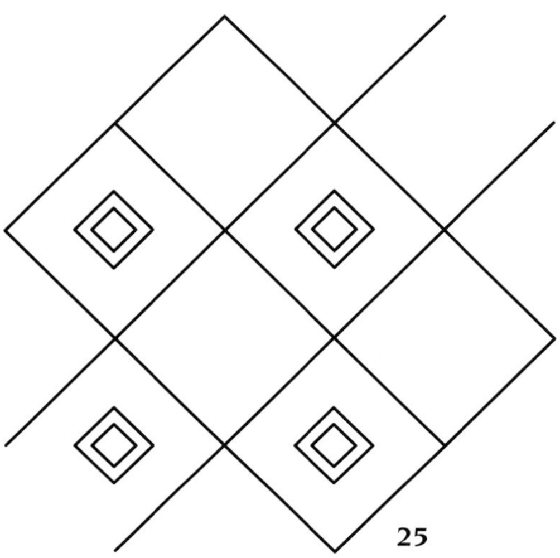

25

26

28

29

7

30

1

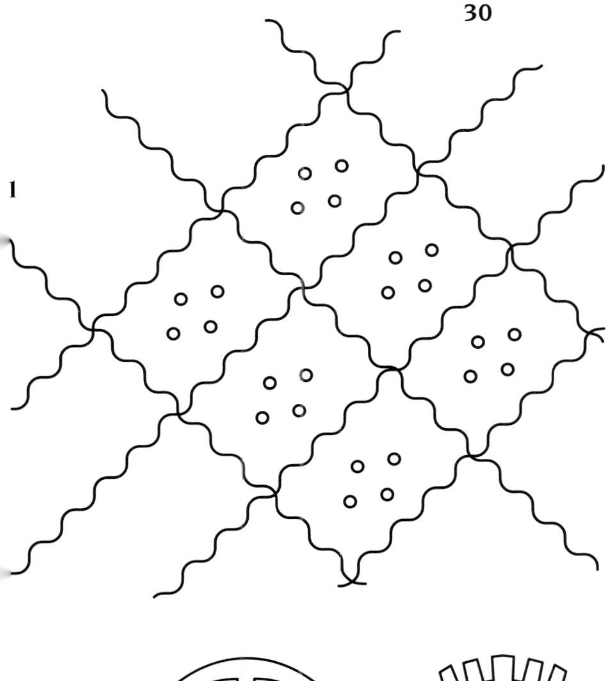

32

33

34

35

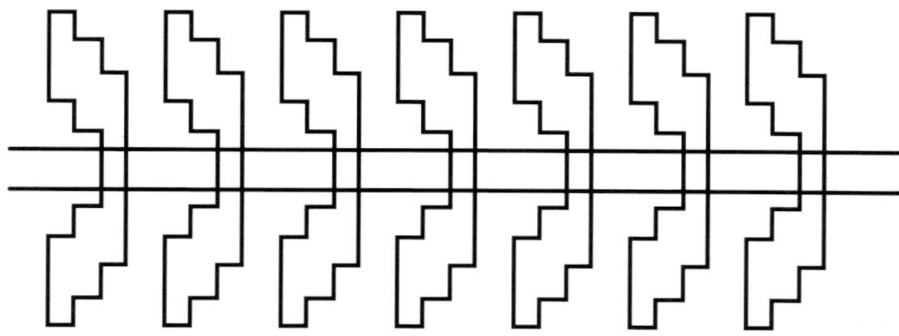

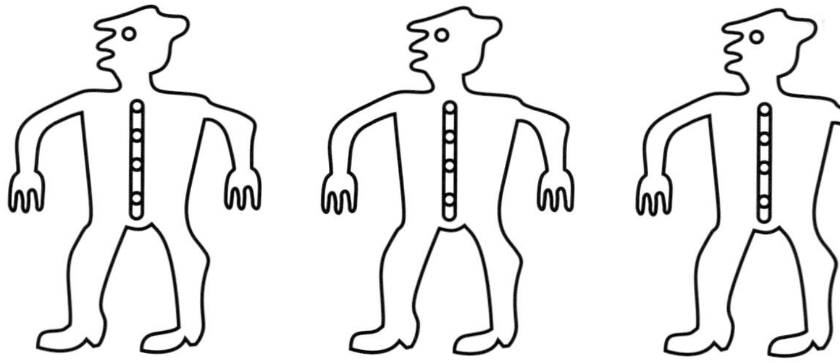

36

37

38

39

41

40

2

43

44

45

6

47

48

49

50

51

52

53

54

55

56

57

8

59

60

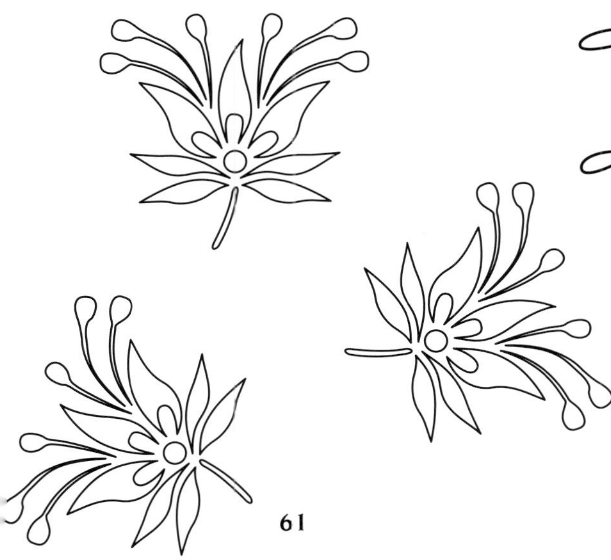

61

62

63

65

64

66

67

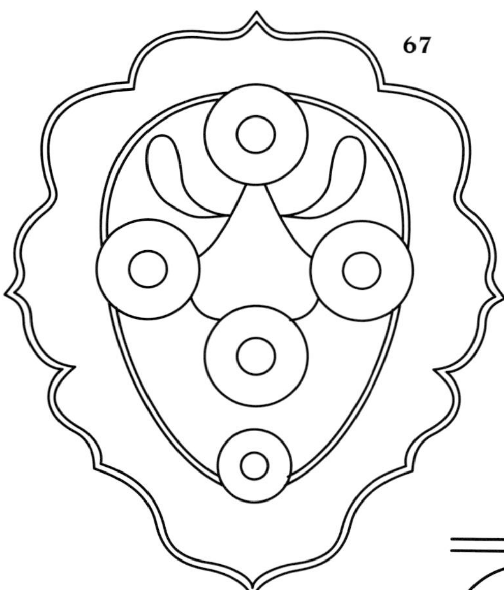

68

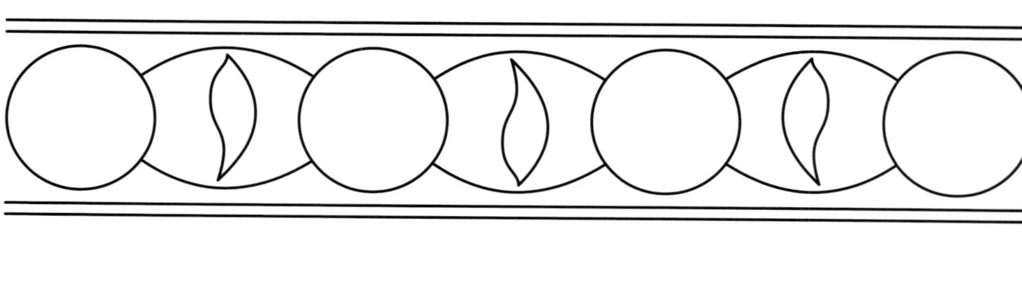

69

0

71

2

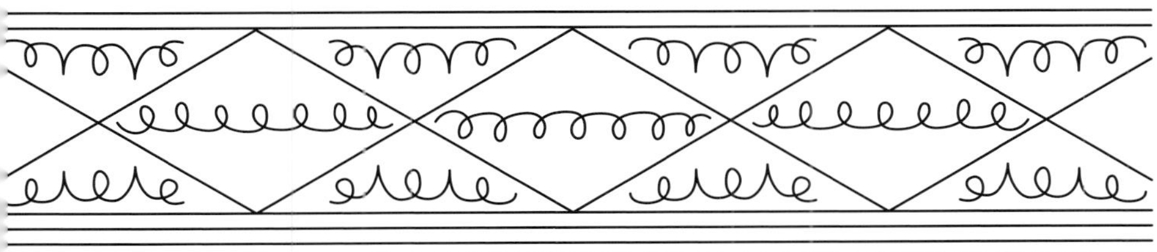

73

74

75

6

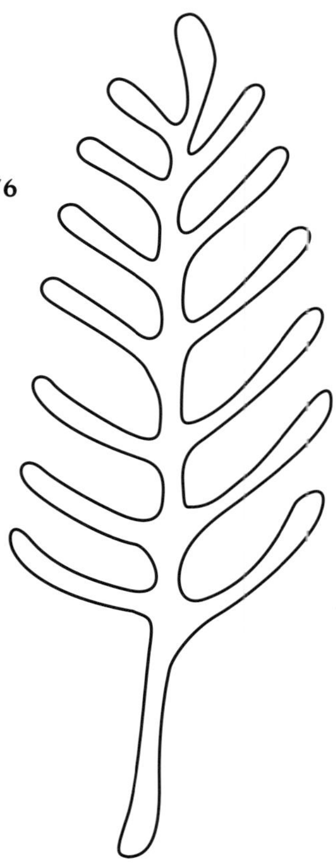

77

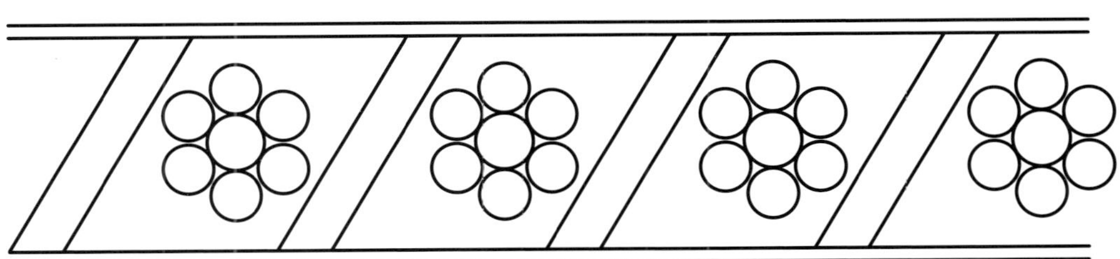

78

79

81

80

82

83

84

85

86

87

88

89

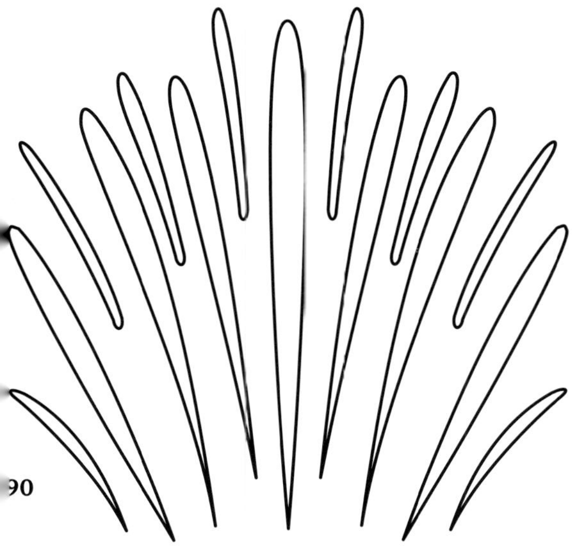

90

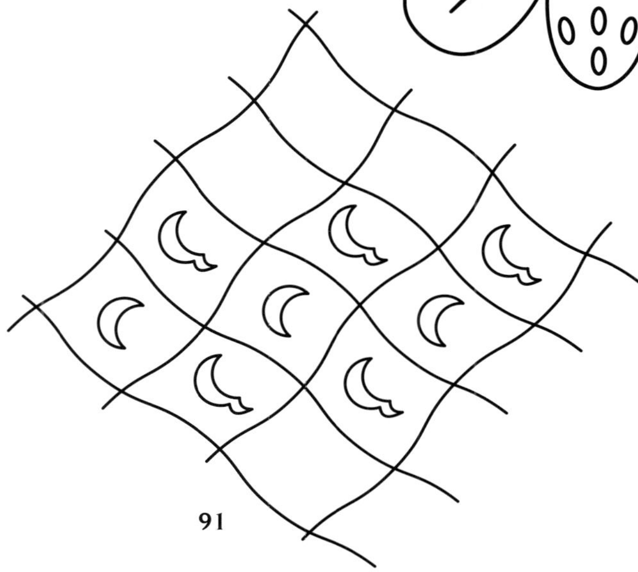

91

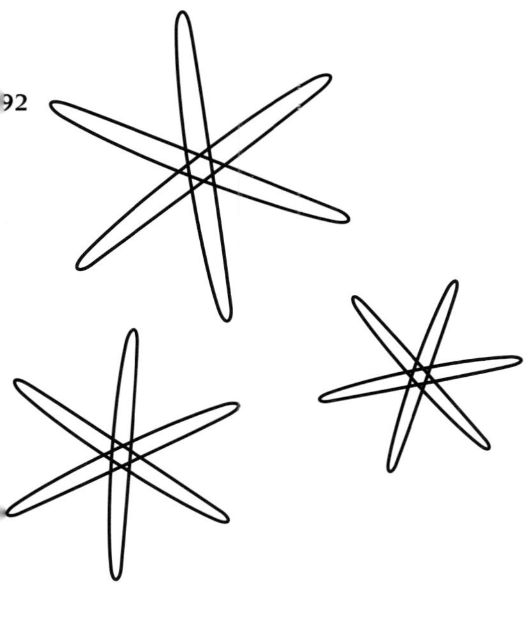

92

93

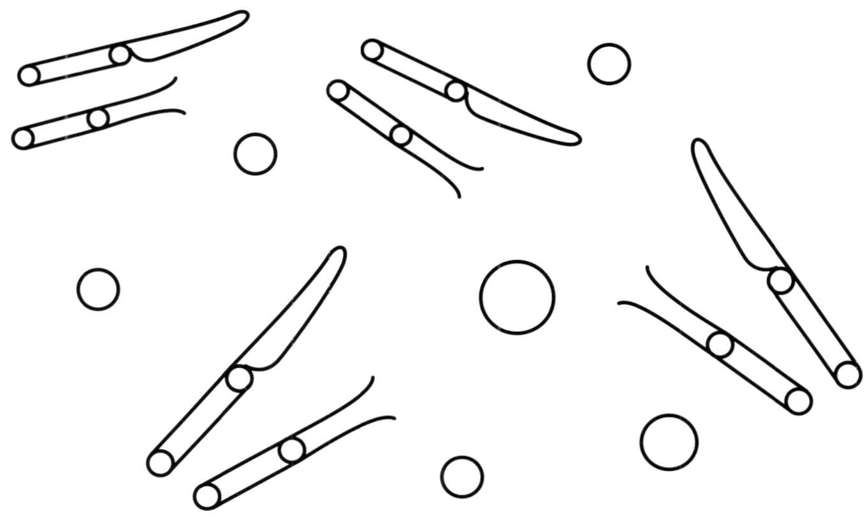

94

95

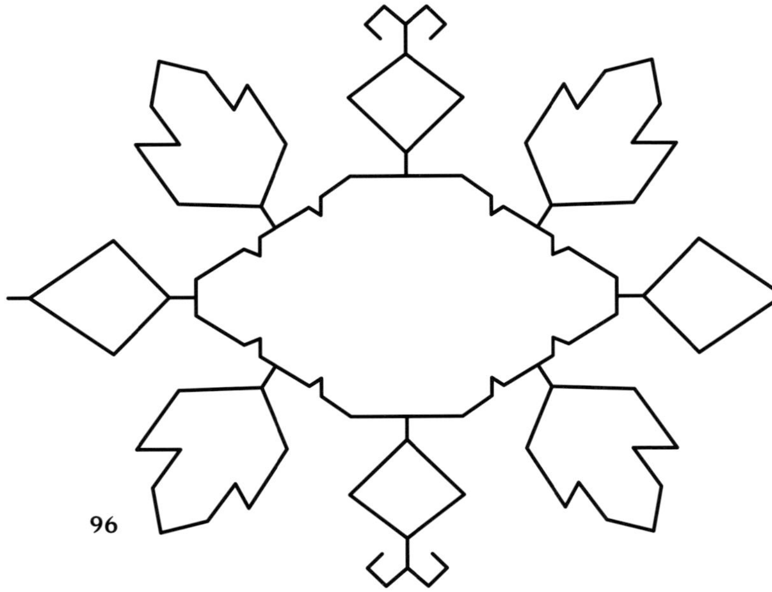

96

97

98

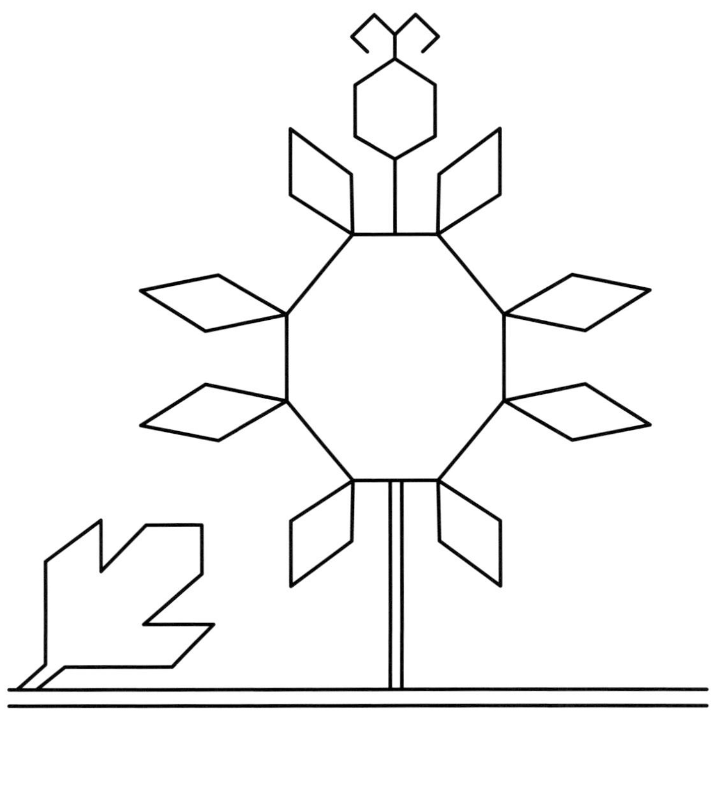

99

00

01

02

103

104

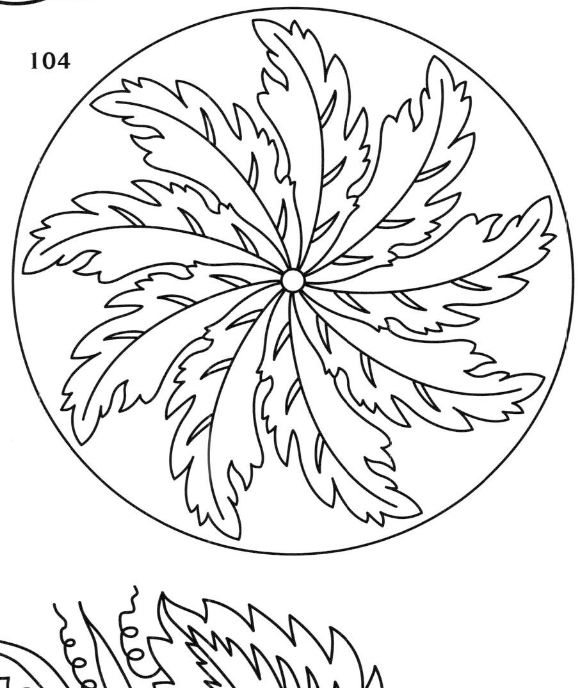

105

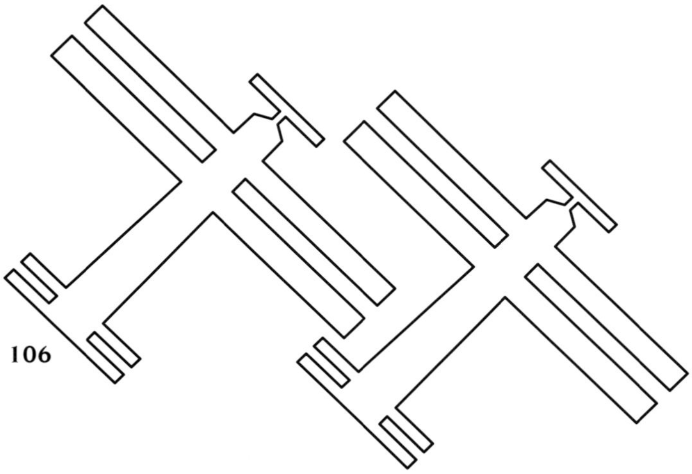

106

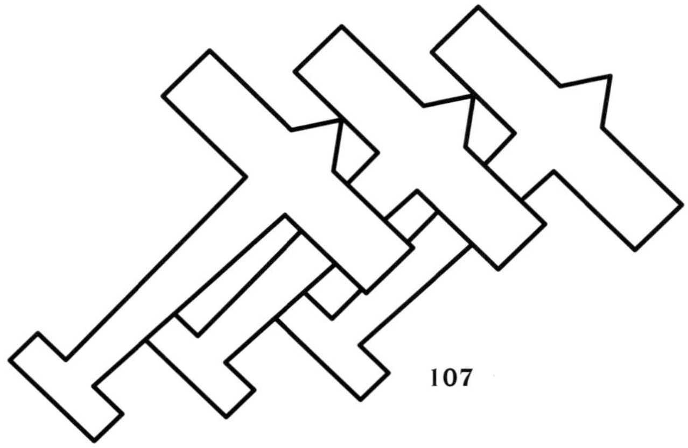

107

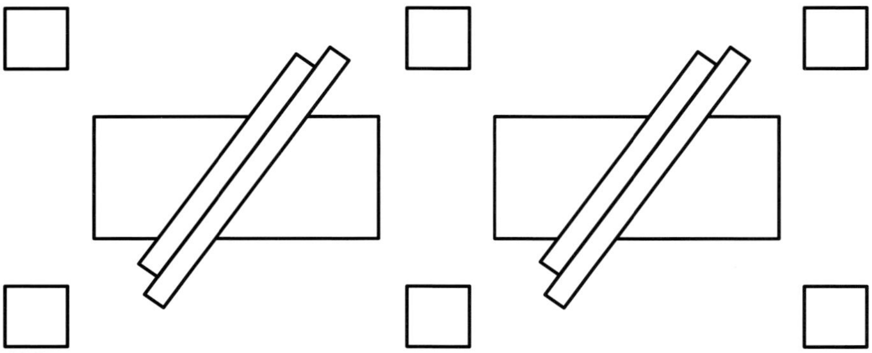

108

109

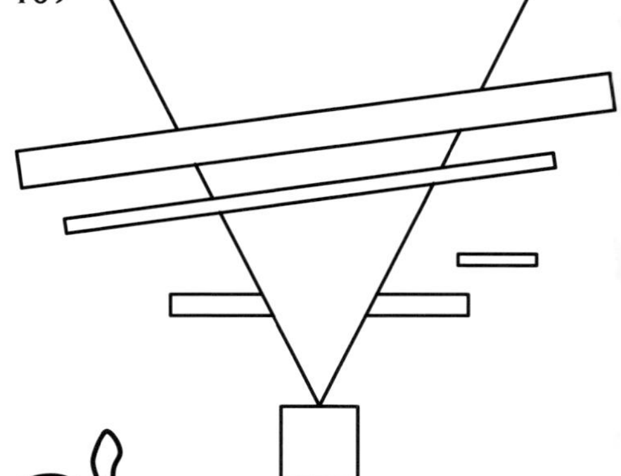

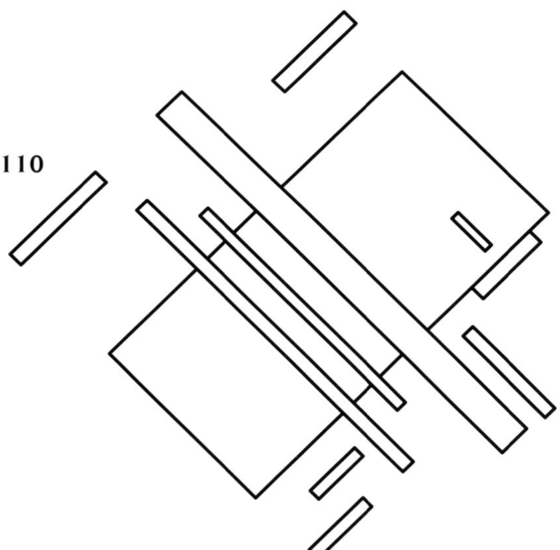

110

111

112

Motive aus Südostasien

MOTIVE AUS SÜDOSTASIEN

Indien und Pakistan quellen über vor Mustern und Farben. Bei religiösen Festen wird manchmal sogar die Erde selbst bemalt. Kaum eine Oberfläche bleibt undekoriert. Die lange und wechselhafte Geschichte des Subkontinents ebenso wie seine zahlreichen Kulturen und Religionen spiegeln sich in seiner Kunst der Vergangenheit und der Gegenwart wider. Die berühmten indischen Miniaturen sind ein reicher Fundus an großartigen dekorativen Details. Die Kleidung ist üppig und lebhaft: juwelenbesetzte Turbane, gemusterte Gewänder, umgeben von kunstvoll gefliesten Palastwänden. Sogar die Bilder selbst sind mit verschlungenen floralen Bordüren oder Streifen in Kontrastfarben eingerahmt. Wie viele andere Kunstformen dieses außergewöhnlichen Subkontinents sind diese Gemälde eine unerschöpfliche Quelle für Muster und Anregungen.

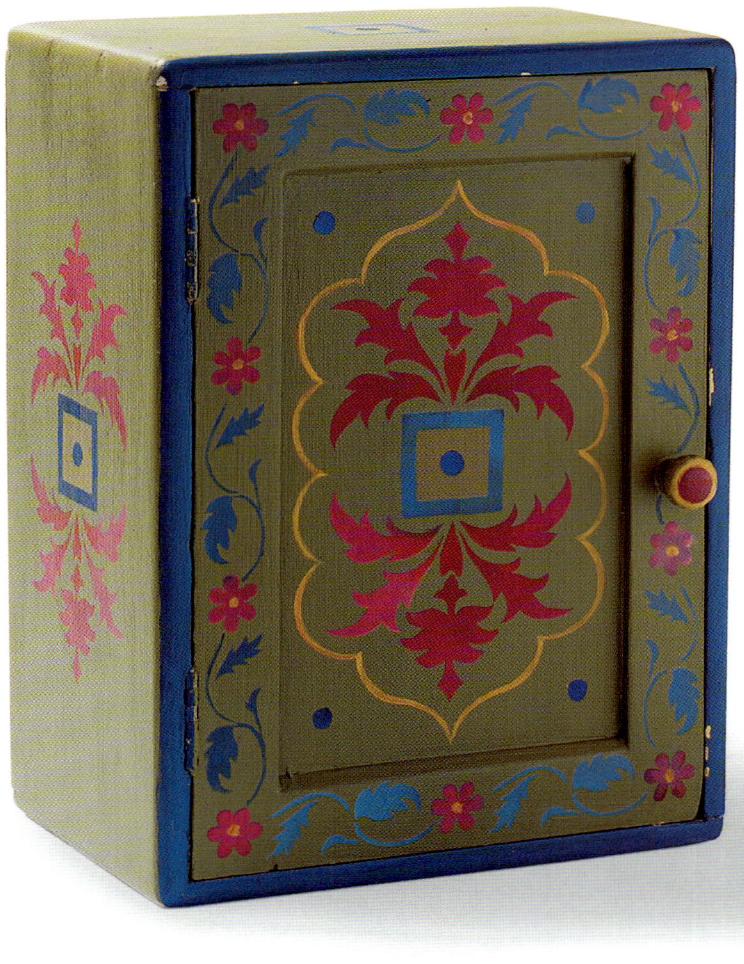

SCHRÄNKCHEN MIT SCHABLONENMALEREI

Das Motiv für dieses bemalte Schränkchen stammt von einem antiken Stoff aus dem Punjab. Eine Schablone wurde für das blaue Quadrat in der Mitte benutzt, eine zweite für die Blüten, eine dritte für die Punkte und die gelbe Bordüre, eine vierte schließlich für die äußere Ranke. Die gelben Mittelpunkte der Blumen sind handgemalt.

Inneres Motiv siehe Seite 178 (Nr. 10)
Blumenranke siehe Seite 188 (Nr. 94)

BARETT MIT APPLIKATIONEN

Die Idee für die Applikation auf dem farbenfrohen Barett geht auf eine lederne Satteldecke zurück, wie man sie in Haiderabad für Kamele benutzt. Die Formen sind aus olivgrünem Baumwollstoff ausgeschnitten, die kleinen Kreise aus gelbem Baumwollstoff. Sie sind mit feinem Maschinen-Zickzackstich auf den Filz appliziert.

Geometrische Bordüre siehe Seite 184 (Nr. 52)

Rundes Motiv siehe Seite 187 (Nr. 77)

DÉCOUPAGE-FRIES

Dieser interessante Wandfries wurde angeregt von den Fliesen im Fort Lahore in Pakistan. Die Motive wurden aus dünnem Karton zugeschnitten. Ein langer Streifen aus dunkelblau bemaltem Karton dient als Basis des Fries, er wurde auf die rote Wand aufgeklebt. Die kleineren Formen wurden aus leuchtend blau, rot und gelb bemaltem Karton ausgeschnitten. Um die Struktur interessanter zu gestalten, sind die Pinselstriche sichtbar geblieben. Mehrere Lackschichten versiegeln den Fries.

Motive aus Südostasien

Blüten-Spiralbordüre siehe Seite 188 (Nr. 89)

BESTICKTER UMHANG

Einen spezielle Technik der indischen Volkskunst, ‚Pat'-Malerei genannt, ist die Grundidee für diesen bestickten Umhang aus weich angerauter Baumwolle. Das Motiv wurde in Ketten- und Margeritenstich gearbeitet.

SPIELZEUGKISTE MIT SCHABLONENMALEREI

Die Motive stammen von einem Manuskript aus Rajasthan um 1630 und einer Elefantensatteldecke aus der Gegend von Dacca. Eine Schablone wird für die Elefanten benötigt, eine weitere für die Satteldecken, eine dritte für die Blätter zwischen den Elefanten und eine vierte für die Bordüre auf dem Deckel und den Seiten der Truhe. Details sind mit der Hand hinzugefügt.

Elefantenmotiv siehe Seite 180 (Nr. 25)
Bordüre aus Blüten und Blättern siehe Seite 188 (Nr. 94)

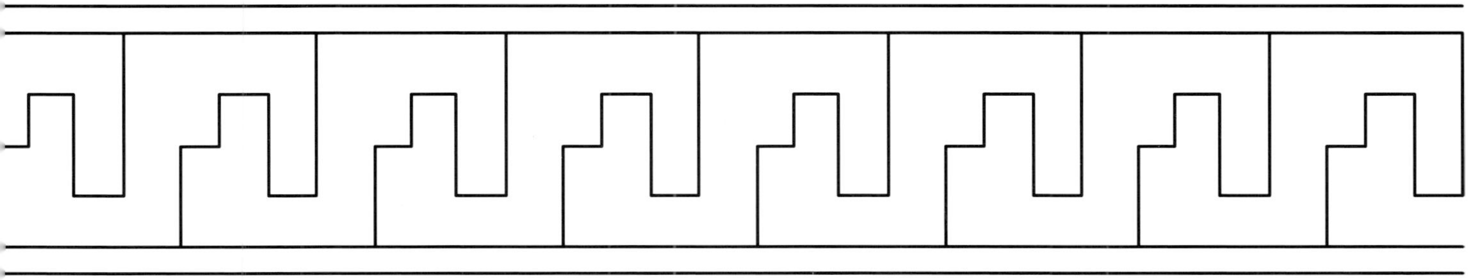

3

4

5

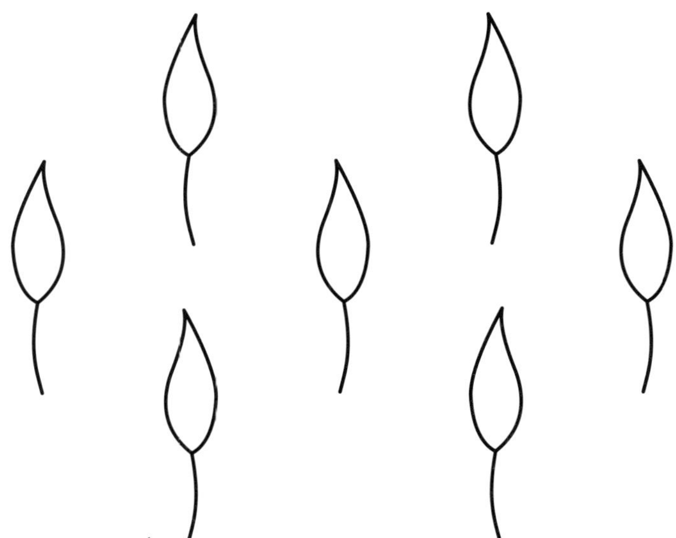

6

8

9

10

11

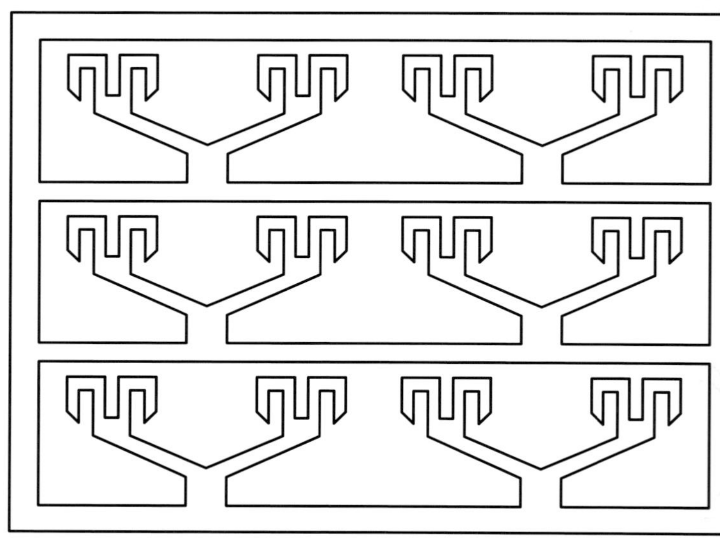

12

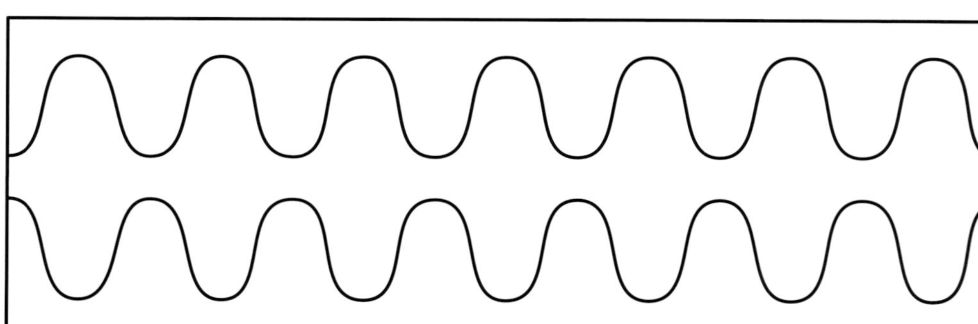

13

14

5

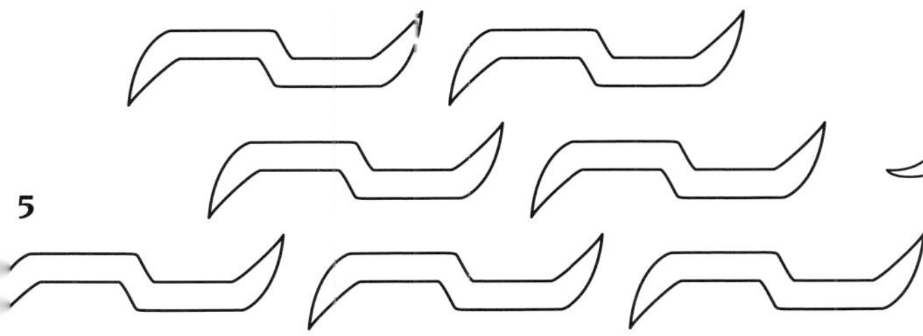

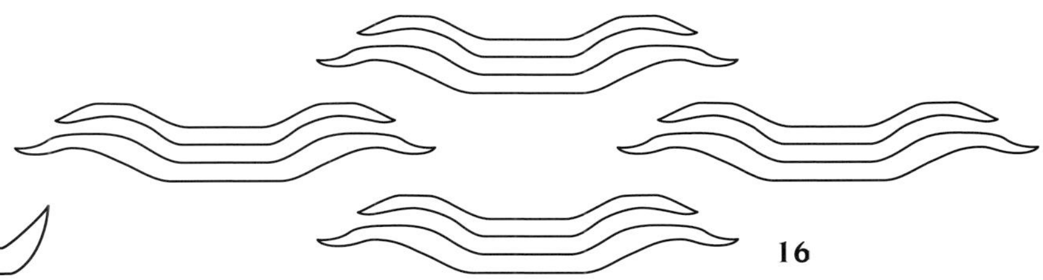

16

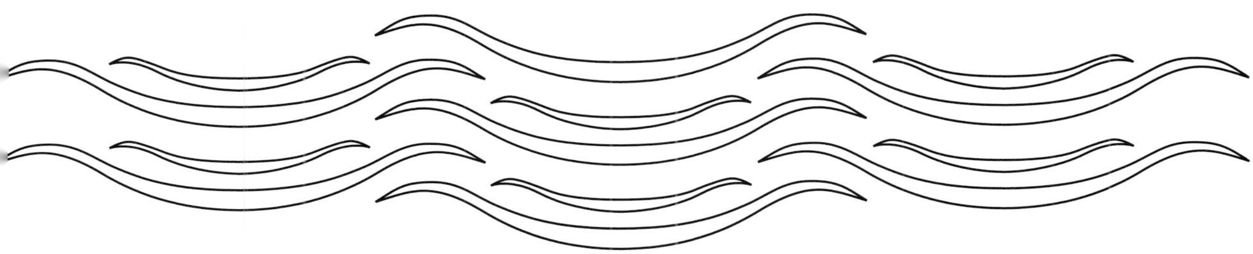

17

18

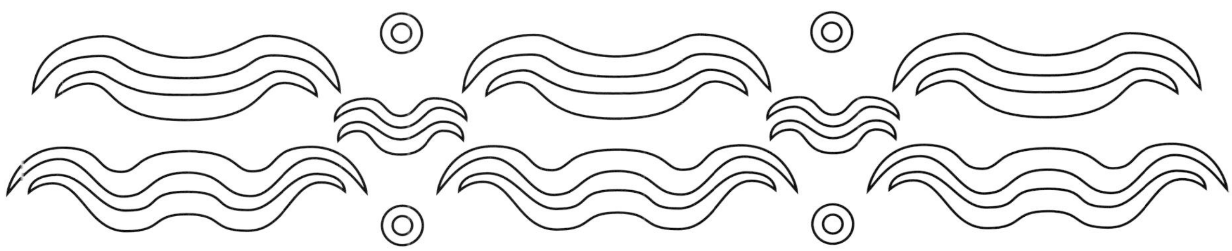

19

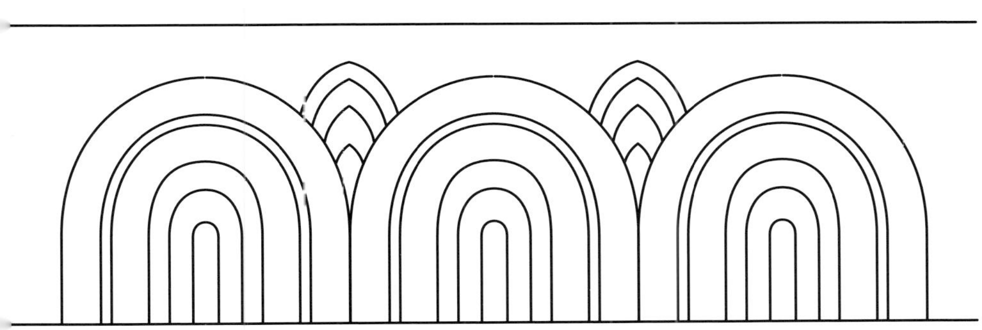

20

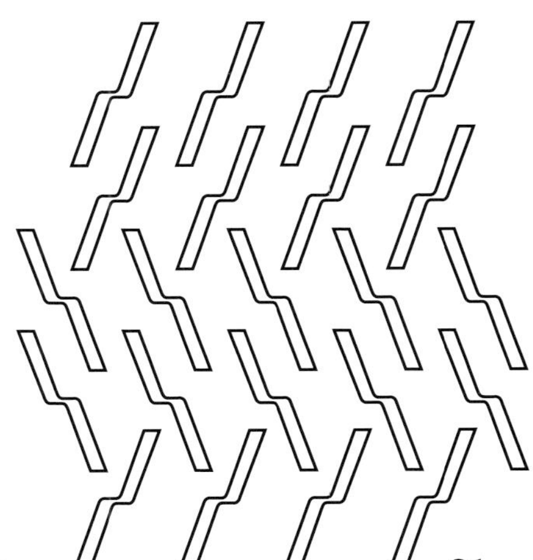

21

22

23

24

25

26

2

27

28

30

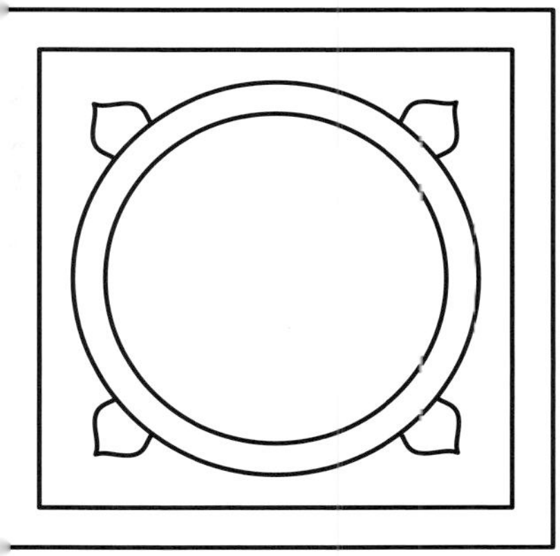

1

32

33

34

35

36

37

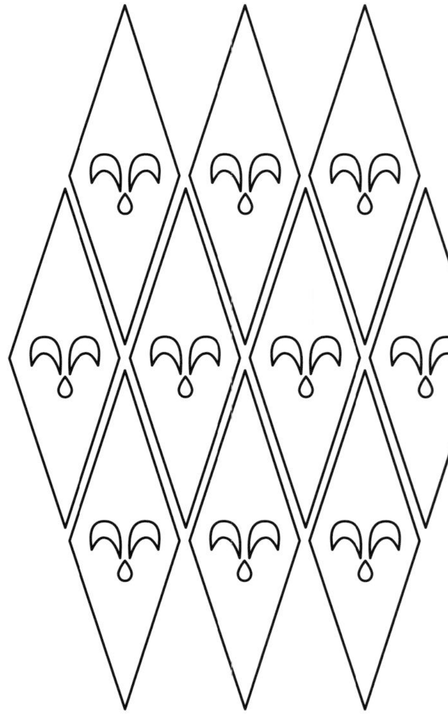
38

39

40

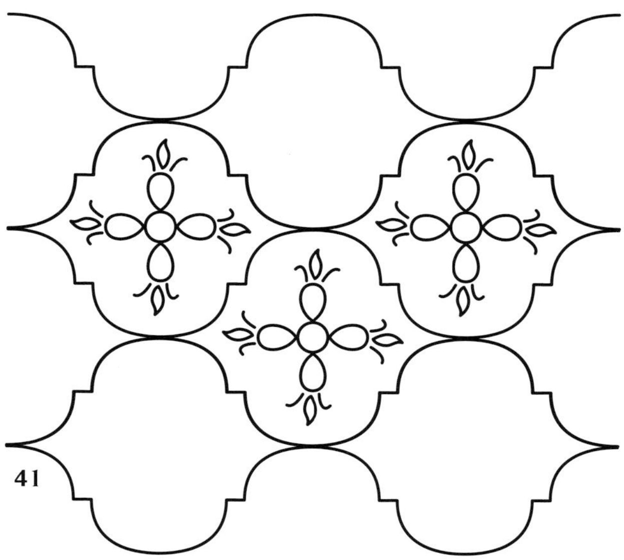
41

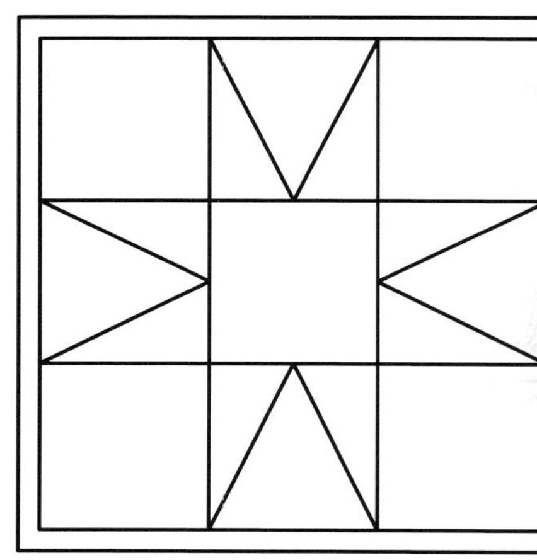
42

43

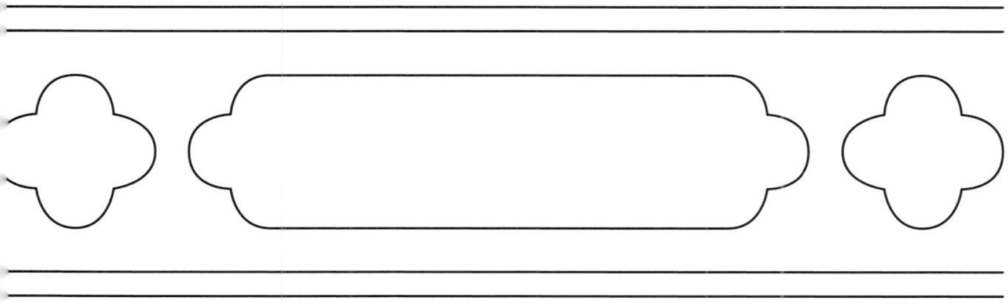

44

45

46

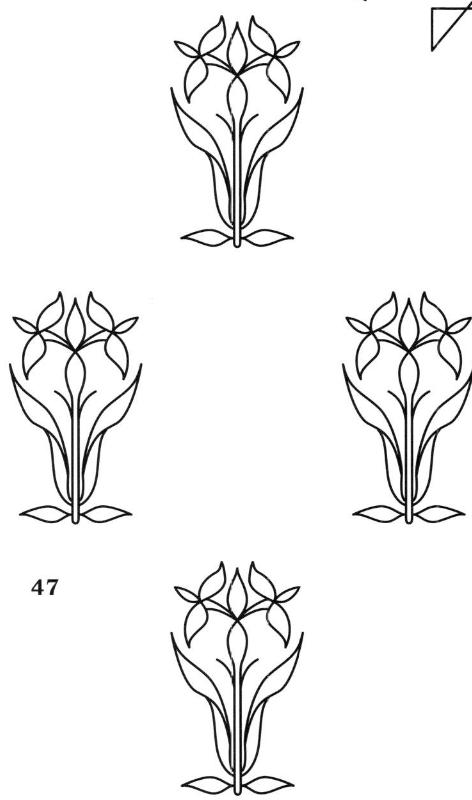

47

48

49

50

51

52

53

54

55

56

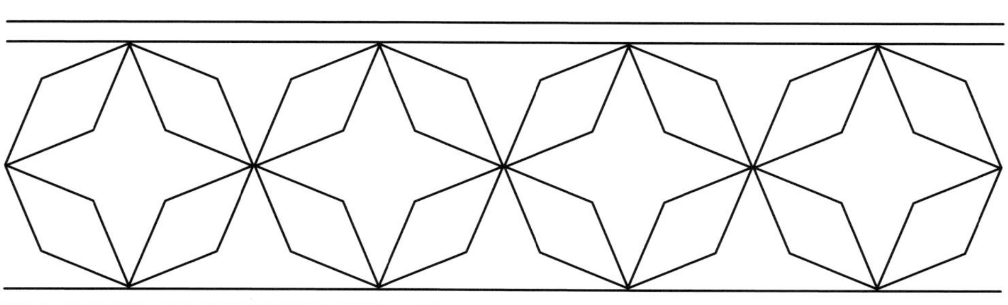

57

58

59

60

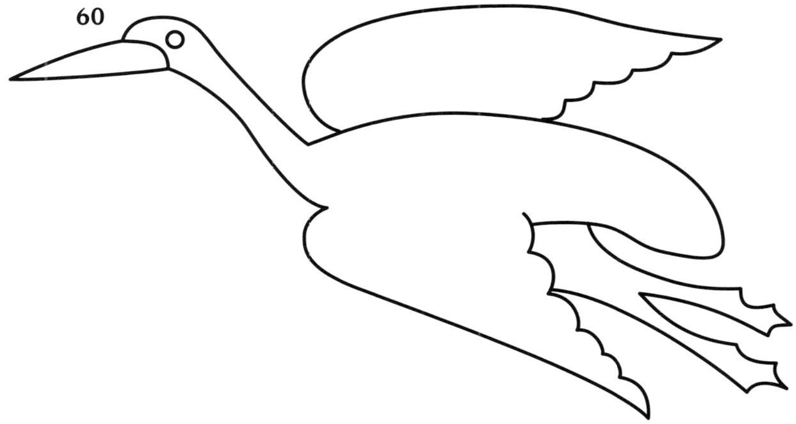

1

62

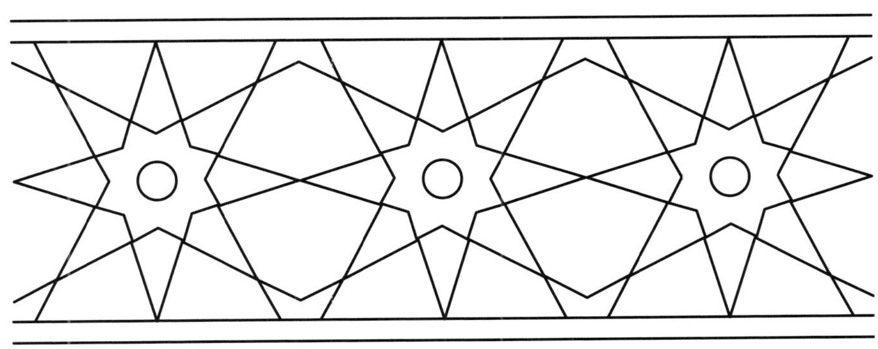

63

64

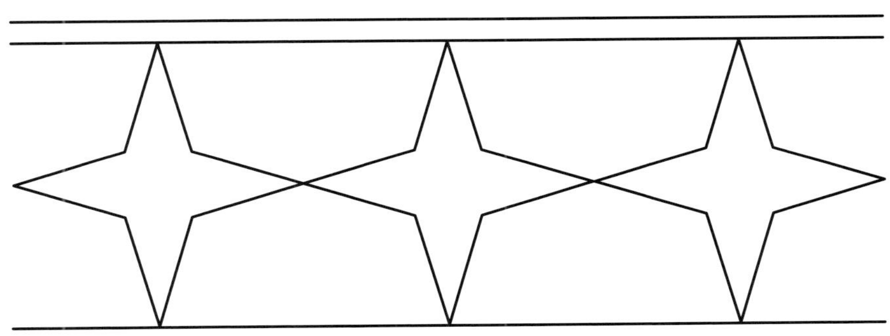

65

66

67

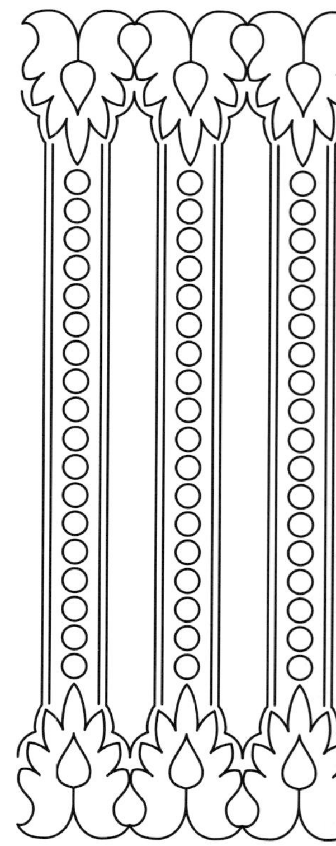

68

69

70

71

72

73

74

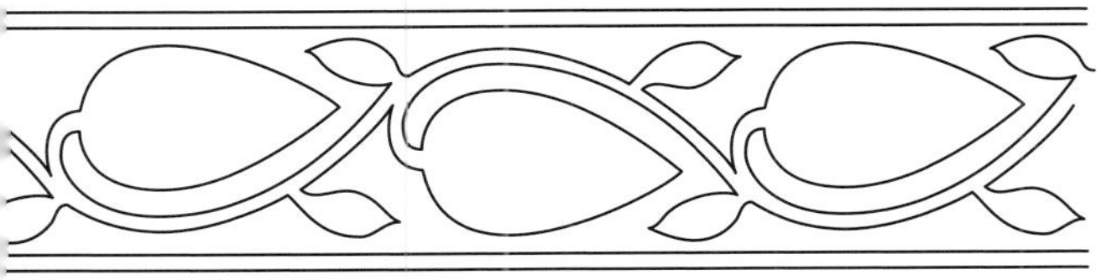

75

76

77

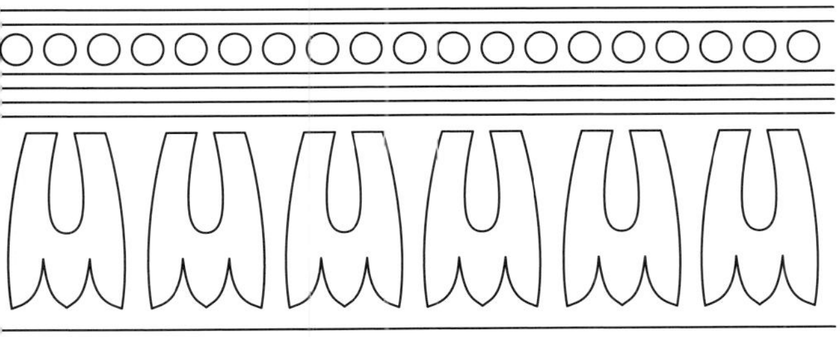

78

79

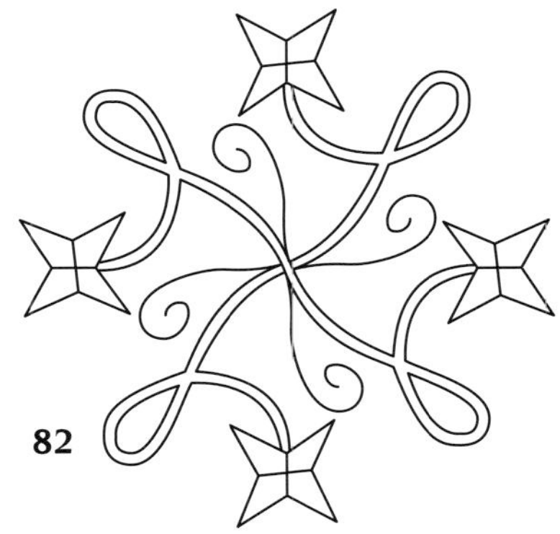

82

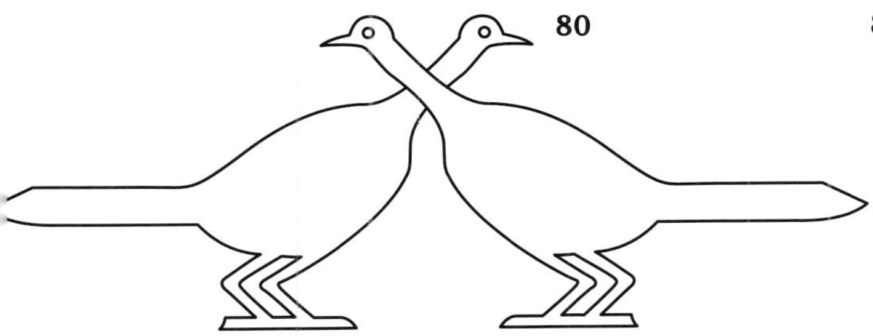

80

81

83

84

85

86

87

88

89

90

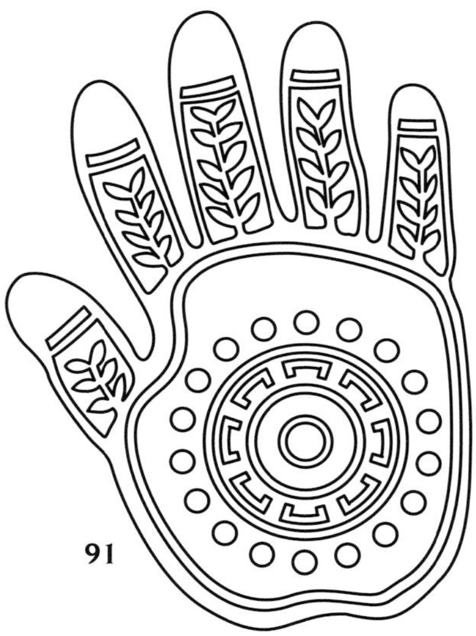
91

92

93

94

95

96

97

98

99

00

101

02

103

104

105

106

107

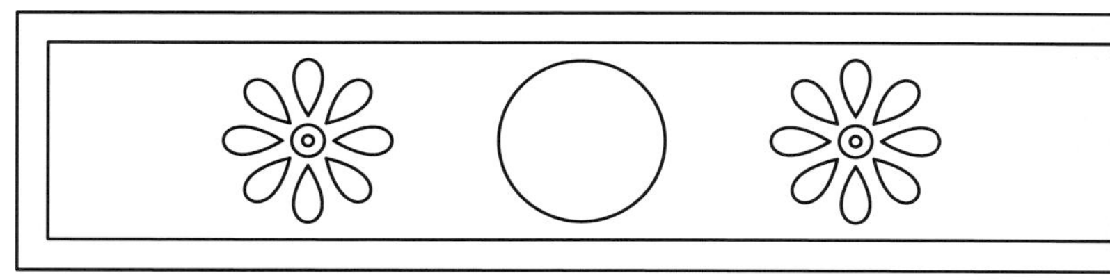
108

109

110

111

112

113

114

115

OTIVE AUS NORD- UND SÜDAMERIKA

MERIKAS UREINWOHNER

Fries, 19. Jahrhundert, Woodland-Indianer, roße Seen. **2.** Modernes Design, Große Seen. Utami-Stamm, British Columbia. **4.** Südliche roße Seen. **5.** Ungara-Indianer, Hudson-Bucht. Haida-Stamm, Kanada. **7.** Östliche Woodnds. **8.** Östliche Woodlands. **9.** Colorado. **).** Decke, Comanchen. **11.** Östliche Woodlands. **2.** Yuma-Stamm, Colorado. **13.** *siehe* 12. **14.** *siehe* . **15.** *siehe* 12. **16.** Bordüre aus Casas Grandes. **7.** *siehe* 16. **18.** Hemd, Arapaho-Indianer. **9.** Strohkasten, Hopi-Indianer. **20.** Motiv aus em 19. Jahrhundert, kanadische Indianer. **1.** Pueblo-Schale. **22.** *siehe* 21. **23.** Motiv aus em 20. Jahrhundert. **24.** *siehe* 16.

ORDAMERIKANISCHE FOLKLORE

5. Rosenbordüre. **26.** Grabstein, Neu-England. **7.** Manuskript, Pennsylvania. **28.** Quilt, Baltiore. **29.** Tischdecke, 19. Jahrhundert. **30.** Stuhl, ennsylvania. **31.** Bordüre von einem Quilt. **2.** Quilt mit Applikationen. **33.** *siehe* 32. **34.** uilt, 19. Jahrhundert. **35.** Einfassung eines uilt. **36.** *siehe* 34. **37.** Scheunenwand, Pennsylnia. **38.** Wetterfahne, Neu-England. **39.** Quilt, ennsylvania. **40.** *siehe* 37. **41.** Jacquard-Bettecke, 19. Jahrhundert. **42.** Zeichnung, Pennsylnia, 19. Jahrhundert. **43.** *siehe* 37. **44.** Grabstein, . Jahrhundert. **45.** *siehe* 44. **46.** *siehe* 44. **47.** *siehe* . **48.** *siehe* 39. **49.** Primitive Zeichnung. **.** Tischdecke, 19. Jahrhundert. **51.** *siehe* 41. **2.** Gittertür, 19. Jahrhundert. **53.** Quilt, 19. Jahrndert. **54.** *siehe* 39. **55.** ‚Sägezahn'-Muster, . Jahrhundert. **56.** *siehe* 39.

MERIKANISCHES ART DÉCO

7. Metall-Tor. **58.** Modernes, abstraktes Motiv. **9.** Metall-Tor, Art déco. **60.** *siehe* 59. **61.** *siehe* 58. **2.** *siehe* 59. **63.** *siehe* 58. **64.** *siehe* 58.

TTEL- UND SÜDAMERIKA

5. Bluse, Guatemala. **66.** Prä-kolumbianische eramik-Urne. **67.** Kurze, bestickte Hose, Guateala. **68.** Hutband, Bolivien. **69.** Weste, Panama. **.** *siehe* 68. **71.** Webarbeit, Guatemala. **72.** Frau-Gürtel. **73.** Kopfbedeckung für Männer. **4.** Stickerei, Guatemala. **75.** *siehe* 72. **76.** *siehe* 74. **7.** Samt-Überhose für Männer. **78.** Schultertuch, uatemala. **79.** Bluse, Mexiko. **80.** Schultertahe, Huichol. **81.** Mexikanische Weberei. **2.** Schultertasche. **83.** *siehe* 79. **84.** Tunika, Mexi-. **85.** *siehe* 80. **86.** *siehe* 81. **87.** *siehe* 80. **88.** Kran und Manschette, Webarbeit, Mexiko. **89.** *siehe* . **90.** Inka-Motiv von einem Krug, 15.-16. Jahrndert. **91.** Baumwoll-Überhemd, Inka. **2.** *siehe* 90. **93.** Symbolische Motive, 7.-10. Jahrndert. **94.** Peruanische Schlangen. **5.** Gewebte Bordüre, 11.-16. Jahrhundert. **.** Inka-Schale. **97.** Weberei, 14.-16. Jahrhunrt. **98.** Keramik-Motiv, 6.-8. Jahrhundert. **.** Peruanische Weberei. **100.** Gewebtes xtilmuster, prä-kolumbianisches Peru. **1.** Muster, 12.-7. Jahrhundert v. Chr. **2.** Textilmuster, prä-kolumbianisches Peru. **3.** Peruanisches Webmotiv, 11.-15. Jahrhunrt. **104.** Peruanische Webarbeit. **105.** Peruanihes Muster, 11.-14. Jahrhundert.

OTIVE DER GRIECHISCHEN UND MISCHEN ANTIKE

NOER UND ETRUSKER

Fries, Thera. **2.** Fresko, Thera. **3.** Wandgemäl-, Palast in Knossos. **4.** Wandgemälde, Tarquia, Italien. **5.** *siehe* 4. **6.** Prägestempel, Lerna. Bronzegefäß. **8.** Keramik-Krug, Thera. **9.** Wasrkrug, Thera. **10.** Keramik-Krug. **11.** *siehe* 2. . Bronzespiegel. **13.** Terracotta-Gefäß. . *siehe* 13. **15.** *siehe* 7. **16.** Deckelkrug, Kreta. . Amphore. **18.** Fresko. **19.** *siehe* 18. **20.** *siehe* 7. . Krug, 2. Jahrhundert v. Chr. **22.** Wand des ronsaales in Knossos. **23.** *siehe* 7.

IECHISCHE ANTIKE

. Urnen, Amphoren und Vasen **25.** *siehe* 24. . *siehe* 24. **27.** Teller. **28.** Bordüre. **29.** Kerak-Becher. **30.** Muster von einer Vase. **31.** Schale, Athen. **32.** Mäander-Variationen. **33.** *siehe* 31. **34.** *siehe* 31. **35.** *siehe* 28. **36.** Vasen, Teller und Keramik. **37.** Keramik-Motiv. **38.** Entwickelt aus einem Spiralmotiv von einer Amphore aus Milos. **39.** *siehe* 37. **40.** *siehe* 24. **41.** Hals einer Amphore. **42.** Becher. **43.** *siehe* 36. **44.** Von einer Vase. **45.** *siehe* 31. **46.** *siehe* 32. **47.** *siehe* 31. **48.** *siehe* 30. **49.** *siehe* 38. **50.** Mosaik aus Korinth. **51.** Bordüre. **52.** *siehe* 32. **53.** *siehe* 36. **54.** Schild. **55.** *siehe* 51. **56.** *siehe* 31. **57.** Amphore aus Melos. **58.** *siehe* 54. **59.** Amphore aus Nessos. **60.** *siehe* 57. **61.** *siehe* 38. **62.** *siehe* 36. **63.** *siehe* 36. **64.** *siehe* 32. **65.** *siehe* 38. **66.** *siehe* 31.

RÖMISCHE ANTIKE

67. Wandgemälde, Pompeji. **68.** Kränze und Girlanden. **69.** Oliven-Fries. **70.** Motiv aus der kaiserlichen Villa, Boscotrecase. **71.** *siehe* 67. **72.** Fries mit Akanthusblättern. **73.** Wand in Pompeji. **74.** Mosaik in Herkulaneum. **75.** Schild eines Gladiators. **76.** Wandgemälde im ‚Haus der Venus', Pompeji. **77.** Blatt-Bordüre. **78.** Römische Rosette. **79.** Mosaik-Fries. **80.** Raum in Pompeji. **81.** Bordüren und Stukkaturen. **82.** *siehe* 78. **83.** Stuck-Dekoration. **84.** *siehe* 78. **85.** *siehe* 73. **86.** Baukünstlerisches Motiv. **87.** Bordüre **88.** Rosette. **89.** *siehe* 88. **90.** *siehe* 88. **91.** *siehe* 88. **92.** *siehe* 88. **93.** *siehe* 83. **94.** Paneel, Pompeji. **95.** *siehe* 81. **96.** *siehe* 88. **97.** Fries, Boscoreale. **98.** Tür, Boscoreale. **99.** *siehe* 68. **100.** *siehe* 68. **101.** *siehe* 81. **102.** *siehe* 78. **103.** *siehe* 88. **104.** *siehe* 78. **105.** *siehe* 70. **106.** Stuck-Palme. **107.** Baukünstlerisches Detail. **108.** *siehe* 81. **109.** Blätter und Beeren. **110.** Bemaltes Deckengewölbe. **111.** Quadratisches Paneel. **112.** *siehe* 68. **113.** *siehe* 68. **114.** *siehe* 78. **115.** *siehe* 78.

MOTIVE AUS ÄGYPTEN UND AFRIKA

DAS ALTE ÄGYPTEN

1. Aus Tut-ench-Amuns Grab. **2.** Löffel für Schminke. **3.** Aus der königlichen Grabkammer, Theben. **4.** Aus Tut-ench-Amuns Grab. **5.** Sandstein-Relief. **6.** Keramik-Schale. **7.** Fries mit Lilien. **8.** Skarabäus. **9.** Symbol der Einheit. **10.** Papyrus-Gemälde. **11.** *siehe* 4. **12.** *siehe* 8. **13.** *siehe* 4. **14.** *siehe* 10. **15.** *siehe* 10. **16.** Blütenmotiv. **17.** Das ‚Udjat' oder ‚Heilige Auge', das Böses fern halten soll. **18.** *siehe* 6. **19.** Deckengemälde. **20.** Zeichen des Ankh (Bedeutung: Leben). **21.** *siehe* 8. **22.** *siehe* 10. **23.** *siehe* 4. **24.** Aus dem Grab von Sopkhotpe. **25.** Motiv der östlichen Gegner Ägyptens. **26.** Verziertes Manuskript. **27.** Siegel. **28.** Halsschmuck der Königin Nofretete. **29.** *siehe* 10. **30.** Siegel.

NORDAFRIKA

31. Mosaik oder ‚Zillij' aus einem Haus in Marokko. **32.** Wand in Ouloumbini, Mauretanien. **33.** Stoff, Mali. **34.** Wandmalerei. **35.** Ziseliertes Motiv von einer Figur aus Djenne. **36.** Aus einem Berberzelt. **37.** ‚Bogolan'-Stoff, Mali. **38.** Tür. **39.** Geknüpfter Teppich, Marokko. **40.** ‚Darj W Ktaf'-Fliesenmuster aus der Moschee in Fez, Marokko. **41.** Teppich, Marokko. **42.** Türrahmen, Mauretanien. **43.** Wandmalerei. **44.** Arabisch inspiriertes Oualata, Mauretanien. **45.** Fulani-Decke, Mali. **46.** Wand. **47.** Innenwand-Malerei vom Soninke-Stamm, Ouloumbini, Mauretanien. **48.** *siehe* 33. **49.** Fulami-Stamm, Mali. **50.** Fries. **51.** Gipsrelief ‚Mutter der Schenkel', Mauretanien. **52.** *siehe* 42. **53.** Innenwand. **54.** Wand einer Soninke-Wohnhütte, Mauretanien. **55.** ‚Zillij' oder Mosaikmuster.

ZENTRAL- UND OSTAFRIKA

56. Decke von Debre Berhan Selassie. **57.** Körperdekoration des Surma-Stammes. **58.** Stoff, Zaire. **59.** Äthiopisches Motiv. **60.** *siehe* 58. **61.** Geschnitztes Fenster, Bete Mikael Kirche, Äthiopien. **62.** Lalibela-Kreuz aus der Kirche des Dorfes Lalibela, Äthiopien. **63.** Von den Frauen des Tutsi-Stammes, Ruanda. **64.** Körperdekoration des Surma-Stammes. **65.** *siehe* 60. **66.** Gewebter Rock, Kuba, Zaire. **67.** Deckel eines Tutsi-Korbes, Ruanda. **68.** Geschnitztes Fenster, Bete Mariam Kriche, Äthiopien. **69.** Falasha-Davidsstern, Dorfkirche, Äthiopien. **70.** Aus der L'Uélé-Region, Zaire. **71.** ‚Agakoko'-Flechttablett, Ruanda.

SÜDAFRIKA

72. Irdenes Gefäß, Kwazulu, Natal. **73.** Schnupftabaksgefäß, Zulu. **74.** Vom Masarna-Stamm, Botswana. **75.** San-Stamm, Windhoek, Namibia. **76.** Glasperlenarbeit auf weißem Grund, Ndebele. **77.** Graviertes Straußenei, San-Stamm. **78.** *siehe* 77. **79.** Geschnitzte hölzerne Kopfstütze, Shona, Zimbabwe. **80.** Ndebele-Perlenarbeit. **81.** Zulu-Ohrringe. **82.** Ndebele-Schaffell-Umhang. **83.** *siehe* 81. **84.** *siehe* 81. **85.** *siehe* 80.

WESTAFRIKA

86. Außenwand einer Lehmhütte, Burkina Faso. **87.** Baumwollstoff, Kpandu, Ghana. **88.** Ahanti-Druck, Ghana. **89.** Holzdruck, Ghana. **90.** Asafo-Flagge, Ghana. **91.** Stoff aus Korhoho, Elfenbeinküste. **92.** Innenwand **93.** Baumwollstoff, um 1970. **94.** Webarbeit, Ghana. **95.** *siehe* 91. **96.** Männergewand, Nigeria. **97.** Yoruba-Stamm, Nigeria. **98.** *siehe* 96. **99.** Hühner an einer Wasserschüssel. **100.** *siehe* 94. **101.** Flagge, Ghana. **102.** *siehe* 90. **103.** *siehe* 90. **104.** Moderner Stoffdruck, Akosombo, Ghana. **105.** Gewebter Baumwollstoff. **106.** Mauer des Dorfschreins, Abatete, Nigeria. **107.** *siehe* 90. **108.** Modernes Textilmuster mit Namen ‚Hand und Finger', Elfenbeinküste. **109.** *siehe* 90. **110.** *siehe* 90. **111.** *siehe* 104. **112.** *siehe* 91.

MOTIVE AUS ASIEN

CHINA

1. Porzellan. **2.** Seidenkissen, westliche Han-Dynastie. **3.** Krug, Ming-Dynastie. **4.** Flasche, Porzellan. **5.** Gewand einer Jadefigur, im 17. Jahrhundert in China für den Export in den Westen produziert. **6.** Yin/Yang-Zeichen. **7.** *siehe* 4. **8.** Lackflasche. **9.** Muster aus der Han-Dynastie, 2. Jahrhundert v. Chr. **10.** Vase, Cloisonné. **11.** Seidendamast, nördliche Dynastien. **12.** Fu-Hund, von einem Ningxia-Teppich. **13.** Lackierte Flasche und blau-weißes Porzellan. **14.** *siehe* 4. **15.** Bemalte Porzellanflasche. **16.** Gewebte Seide aus der Tang-Dynastie, vermutlich für den Export in den Westen. **17.** Bronzeschale. **18.** *siehe* 17. **19.** Motiv der nördlichen Dynastien. **20.** Lackvase. **21.** Bemalte Vase. **22.** Seidenstickerei. **23.** *siehe* 4. **24.** Jadeterrine aus dem 17. Jahrhundert. **25.** Porzellan- und Lackarbeit. **26.** Endloser Knoten. **27.** Schale, Hsiiag-Te-Periode. **28.** Kesi-Tisch, späte Ming-Dynastie. **29.** Gewebte Seide. **30.** Im Feng Shui benutztes Bagua mit Trigrammen aus dem I Ging. **31.** Keramikschale. **32.** Besticktes Drachenbanner.

JAPAN

33. Stilisiertes Motiv. **34.** Kimono, 18. Jahrhundert. **35.** Noh-Gewand, 17.-18. Jahrhundert. **36.** Stoffmuster. **37.** Ahornblatt. **38.** Libelle. **39.** Kimono-Stoff mit Flaschenkürbissen. **40.** Kimono-Stoff, Dattelpflaume. **41.** *siehe* 39. **42.** Kimono-Stoff, Pflanze. **43.** Aus einem alten Musterbuch. **44.** *siehe* 43. **45.** Kreis aus Fächern. **46.** *siehe* 39. **47.** Kreisförmiges Akelei-Motiv. **48.** Arita-Schale, Kanei-Periode (1624-1643). **49.** *siehe* 48. **50.** *siehe* 43. **51.** Blauregen-Rosette. **52.** Noh-Gewand. **53.** Blüte. **54.** Lackschachtel, 19. Jahrhundert. **55.** *siehe* 36. **56.** Bambus, Kimono-Stoff. **57.** *siehe* 43. **58.** Stoffmuster. **59.** *siehe* 47. **60.** *siehe* 51. **61.** Paulownia-Blatt, Bronzeschild. **62.** *siehe* 36. **63.** *siehe* 42.

KOREA

64. Lacktisch, 18.-19. Jahrhundert. **65.** Bedruckter Pojabi (Stoff zum Einwickeln). **66.** Tuschemalerei, Yi-Dynastie. **67.** Eisenhelm. **68.** *siehe* 64. **69.** Päonie (Symbol langen Lebens), Motiv aus Tangch'aebos, für die Verpackung von Hochzeitsgeschenken. **70.** *siehe* 69. **71.** Kumbakpo, bedruckter Seidenstoff zum Einwickeln von Hochzeitsgeschenken. **72.** Glasiertes Schild, Celadon. **73.** Band zum Verzieren von Hochzeitsgeschenken. **74.** *siehe* 72. **75.** Einwickelstoff aus Hanf, Tangch'aebo genannt, zum Einwickeln von Hochzeitsgeschenken. **76.** Pojagi (Einwickelstoff). **77.** Eisenhelm, Choson-Dynastie. **78.** Aus Papier ausgeschnittenes Motiv, aufgeklebt auf Shikjibo (Pojabi aus Ölpapier zum Einwickeln von Lebensmitteln). **79.** *siehe* 76. **80.** *siehe* 78. **81.** Lackdose. **82.** *siehe* 76. **83.** Glasierte Schale, Celadon, Koryo-Dynastie. **84.** *siehe* 77. **85.** *siehe* 83. **86.** Lackschachtel, Choson-Dynastie. **87.** *siehe* 82.

INDONESIEN

88. Batiktischdecke. **89.** ‚Isen'-Muster. **90.** Webarbeit, Sumatra. **91.** *siehe* 90. **92.** Baumwoll-Karin (Weste), Nordküste Javas. **93.** Sarong. **94.** Tumbal-Motiv von einem Seidensarong, Bali. Das Tumbal (Dreieck) ist ein Fruchtbarkeitssymbol. **95.** Batik, Sumatra. **96.** Kawung-Muster vom königlichen Hof, Java. **97.** *siehe* 94. **98.** Sarong, Nordküste Javas. **99.** *siehe* 90. **100.** *siehe* 92. **101.** Batik-Karin (Weste), Java. **102.** *siehe* 93. **103.** Sash (Oberkörper-Bekleidung). **104.** Batik-Kawung-Muster von einem Sarong. **105.** Batik-Tischläufer. **106.** *siehe* 98. **107.** Batik-Motiv, ‚Cimukirran'. **108.** Frühes Batikmotiv, für das Reis an Stelle von Wachs verwendet wurde. **109.** *siehe* 107. **110.** *siehe* 93. **111.** Bemalter Stoff, Bali. **112.** *siehe* 111. **113.** Banji-Symbol, steht für langes Leben, Glück und Wohlstand. **114.** Bemalter Stoff aus Bali, als Zwischenvorhang im hinduistischen Theater verwendet.

MOTIVE AUS DEM MITTELMEERRAUM

FRANKREICH

1. Provençalisches Muster **2.** Henri Matisse (1953) **3.** Ringmotiv von Francis Jourdain für Aubusson (1932) **4.** ‚Der Zweig' von Henri Matisse (1953). **5.** Damast-Muster, Empire. **6.** Gewebte Seidenbettdecke, 17. Jahrhundert. **7.** Toile de Jouy, 18.-19. Jahrhundert. **8.** Betthimmel, 18. Jahrhundert. **9.** Geometrisches Motiv, Oberkampf-Werke. **10.** *siehe* 6. **11.** Keramik-Schale. **12.** *siehe* 9. **13.** Tellerrand, 18. Jahrhundert. **14.** Illustration zu ‚1001 Nacht', Henri Matisse (1950). **15.** Bordüre eines Bettvorhanges, 19. Jahrhundert. **16.** Brokat-Muster, Empire-Stil. **17.** *siehe* 9. **18.** *siehe* 6. **19.** *siehe* 7. **20.** Sitzpolsterbezüge und Vorhänge, 19. Jahrhundert. **21.** *siehe* 20. **22.** Stuhlbezug, Empire. **23.** Provençalisches Muster. **24.** Bordüre, Elsass, 19. Jahrhundert. **25.** Keramikteller, 18. Jahrhundert. **26.** *siehe* 23. **27.** Toile de Jouy-Bordüre, Baumwolle. **28.** *siehe* 8. **29.** Stickerei auf einem Bolero für Elsa Schiaparellis ‚Circus Collection' (1938). **30.** Provençalisches Muster, römisch beeinflusst. **31.** Biene, Napoleonisch. **32.** Provençalisches Medaillon. **33.** Stickmuster von Lesage auf einer Weste von Elsa Schiaparelli (1940). **34.** *siehe* 33. **35.** *siehe* 20. **36.** Rand einer Keramikschale, Savoyen, 19. Jahrhundert. **37.** Stoffmuster von Sonia Delauney. **38.** Provençalischer Druck. **39.** Von Elsa Schiaparelli für Joan Crawford (1931). **40.** *siehe* 9. **41.** Kleiderstoff-Muster von Sonia Delauney (um 1920). **42.** *siehe* 9. **43.** *siehe* 41.

ITALIEN

44. Keramikschale. **45.** Gemälde von Giovanni di Paolo, Siena, 15. Jahrhundert. **46.** Venezianischer Schreibtisch, 15. Jahrhundert. **47.** Madonnengewand, 14. Jahrhundert. **48.** Intarsienpaneel, Siena. **49.** Steinmetzarbeit in einem Torbogen. **50.** Fries, Florenz, 15. Jahrhundert. **51.** Medaillon, 14. Jahrhundert. **52.** Vorhang, Mailand, 16. Jahrhundert. **53.** Säulen, Florenz, 15. Jahrhundert. **54.** Gemälde der Jungfrau mit dem Kind von Margarito von Arezzo, 1262. **55.** Orgel, Siena, 16. Jahrhundert. **56.** Fresko aus dem Palazzo Orlandini in Florenz, 16. Jahrhundert. **57.** Keramik-Krug, 18. Jahrhundert. **58.** Jacke von Gianni Versace. **59.** Vorhangstoff, Neapel, 16. Jahrhundert. **60.** *siehe* 58. **61.** Bordüre von einem Kinderbett, 16. Jahrhundert. **62.** *siehe* 55. **63.** Seidendamast, 16. Jahrhundert. **64.** Gewand einer Terracotta-Statue der Jungfrau Maria. **65.** Bettvorhang, 15. Jahrhundert. **66.** Teller, 18.-19. Jahrhun-

Quellen der Motive

dert. **67.** Catsuit von Gianni Versace. **68.** Gemälde von Margarito von Arezzo, 1262. **69.** Wandgemälde, Schloss in Piemont, 14. Jahrhundert. **70.** Gewebter Stoff, Sizilien, 12. Jahrhundert. **71.** Bett, 14. Jahrhundert. **72.** Wanddekoration, Renaissance-Haus, 15. Jahrhundert. **73.** Stoffmuster für Möbelstoffe, 1980er Jahre. **74.** *siehe* 73. **75.** Deckenleiste, Renaissance-Haus, 16. Jahrhundert. **76.** Wanddekoration, Renaissance-Haus, 15. Jahrhundert. **77.** *siehe* 73. **78.** *siehe* 76.

SPANIEN UND PORTUGAL

79. Wand in Evora, Portugal. **80.** Gewand der Jungfrau Maria, spanisches Gemälde, 14. Jahrhundert. **81.** Stola, Sevilla. **82** Ärmel eines Torero-Prachtanzuges. **83.** Wandgemälde, Spanien, 11. Jahrhundert. **84.** *siehe* 82. **85.** Maurische Fliese, Alhambra, Granada, Spanien. **86.** Spanische Spitze. **87.** Bemalte Tür, Portugal, 16. Jahrhundert. **88.** Fischerboot, Portugal. **89.** *siehe* 88. **90.** Torero-Hose. **91.** Keramikschale, Spanien. **92.** Statue der Jungfrau mit dem Kind, Katalonien, 12. Jahrhundert. **93.** *siehe* 87. **94.** Kirche Alta Ribagorça, 11. Jahrhundert. **95.** Sirene auf Holzschild, 14. Jahrhundert. **96.** Zeichnung von Josef Maria Jujol, spanischer Architekt. **97.** *siehe* 96. **98.** Scharnier aus altem landwirtschaftlichen Gerät für die Kapelle Guëll, Spanien. **99.** Kirchengemälde, Evora, Portugal, 19. Jahrhundert.**100.** *siehe* 98. **101.** Spanische Pforte. **102.** *siehe* 96. **103.** Katalanische Kirche, Spanien. **104.** Dachbalken, Barcelona, 14. Jahrhundert. **105.** Schale, Portugal. **106.** Bordüre, Portugal, 16. Jahrhundert. **107.** Altarverzierung, Spanien, 12. Jahrhundert. **108.** Steinmetzarbeit, Toledo, 12. Jahrhundert. **109.** Bodenfliese, Vallmoll, Spanien. **110.** *siehe* 85. **111.** Stickereimotiv, Salamanca, Spanien. **112.** Fliesen, Alhambra, Granada, Spanien. **113.** Schranktür, Spanien, 14. Jahrhundert. **114.** Teller, Sevilla, Spanien, 18. Jahrhundert. **115.** Buntglasfenster, Portugal, 19. Jahrhundert. **116.** *siehe* 110. **117.** *siehe* 110.

MOTIVE AUS SKANDINAVIEN

DIE WIKINGER

1. Schwedische Silberschale. **2.** Eisenaxt mit Intarsien, Dänemark. **3.** Wetterfahne, Norwegen. **4.** Steinmetzarbeit, Insel Man. **5.** Bronzepferd, Dänemark. **6.** Runenmotiv, Schweden. **7.** Caedmon-Manuskript. **8.** Steinmetzarbeit, Yorkshire. **9.** Brosche, Norwegen. **10.** Eisenaxt, Jütland. **11.** Bettpfosten, Norwegen. **12.** Geschnitztes Pferdegeschirr, Dänemark. **13.** Goldblätter aus Brandstrup, Dänemark. **14.** *siehe* 3. **15.** Steinmetzarbeit, Schweden. **16.** Holzschnitzerei aus einer dänischen Kirche. **17.** *siehe* 13. **18.** Steinbildnis, Schweden. **19.** *siehe* 18. **20.** *siehe* 2. **21.** Dänische Brosche.

SCHWEDEN

22. Pelzhandschuh. **23.** *siehe* 22. **24.** Bordüre von einem Türrahmen **25.** Lederhandschuhe, 19. Jahrhundert. **26.** Fries aus einer Kirche. **27.** Fußboden-Muster, 19. Jahrhundert. **28.** Fries aus einem Bauernhaus. **29.** Wandgemälde von Louis Mazreliez, 1787. **30.** Samthandschuh, 19. Jahrhundert. **31.** Wandmalerei. **32.** Kommode (1780). **33.** Haus, 18. Jahrhundert. **34.** Täfelung, 19. Jahrhundert. **35.** Ziffernblatt einer Uhr. **36.** Fußboden-Schablonenmalerei. **37.** Decke der Kirche in Härkeberga, 15. Jahrhundert. **38.** Wandgemälde, Kurbit genannt, von reisenden Malern. **39.** Wand in Carl Larssens Haus. **40.** *siehe* 39. **41.** Muster von einem Kachelofen. **42.** Wandgemälde. **43.** Schablonenmalerei. Kirche von Härkeberga. **44.** Schablonierte Bordüre, 19. Jahrhundert. **45.** Schablonen-Wandmalerei aus einer Kirche. **46.** Kirche von Härkeberga. **47.** Kleid von Carl Larssens Tochter. **48.** Handgemalte Bordüre. **49.** Lederhandschuh. **50.** *siehe* 49. **51.** *siehe* 49. **52.** *siehe* 43. **53.** *siehe* 41. **54.** Decke der Kirche in Mossebo. **55.** Kurbit-Gemälde. **56.** Bemalte Vertäfelung. **57.** Vertäfelung (1880). **58.** *siehe* 48. **59.** *siehe* 41. **60.** *siehe* 41. **61.** Kirche in Mossebo. **62.** Geschnitzter Architrav (1699). **63.** Lederhandschuh, 19. Jahrhundert. **64.** Randmalerei einer Vertäfelung. **65.** Fries, 19. Jahrhundert. **66.** Schablonen-Malerei auf einem Spiegel, 19. Jahrhundert. **67.** *siehe* 48. **68.** *siehe* 37. **69.** Tapete von Carl Larssen (Aquarell), 1892. **70.** Täfelung im Schloss Gripsholm. **71.** *siehe* 41.

DÄNEMARK

72. Schal, 19. Jahrhundert. **73.** *siehe* 72. **74.** Kreuzstich-Bilder, 19. Jahrhundert. **75.** *siehe* 74. **76.** *siehe* 74. **77.** *siehe* 74. **78.** *siehe* 74. **79.** *siehe* 72. **80.** *siehe* 72. **81.** Samtkappe, 19. Jahrhundert. **82.** *siehe* 74. **83.** *siehe* 72. **84.** *siehe* 72. **85.** *siehe* 72.

FINNLAND

86. Wandbehang, 16. Jahrhundert. **87.** Zierdecke, 19. Jahrhundert. **88.** Teppich, 1721. **89.** Kirchenstuhl-Polster, Kirche von Pöytya. **90.** Teppichmuster, 19. Jahrhundert. **91.** Gewebte Decke. **92.** Handtuch, 17. Jahrhundert. **93.** *siehe* 92.

NORWEGEN

94. Kalender-Tafel, 18. Jahrhundert. **95.** Schnitzerei, 5.-6. Jahrhundert. **96.** Kissen, 18. Jahrhundert. **97.** Geschnitzter Bischofsstuhl aus der Kirche in Tyldal. **98.** Gewebter Teppich. **99.** Holzschitzerei, 17.-18. Jahrhundert.**100.** *siehe* 99. **101.** Teppich, 17. Jahrhundert. **102.** Butterfass, Holz. **103.** Holzschnitzerei, 18. Jahrhundert. **104.** *siehe* 96. **105.** *siehe* 97. **106.** Stickerei, 19. Jahrhundert. **107.** Truhe, 19. Jahrhundert. **108.** Stoff, 19. Jahrhundert. **109.** Pferdegeschirr, 18. Jahrhundert. **110.** Holzschnitzerei **111.** Teller, 18. Jahrhundert. **112.** Handschuh, 18. Jahrhundert. **113.** Kissen, 18. Jahrhundert. **114.** Leinen-Tischdecke, 16. Jahrhundert.

KELTISCHE UND BRITISCHE MOTIVE

DIE KELTEN

1. Irische Metallarbeit. **2.** Bibelhandschrift, Trier. **3.** Emaillearbeit. **4.** Book of Lindisfarne. **5.** *siehe* 1. **6.** Helm, 3. Jahrhundert. v. Chr. **7.** *siehe* 4. **8.** Armreif aus Pethshire. **9.** Bibelhandschrift, Lindisfarne, ca. 690. **10.** Kessel, ziseliert. **11.** *siehe* 9. **12.** Deckelbecher, Wales, 1. Jahrhundert. **13.** Cassiodorus (verzierte Bibelhandschrift), Durham. **14.** Bronzescheibe, Irland. **15.** Knochenschnitzerei, Irland. **16.** ‚Canterbury Codex Aureus'.

DAS MITTELALTER

17. Bildnis der Königin Eleanor, Westminster Abtei. **18.** Holkham-Bibel. **19.** Kirchenfenster. **20.** Verziertes Manuskript. **21.** Luttrell-Psalter. **22.** Messgewand. **23.** Bildnis, 14. Jahrhundert. **24.** Stundenbuch, 14. Jahrhundert. **25.** Verzierung eines Buchstaben. **26.** Becher, 14. Jahrhundert. **27.** Gewehrlauf, 15. Jahrhundert. **28.** *siehe* 21. **29.** *siehe* 21. **30.** Chronik der Peterborough-Abtei. **31.** Bromholm-Psalter, Norwich. **32.** *siehe* 27. **33.** Kirchenfenster, 15. Jahrhundert. **34.** Gewehrlauf. **35.** *siehe* 33. **36.** *siehe* 20. **37.** Peterborough-Pslater.

DAS 17. JAHRHUNDERT

38. Mustertuch. **39.** Mieder. **40.** *siehe* 39. **41.** Kissen. **42.** Haube. **43.** Bettdecke. **44.** *siehe* 39. **45.** Haube. **46.** Vorhang.

DAS 19. JAHRHUNDERT

47. Porzellankrug, Staffordshire. **48.** Teekanne, Basaltware. **49.** *siehe* 47. **50.** Teekanne. **51.** Teekanne, Staffordshire. **52.** *siehe* 47. **53.** Teekanne, Davenham. **54.** Seidenstoff für Westen, Spitalfields. **55.** Seide, Spitalfields. **56.** *siehe* 55. **57.** *siehe* 48. **58.** *siehe* 54. **59.** *siehe* 54. **60.** Musterbuch eines Seidenwebers. **61.** *siehe* 60. **62.** *siehe* 55.

DIE WENDE ZUM 20. JAHRHUNDERT

63. Ästhetische Bewegung. **64.** *siehe* 63. **65.** Fliese von William Morris. **66.** *siehe* 65. **67.** *siehe* 63. **68.** Fliese von Morris, Marshall, Faulkner & Co, 1887. **69.** Teppich, Holland Park, William Morris, 1887. **70.** Silver Studio, 1905. **71.** *siehe* 70. **72.** Buntglasfenster von Morris, Marshall, Faulkner & Co., 1863. **73.** Knüpfmuster. **74.** *siehe* 72. **75.** *siehe* 63. **76.** Harry Silver. **77.** *siehe* 76. **78.** Tapete, William Morris. **79.** Fliese von William de Morgan. **80.** *siehe* 65. **81.** Fliese von Burne-Jones, 1870. **82.** Decke im Haus von William Morris, 1861. **83.** Wandverkleidung, Silver Studio. **84.** Tapeten-Design, Silver Studio, 1899. **85.** *siehe* 83.

ART NOUVEAU UND ART DÉCO

86. Phyllis Barron und Dorothy Larcher Partnership (um 1930). **87.** *siehe* 86. **88.** Old Beach Linen Co., Entwurf von 1939. **89.** Holzschnitt, Enid Marx (um 1930). **90.** *siehe* 86. **91.** Glasmotiv, Keith Murray (1932). **92.** Campbell Fabrics, Entwurf von 1934. **93.** Bedruckter Baumwoll-Crêpe (1934). **94.** *siehe* 86. **95.** Kleiderstoff (um 1930). **96.** Crêpe de Chine (um 1930). **97.** Druck von Mea Angerer (1934).

DIE BLOOMSBURY-GRUPPE

98. Spiegel von Duncan Grant (1940). **99.** Fries. **100.** Suppenschüssel von Duncan Grant für Clarice Cliff (1934). **101.** Kaminsims, Vanessa Bell. **102.** Schablonen-Wandmalerei aus Charleston. **103.** Liniendekor auf einer Schranktür, Vanessa Bell. **104.** Schablonenmalerei, Vanessa Bell und Duncan Grant (1940).

MOTIVE AUS NORDEUROPA

DEUTSCHLAND

1. Geschnitzte Vertäfelung. **2.** Fries, 18. Jahrhundert. **3.** Korb, 19. Jahrhundert. **4.** *siehe* 1. **5.** Täfelung, 19. Jahrhundert. **6.** Motiv aus Bayern, 19. Jahrhundert. **7.** Bemalte Schublade. **8.** Bemalte Schublade. **9.** Geschnitzte Täfelung, 18. Jahrhundert. **10.** Schrank, 19. Jahrhundert. **11.** Holztäfelung, 19. Jahrhundert. **12.** Handgemaltes Motiv. **13.** Bordüre auf einer Truhe. **14.** Bordüre auf einem Schrank. **15.** Antike Truhe. **16.** Bauhau, 1921. **17.** Bauhaus (1927). **18.** *siehe* 16. **19.** *siehe* 11.

ÖSTERREICH UND UNGARN

20. Fries von Gustav Klimt (1905). **21.** Chorgewand, 13. Jahrhundert. **22.** *siehe* 21. **23.** Fayence-Schale (1911). **24.** Buch-Vorsatzpapier, Wiener Werkstätte (1920). **25.** Modewaren-Etikett (1915). **26.** Plakat, Österreich (1914). **27.** Keramik-Service, Österreich (1920). **28.** Vase, Wien. **29.** *siehe* 21. **30.** Bucheinschlag, Österreich, 1910. **31.** Teller, Salzkammergut. **32.** Bettdecke aus Tüll und Spitze, Österreich (1918). **33.** Weinetikett, Wiener Werkstätte (1919). **34.** Motiv aus Ungarn. **35.** Handtuch, Ungarn. **36.** *siehe* 35. **37.** Intarsien-Paneel, Ungarn. **38.** Kissenbezug, Ungarn. **39.** Salzstock, Ungarn. **40.** Brauttruhe, Ungarn. **41.** *siehe* 39. **42.** Leichentuch, Ungarn. **43.** Decke einer calvinistischen Kirche, Ungarn. **44.** *siehe* 39. **45.** *siehe* 42. **46.** Teller, Ungarn. 19. Jahrhundert. **47.** *siehe* 46. **48.** *siehe* 43.

TSCHECHIEN

49. Schale. **50.** Gürtel. **51.** Wasserkrug, 19. Jahrhundert. **52.** Truhe. **53.** Osterei. **54.** *siehe* 53. **55.** Holzschnitt. **56.** Holzschnitt-Stoffdruck. **57.** Marqueterie-Motiv. **58.** Gebäckmodel. **59.** Bemalter Schrank. **60.** *siehe* 53. **61.** *siehe* 55. **62.** Ledergürtel.

POLEN

63. Band, 16. Jahrhundert. **64.** Brokat, 17. Jahrhundert. **65.** Terracotta-Fliese. **66.** Schwertscheide, 17. Jahrhundert. **67.** Schwertklinge, 17. Jahrhundert. **68.** Teller, 19. Jahrhundert. **69.** *siehe* 67. **70.** *siehe* 68. **71.** *siehe* 65. **72.** *siehe* 68. **73.** *siehe* 65. **74.** Krug. **75.** Blattmuster. **76.** Einzelnes Blatt. **77.** Band, 18. Jahrhundert. **78.** *siehe* 68.

RUMÄNIEN

79. Fliese. **80.** Glasdekoration. **81.** Fliese, 18. Jahrhundert. **82.** Steinmetzarbeit, 18. Jahrhundert. **83.** Fliese, 18. Jahrhundert. **84.** Fliese. **85.** Gemälde ‚Das letzte Abendmahl'. **86.** *siehe* 85. **87.** Religiöses Gemälde. **88.** Madonnenbildnis. **89.** Glasmalerei. **90.** *siehe* 89. **91.** Harlekin-Muster von einer Bank. **92.** *siehe* 87. **93.** *siehe* 85. **94.** Wasser-Motiv.

RUSSLAND

95. 19. Jahrhundert. **96.** Motive aus dem 19. Jahrhundert. **97.** Lackdose. **98.** Tee-Etikett, 1928. **99.** *siehe* 96. **100.** Damenkleid. **101.** *siehe* 100. **102.** Von einem Propaganda-Zug aus der Revolution (1919). **103.** Motiv von einer bemalten Schachtel. **104.** Blattmotiv, 19. Jahrhundert. **105.** Tee-Etikett von Tschekhonin (1923). **106.** Fries. **107.** Textilmuster (um 1930). **108.** Porzellanschild (1925). **109.** *siehe* 108. **110.** *siehe* 108. **111.** Textilmuster (um 1920). **112.** Handtuch, 18. Jahrhundert.

MOTIVE AUS SÜDOSTASIEN

NORDINDIEN, TIBET, NEPAL UND AFGHANISTAN

1. Satteltasche, Afghanistan. **2.** Balken, Ladakh, Kaschmir. **3.** Seidenbeutel. **4.** Fliese. **5.** Miniatur-Gemälde. **6.** Miniatur-Sari, 18. Jahrhundert. **7.** Teppich-Muster ‚Vierzig Widder'. **8.** *siehe* 1. **9.** *siehe* 1. **10.** Holzschnitt. Punjab. **11.** Fußboden-Malerei, Himachal Pradesh. **12.** Teppich, Turkmenischer Bukhara. **13.** Turkmenisches Teppichmotiv ‚Kamel-Zähne'. **14.** Gemälde aus Nepal, 18. Jahrhundert. **15.** Tibetanischer Tiger-Teppich. **16.** *siehe* 15. **17.** *siehe* 15. **18.** *siehe* 15. **19.** *siehe* 15. **20.** *siehe* 2. **21.** *siehe* 15.

WESTINDIEN UND PAKISTAN

22. Baumsoll-Pavillon. **23.** silberner Halsschmuck, Gujarat. **24.** Holzschnitt, Rajasthan, 19. Jahrhundert. **25.** Samgrahanisutra-Manuskript, Rajasthan, 17. Jahrhundert. **26.** Tempel-Wandbehang, Rajasthan, 17. Jahrhundert. **27.** Brosche, 18. Jahrhundert. **28.** Turban aus Rajasthan, Holzdruck. **29.** Gemälde aus Rajasthan, 18. Jahrhundert. **30.** Kalpasutra-Manuskript, 16. Jahrhundert. **31.** *siehe* 30. **32.** *siehe* 30. **33.** Brosche, 19. Jahrhundert. **34.** Stickerei, Gujarat, 18.-19- Jahrhundert. **35.** Stickerei, Gujarat. **36.** Holzschnitt, Gujarat. **37.** ‚Kali Yantra', religiöses Gemälde, Gujarat, 18. Jahrhundert. **38.** Gewebter Stoff, Pakistan. **39.** Bordüre, Gujarat, 15. Jahrhundert. **40.** Stoffmuster, Gujarat, 19. Jahrhundert. **41.** Balustrade, Gujarat, 18. Jahrhundert. **42.** Gujarat, 20. Jahrhundert. **43.** *siehe* 36. **44.** Fliesen-Mosaik, Fort Lahore, Pakistan. **45.** Bestickter Schal. **46.** *siehe* 41. **47.** Miniatur des Mantels eines Maharadscha, Rajasthan, 18. Jahrhundert. **48.** *siehe* 28. **49.** Stoff, 19. Jahrhundert. **50.** *siehe* 44. **51.** Tempel-Wandbehang, Gujarat. **52.** *siehe* 44. **53.** *siehe* 45. **54.** *siehe* 28. **55.** *siehe* 40. **56.** *siehe* 28. **57.** *siehe* 44. **58.** Upadesamala-Manuskript, 17. Jahrhundert. **59.** *siehe* 40. **60.** *siehe* 44. **61.** *siehe* 40. **62.** Mystisches Diagramm, Gujarat, 17. Jahrhundert. **63.** *siehe* 44. **64.** *siehe* 28. **65.** *siehe* 44.

MITTEL- UND SÜDINDIEN

66. Elefanten-Satteldecke, Dacca. **67.** Holzschnitt, 19. Jahrhundert. **68.** Wasserkrug aus der Region um Dacca, 17. Jahrhundert. **69.** Tablett aus der Region um Dacca, 17. Jahrhundert. **70.** Festliche Fußbodendekoration, Andhra Pradesh. **71.** *siehe* 69. **72.** Fußbodenmalerei aus Tamil Nadu. **73.** Bordüre an einem gewebten Schal. **74.** *siehe* 72. **75.** Schrein bei Dacca, 18. Jahrhundert. **76.** Holzschnitt aus Madya Pradesh, 19. Jahrhundert. **77.** Kamel-Satteldecke, Haiderabad. **78.** *siehe* 68. **79.** Teppich-Borte von einer Miniatur. **80.** Baumwoll-Wandbehang, Südindien, 19. Jahrhundert. **81.** Sash von einer Miniatur. **82.** *siehe* 70. **83.** Textilmuster aus Karnataka. **84.** *siehe* 66. **85.** Mughal-Miniatur, 17. Jahrhundert. **86.** *siehe* 69.

OSTINDIEN

87. Gewebte Kopfbedeckung, Uttar Pradesh. **88.** *siehe* 87. **89.** Pat-Malerei, Puri. **90.** Sandstein-Torweg, Uttar Pradesh. **91.** Holzschnitt. **92.** Gewebtes Muster, Uttar Pradesh. **93.** *siehe* 92. **94.** Satteldecke. **95.** Fußbodenmalerei, Uttar Pradesh. **96.** Gemälde, Bihar. **97.** Bestickte Weste. **98.** Webmuster, Uttar Pradesh, 19. Jahrhundert. **99.** Jain-Manuskript, Uttar Pradesh, 15. Jahrhundert. **100.** Stein-Medaillon, Uttar Pradesh. **101.** Stickerei, Uttar Pradesh. 19. Jahrhundert. **102.** *siehe* 100. **103.** *siehe* 100. **104.** *siehe* 90. **105.** Geometrisches Motiv ‚Buti'. **106.** Muster, Uttar Pradesh. **107.** *siehe* 99. **108.** *siehe* 99. **109.** *siehe* 99. **110.** *siehe* 99. **111.** *siehe* 101. **112.** *siehe* 90. **113.** Vase, Uttar Pradesh. **114.** *siehe* 89. **115.** *siehe* 100.